国家社科基金
GUOJIA SHEKE JIJIN HOUQI ZIZHU XIANGMU
后期资助项目

中国家庭空间的"媒介化"研究

Research on the Mediatization
of Chinese Family Space

林颖 著

天津出版传媒集团
天津人民出版社

图书在版编目（CIP）数据

中国家庭空间的"媒介化"研究 / 林颖著. -- 天津 ：
天津人民出版社, 2024. 6. -- ISBN 978-7-201-20588-5

Ⅰ. G206.2；D669.1

中国国家版本馆CIP数据核字第2024SS7130号

中国家庭空间的"媒介化"研究
ZHONGGUO JIATING KONGJIAN DE "MEIJIEHUA" YANJIU

出　　版	天津人民出版社
出 版 人	刘锦泉
地　　址	天津市和平区西康路35号康岳大厦
邮政编码	300051
邮购电话	（022）23332469
电子信箱	reader@tjrmcbs.com

责任编辑	张校博
美术编辑	汤　磊

印　　刷	天津新华印务有限公司
经　　销	新华书店
开　　本	710毫米×1000毫米　1/16
印　　张	14.5
插　　页	1
字　　数	260千字
版次印次	2024年6月第1版　　2024年6月第1次印刷
定　　价	78.00元

国家社科基金后期资助项目
出版说明

后期资助项目是国家社科基金设立的一类重要项目，旨在鼓励广大社科研究者潜心治学，支持基础研究多出优秀成果。它是经过严格评审，从接近完成的科研成果中遴选立项的。为扩大后期资助项目的影响，更好地推动学术发展，促进成果转化，全国哲学社会科学工作办公室按照"统一设计、统一标识、统一版式、形成系列"的总体要求，组织出版国家社科基金后期资助项目成果。

全国哲学社会科学工作办公室

为家之"存在"而书

——献给我的母亲郑萍女士

目　录

绪　论

一、研究背景与缘起

近几年,借助网络技术开启"云端"生活,成为大部分人的选择。"云拜年""云养猫""云办公""云监工""云旅游""云蹦迪"等新兴生活方式和日常话语开始涌进人们的视野。据统计,"2020年春节假期,中国移动互联网流量消费达到了271.6万TB(计算机存储单位——太字节),同比增长36.4%,除夕和初一两天的移动数据流量消费分别同比增长42.1%和40.8%。①家庭空间与传媒技术之间的紧密关系被凸显出来,并主要体现在以下三个方面:第一,媒介越来越成为家庭空间中不可或缺的一部分,成为支持人们生活的重要物质性基础。人们在家中安装电子设备、接入网络信息、下载办公软件等,原本独立于社会的家庭空间高度融入公共空间之中,客厅变办公室,卧室变课堂,私人领域与公共领域的界线逐渐消融。第二,人们的日常生活、休闲娱乐越来越依赖传播媒介,因此,媒介的技术形式与传播逻辑深刻地影响着家庭关系。比如"云蹦迪"戏剧性地成为年轻人追捧的娱乐方式,直播平台所营造的灯光与音乐效果产生了强烈的沉浸效应,人们的身体虽在家中,但精神却集体汇聚在"云端"之上,"云蹦迪"竟成为人们互相慰藉的重要方式。再如大部分"宅"在家里的青少年越来越习惯通过网络游戏打发时间,并常常沉浸于游戏所设定的"闯关"中不能自拔。游戏的媒介化导致青少年越来越适应虚拟空间的符号逻辑,并由此越来越脱离父母与同龄伙伴,形成了父辈难以理解的"媒介化性格"。第三,数字资本的触角延伸到家庭空间之中,家庭空间被吸纳成为媒介内容生产的加工厂。比如某短视频平台推出了"宅家娱乐"板块,设置了"在家干点啥""家庭换装大赛""宅家广场舞"等主题,以现金形式引导用户参与创作居家主题视频,极大丰富了平台

---

① 澎湃新闻:《到底什么是"云蹦迪"?》[EB/OL]. https://www.thepaper.cn/newsDe-tail_forward_6031121. 2022-3-8.

的视频内容。在此过程中,居家网民被转化为廉价甚至是免费的数字劳工,成为数字资本增值的重要驱动力。家庭空间与媒介技术之间的多重互动关系为我们提供了丰富的观察资源,也为我们理解媒介化影响打开了新的视角,因此,家庭空间的"媒介化"研究正当时。

当下,中国的年轻一代正经历着由扩大家庭、主干家庭向核心家庭彻底转变的过程,一个以亲缘为基础、以机械团结为联系纽带的传统社会在政治转型、市场经济、城乡变迁、出国浪潮、异地移居等多种因素作用下,开始转变为以理性、社会分工和明显的科层管制为基础的现代社会,人们改变了原有的以共同信仰和经验进行联系的集体意识,取而代之的是有着更强相互依赖性的有机团结。这一转变深刻地表现在家庭空间与住家感受上。家庭空间本身已不仅是社会进行生产、人类栖息的场所,它正变为一种普遍的权力与资本相互博弈的一个场域。以笔者的个人经历为例,笔者虽然出生在城市且为独生女,但儿时也经历过与爷爷奶奶、叔伯姑婶同住大宅、与堂哥堂妹共同玩耍的童年。1994年前后,在住房改革浪潮中,家中的叔伯们在城市的不同区域有了单元房,便各自搬离大宅。自爷爷奶奶去世之后,一大家人便少有聚齐,兄弟姐妹们经常通过社交媒体了解彼此近况,有时甚至我们与同学、同事、朋友的往来远比亲人更密切。在这个过程中,我们亲身经历和体验了生活的变化:住房形式的改变,大规模的沿街巷并排搭建的横向敞开式居住形式变为纵向的封闭式单元套房。在中国,这种住房变革分裂出多种人群聚合形式,如过去大户人家独居的四合院演化为寻常百姓拼居的形态,又如单位制度衍生的以熟人社会为基础的工厂职工社区、单位大院,再如"对门居住但不相识"的商品房社区,以及由此产生的邻里关系陌生化和居住空间的局促体验等。

在过去,讲究对称式的传统敞开式住宅中心,通常是家人共处的公共空间和进出的通道,也因此摆放有象征世俗信仰的佛龛、烛台或家中过世长辈的遗像。依据每个地方的风俗不同,这类物件的摆置有所不同,但总体上它充当着传统社会人与人相互联系以及家庭内部代际传承的标志。而纵向封闭式的套房、单元房使得住房功能更加具体和隐蔽化,它的活动中心则是专设的客厅,这是现代家庭的标志,客厅的中心位置通常摆放着电视机或家庭影院,成为家人集聚的场所,大众传媒无孔不入地将外面的世界通过天线与数据嵌入普通人的生活,国家、社会、家庭被勾连起来。原有的信仰象征物被移至家中并不起眼的地方,人们既不希望祛除原有的信仰,也不希望它像旧式家庭一样被奉为家庭的核心。

与住家相关的体验还表现在家庭关系上。近几年,笔者反复接到某电话运营商的客服电话,对方努力向笔者推销一款与"亲情"相关的服务,大致内容是每月只需花费十元,就可以对自己的孩子以及父母的手机进行智能定位、紧急呼救、限制呼入呼出等操作。当这些星罗棋布的数据集结在一起,它便涉及个人隐私、个体信任、私人空间与公共空间的边界等问题。

当我们困惑于时间、空间限制而难以维持亲情友情时,令人吊诡的现象却正在发生。逢年过节当千里相隔的家人聚在一起时,无论是饭桌上还是客厅中,大家手中都有一部"拿得起放不下"的手机,各自发一条关于家人团聚的微博或朋友圈,然后互相埋头在对方的信息后点赞、评论,即便面对面,也要通过媒介才能交流。与其说这是一种交流和互动,不如说这种社交媒体是一种表演与自我建构的舞台,是媒介的象征性作用促使人们在这里扮演日常生活。幼童闹腾哭吵的时候,家长顺手递过一台手机或平板电脑,孩子便独自沉浸在游戏或动画片里欢喜不已,人机交流替代了亲子育儿。家中的客厅似乎也成了摆设,它不再承担家人分享生活、亲近彼此的功能,电视也经常只作为背景音存在,以掩盖互相沉默的寂静。我们的日常生活变得"媒介化(mediatization)",它一方面继续让人们体验着时空压缩带来的便捷体验,另一方面,媒体和科技在近距离的交流中并没有缩短时空距离,相反,它产生了更强的距离感,人们无法感受对方真实的喜怒哀乐,所见所闻只是一个经过建构的表象,似乎没有了"媒介化"交流,人们的行为就将失范。我们的家庭因为不断发展的媒介和科技变成了什么样?

媒介、家、空间三者之间互相建构、互相形塑,政治、经济、文化以及社会变迁的力量渗透其中,影响着我们的日常生活和对周遭世界的认知和判断。因此,家庭空间不应被当作一个实体、物质的形态加以研究,而应该把家和空间看作是一种社会总体关系和结构的聚合体,将空间放在更广泛的现实语境中,去考察空间、权力、知识之间的互动关系。福柯认为这是一个超越以往任何时代的"空间时代":"我们正处于这样一个时刻:我们对世界的体验是,对在时间过程中成长起来的漫长生命的经验比不上对联系各个点并与其自身的线索交叉在一起的网络的经验。"[①]时下,一些与"家"密切相关的概念正在兴起和建造当中,比如"智慧家庭""智能家居""物联网"等,它们指向通过移动互联网、云计算、自动监控等功能将家庭与家人的衣食住行进行数据化管理,从父母的心跳、孩子的行踪,到起居室里人们的动向,一应俱

---

① Michel Foucault. (1986). *Of the Spaces*, Diacritics 16, 22-27(translated from the French by Jay Miskowiec). 转引自爱德华·W. 苏贾:《后代现代地理学——重申批判社会理论中的空间》,北京,商务印书馆,2004年,第15页。

全。当我们通过移动媒介掌控家中和家人的一切时,生活是否会变得更便捷?家庭的安全系数真的会提高吗?家人之间的互动和亲情又将发生怎样的变化?福柯的判断是对的,个体的生存将越来越严丝合缝地被纳入空间的网络之中,这种网络超越实体物质的限制,尽管不可见却无法逃脱。

家是最基本的社会组成单位,也是个人赖以生存的避风港,在重视家族观念的中国,也许我们是最后一代对老式传统家庭有着体验和感知的人,现代性的漂泊与疏离感更使人焦虑丛生,因此对媒介带给家庭空间的改变和家人交往关系的影响还有着矛盾感和不适感。这些感知使我们不得不思考这样一些问题:是什么样的力量推动着中国家庭空间的媒介化?家庭空间的演变与传播技术的使用与消费有什么关系?国家与社会、政治与经济、文化与教育是怎样经由传播技术通过家庭进行运作从而建构并维持现有秩序的?家庭关系空间的媒介化现象给家庭交往行为造成什么样的影响?这些是日常生活触发的思考与问题,也是本书研究内容的缘起。

二、文献综述

"家"作为人们日常生活的居所,也是媒介使用和消费的主要场所,它充斥着各种各样的媒介和传播设备,从最早的报纸、广播到曾经作为家庭现代化象征的电视,再到手机、网络、平板电脑等电子设备,媒介越来越多地参与了家庭日常生活的建构和意义生产。文化研究学者戴维·莫利(Morley David)就认为,家由传播网络构成,并无所不在地暗藏着消费主义思潮,消费电视是家庭活动和私人消遣的核心部分。[①]在今天的语境之下,我们还可以更肯定地说,新媒体的使用与消费已成为个人与家庭生活的核心部分。因此,"家"越来越趋向于布尔迪厄所说的"场域",即"在各种位置之间存在的客观关系的一个网络(network)或一个构型(configuration)",[②]或者说"家"成为不同资本相互渗透、相互争夺的场所,并由此逐渐衍生出传媒技术与家庭关系、家庭政治、家庭消费等一系列命题,政治权力对其进行着不易察觉的渗透,商业消费力量更是对其虎视眈眈,不同的文化在这里拉锯和博弈。因此,传媒技术与家庭空间之间的互动关系成为一个跨学科的研究议题,来自经济学、文学、地理学、城市规划管理、社会学以及民俗学等领域的学者们开始对家展开了丰富多元的研究。学界关于传媒技术与家庭空间的

---

① Morley David. (2000). *Home Territories:Media,Mobility and Identity*. London: Routledge.

② 皮埃尔·布尔迪厄、华康德:《实践与反思——反思社会学导引》,李猛、李康译,北京,中央编译出版社,1998年,第133-134页。

研究起始于20世纪六七十年代,作为一种与每个人日常生活息息相关的新兴技术,学者们主要从文化、政治与经济多重视角展开了对这一议题的研究。从现有的文献来看,研究主要围绕着传媒技术的驯化或家居化、传媒技术与家庭空间的互动、传媒技术与家庭关系空间(Relational Space)的媒介化以及网络技术与家庭的工厂化等议题展开。

(一)"家居化/驯化":家庭空间媒介化研究的两个关键概念

英国桑德兰大学的肖恩·摩尔斯(Shaun Moores)教授是从事传媒技术与家户空间研究的重要学者之一。在《理解受众——媒介消费的人类学研究》①一书中,摩尔斯循着英国文化研究学者雷蒙·威廉斯(Raymond Williams)对"技术决定论"的反思,在文章开头首先提出"技术是一种社会建构"的判断,并认为八九十年代受众人类学研究的目标是描绘传媒技术"嵌入"(embedding)家庭日常生活与家户空间这一错综复杂的过程。在此基础上,他开创性地将目光对准人们习以为常的家庭收音机,考察了20世纪20年代至30年代英国的收音机技术如何"捕获"(capture)家庭的时间与空间这一重要问题:在20世纪初期的英国,商业力量、军事权力与政府管理的需求成为发明无线电技术的原初推动力量,与此同时,人们渴求回归家庭的心理和寻求家庭之外信息的需求二者共同推动了收音机技术的传播与扩散。但由于早期无线电技术的限制,收音机只能通过听筒(headphone)接收声音,因此,英国早期收音机是男性专属的家庭玩物(toy),而在女性眼里它只是一个丑陋的盒子。所以,摩尔斯认为早期收音机是一种男权机器,不断巩固着原有的家庭权力结构。而随着收音技术的进步,20世纪30年代以后扬声器取代了个人化的听筒,收音机开始由原来突兀的存在转变为客厅壁炉上的现代化的时尚家具,真正融入家庭的地理空间。②从此,"家庭作为休闲场所(a site for leisure)的功能被加以强化,以往由公共空间提供的娱乐功能被家庭娱乐部分地取代,由此重新划分了私人和公共的界限"③。与此同时,随着广播媒体成为人们日常生活获取信息的重要来源,它将精准

---

① Moores. S. (1993). *Interpreting audiences:the ethnography of media consumption*. London & Thousand Oaks,CA:Sage.

② Moores. S. (1993). "Media,Technology and Domestic Life." in *Interpreting audiences:the ethnography of media consumption*. London & Thousand Oaks,CA: Sage. pp. 70-116.

③ 楚亚杰:《超越接入:中国城市日常生活场景中的网吧研究》,上海,复旦大学博士论文,2013年。

的时间测量带入公共领域,从而带动了国家标准时间的"家庭化"。①而密歇根大学传播学派迪·斯坎内尔(Paddy Scannell)教授关于广播与家庭时空变化的研究则进一步深化了广播家庭化的影响,他认为其意义远不止于外界世界的再现或者意识形态的灌输,而是"对现代性的传递、对社会领域的标准化和以私人领域的社会化"②。上述两位学者的研究一方面将家庭内部的性别、代际等层面的关系空间问题带入家庭化传播技术研究中,同时开启了家庭地理空间与传媒技术之间的社会学研究视角。

摩尔斯关于在英国家庭空间与传媒技术之间的研究在西尔弗斯通那里得以概念化与系统化。西尔弗斯通在这一方面研究的最大贡献在于引入了"家居化/驯化"(domestication)与"道德经济"(moral economy)两个核心概念,为传媒技术与家庭空间的讨论注入了新的血液,它们共同提示了象征性经济在家庭媒介消费中的作用。

美国人类学家、社会学家阿尔君·阿帕杜莱(Arjun Appadurai)在《物的社会生命》一书中提出,现代西方哲学、自然科学等知识过分强调了词与物的对立,使人类周遭环境中的物成为语言述说的对象而失去自身的主体性,这种对立"将物的世界视为一个无活力的、沉寂的世界,只有通过人及其语言才能使它们呈现出生机"③。基于这一反思,阿帕杜莱开始尝试将没有自主性与能动性的物放置于广阔的社会环境中,从而探寻一种物的人类学研究路径(anthropology of things)。受阿帕杜莱这一思路的启发,西尔弗斯通将广播、电视与电脑等作为技术与媒介存在的物纳入政治经济的运作环境之中,考察它们在被消费(comsume)、展示(display)与挪用(appropriate)过程中所产生的社会文化影响,由此形成媒介驯化研究。

"驯化"一词原意为将自然界中动植物的野性进行改造,使其顺从,习惯于人类的照料、需求与操控。换句话说,驯化过程消融了野生与家养之间的界线,使动植物成为人类家庭中的一员,并融入家庭结构、家庭环境与生活常规之中。因此,在中文的语境里,驯化这一概念又可翻译为"家居化"。西

---

① Moores. S. (1993). "Media,Technology and Domestic Life." in *Interpreting audiences: the ethnography of media consumption*. London & Thousand Oaks, CA: Sage. pp. 70-116.

② Scannell,P. (1988). "Radio times: the temporal arrangements of broadcasting in the modern world," in P. Drummond and R. Paterson(eds.). *Televison and its Audience*. London:British Film Institute.

③ Appadurai,Arjun(eds.)(1986). *The Social Life of Things:Commodities in Cultural Perspective*. Cambridge:Cambridge University Press.

尔弗斯通将驯化的内涵延伸到技术的商品化与社会化过程,探索作为物的传播技术进入家庭空间后给人类的日常生活带来何种变化,并由此产生了媒介技术人类学研究路径。

为了更深入地讨论传媒技术的驯化或者说家居化过程,西尔弗斯通通过"道德经济"分析了媒介消费的象征性过程。作为一个学术概念,"道德经济"最早来源于英国历史学家E. P. 汤普森。[①]他对发生在18世纪英国"粮食骚乱"中民众的心理做了细致的回顾与解读后指出:参与骚乱的英国民众将对抗的目标指向自由市场经济所造成的哄抬粮食价格、倒买倒卖、囤积居奇、谋取暴利等"不符合道德"的行为,并以传统道德、共通价值与社会伦理的名义将自身的对抗行为合法化。"18世纪英国的粮食暴动者在粮食短缺与价格高涨时期都相信他们暴力的集体行动是有理由的,因为共同体总体感觉到众所公认的市场公正或'道德经济'原则遭到了践踏……共同体凭着这一理想的谷物分配方式而斗争。根据这一传统模式,为保护消费者共同的利益,应该控制谷物和面包的生产、收割,特别是交易。"[②]在理论层面,"道德经济"的提出跳出了"经济化约论"的窠臼,为社会现象的研究提供了全新的文化解释范式,同时也为历史研究中民众的主体性留下了言说的空间,如西尔弗斯通所言,"道德经济"这一概念"坚持着文化与经济、象征性资源与物质资源之间的特定的连接,暗含着公共领域内物品与意义的转换关系"[③]。正是在这层意义上,西尔弗斯通将这一概念引入家庭场域之中,探讨家庭中的政治文化、价值判断、美学品位、家庭传统甚至个人迷信[④]等道德因素如何影响甚至决定媒介技术融入家庭的日常生活中的方式,影响家庭中的时空安排,这种日渐私人化与商品化的家庭结构又如何与家庭之外的公共领域相互勾连。家庭道德经济所展现出的"公共与私人之间的张力、个体与集体的矛盾、标准化与独特性,这些是在每天的生活中产生出来的也是需要解决的,而这正是现代性的核心"[⑤]。由这种象征性经济引发的家庭媒介消费、家庭结构的改变以及家庭内公共与私人空间的变化为本书的研究提供了重要

---

① 对道德经济学的论述可参见E. P. 汤普森:《英国工人阶级的形成》,钱乘旦译,上海,译林出版社,2013年,第56页。《18世纪民众的道德经济学》与《道德经济学再考察》,两篇文章收录于E. P. 汤普森:《共有的习惯》,沈汉、王加丰译,上海,上海人民出版社,2002年。

② 林亨特编:《新文化史》,姜进译,上海,华东师范大学出版社,2011年,第54页。

③ 罗杰·西尔弗斯通:《电视与日常生活》,南京,江苏人民出版社,2004年,第73页。

④ Silverstone, R. (1994). "From Audiences to Consumers: The Household and the Consumption of Communication and Information Technologies." *European Journal of Communication*. (6):135-154.

⑤ 罗杰·西尔弗斯通:《电视与日常生活》,南京,江苏人民出版社,2004年,第72页。

的分析路径。

以电视为例,西尔弗斯通认为,电视作为一种商品进入家庭空间的过程可分为挪用、客体化、纳入、转换四个环节[①]:首先,电视被以商品的形式售卖给消费者,由此得以跨越公共领域与私人领域之间的分界线,成为家庭结构中的一部分,这一环节可归纳为电视技术的挪用(appropriate)过程;其次,电视与家庭这一物理环境如何融合在一起,往往能传达出家庭成员的社会地位、美学品位以及对电视技术的认同等。在此过程中,电视技术不仅是一个物的存在,同时也是意义的承载者,是指向多种所指的能指,因此,西弗尔斯通称这一环节为客体化(objectify)过程;第三个环节称为纳入(incorporate)过程,即电视内容所提供的时空观念成为家庭成员作息的参考对象,由此,家庭被纳入公共领域的结构之中。经过这三个环节之后,电视最终被转换(convert)为家庭日常生活与家庭时空重组的方式之一,作为私人领域的家庭与外界之间的界线也开始发生改变。至此,电视的驯化或者说家居化过程得以完成。在此驯化过程中,"哪些家庭成员拥有多少空间以及何种类型的空间? 这些空间是怎样组织起来的? 电视机和其他的传播技术是怎样穿插在那个空间里? 客厅是围绕电视组织起来的吗? 不同的家庭成员在那个空间里面是不是有着特定的看电视的位置?"[②]学者莫利对这些被人们习以为常的日常生活现象的追问凸显出家庭空间与媒介使用之间的紧密联系,这些问题在当下中国的社会语境以及新媒体技术环境中仍然值得我们重新思考,而它们也是本文在研究中国家庭空间的媒介化时所关注与讨论的重要内容。

从理论层面来看,传媒技术的"驯化"研究有效弥补了技术创新扩散中"理性的、线性的、单一归因的(monocausal)与技术中心主义"的模式,"代表了一种全新的理论框架与研究路径,它将日常生活中复杂性与技术语境中的动态变化、仪式、规则、常规等纳入考察范围",[③]并从微观层面揭示出人类接受与使用技术的过程,以及人类如何创造越来越被传播技术中介化的生活环境。[④]而从学术研究层面来看,"驯化"研究为传播学研究提出了新的问

---

① Silverstone, Roger (2006). "Domesticating domestication: reflections on the life of a concept." In: Berker, Thomas and Hartmann, Maren and Punie, Yves and Ward, Katie J., (eds.) *Domestication of media and technology.* Open University Press.

② 戴维·莫利:《电视、受众与文化研究》,史安斌译,北京,新华出版社,2005年,第236页。

③ Punie, & K. J. Ward(eds.) (2006). *Domestication of media and technology.* Berkshire England: Open University Press. p. 1.

④ Punie, & K. J. Ward(eds.) (2006). *Domestication of media and technology.* Berkshire England: Open University Press. p. 3.

题和新的研究路径,西尔弗斯通所提倡的技术人类学研究也为传播学研究的本土化提供了可能性。

(二)网络化技术与家庭空间的重构

随着互联网技术的普及并逐步渗透家庭空间,电脑、手机、物联网等新兴的网络技术成为家庭空间与传媒技术研究学者重点关注的议题。学者文克特斯(Venkatesh A.)认为作为人类的"生活空间"(living space),网络化家户空间(Networked household)可以分为三重结构,即社会空间、物理空间与技术空间,三者共同存在,相互影响。[①]这一分类为研究家居空间与传媒技术研究提供了相对明晰的研究对象,但文克特斯将三重空间的讨论脱离具体的语境与日常生活,难以形成具有普遍解释力的观点。其后,德国明斯特大学(University of Münster)昆特教授(Thorsten Quandt)将这三重结构进一步发展为技术家居化的三角模型(如图一),认为家居空间、家庭成员的特性决定了家居化传播技术的特征,而这三者又共同决定了技术的家居化过程。这一模式使西尔弗斯通的道德经济理念更加具体和直观地得以呈现。

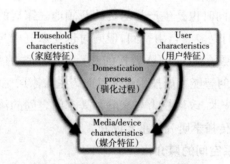

图一 媒介"家居化"的三角模型[②]

从大众媒介到互联网技术,从"智能家居"到"数字中枢"(digital hub),昆特教授认为媒介工业将目标对准了家庭空间,并持续不断地渗透于家庭生活之中,从而实现家庭空间的媒介化。这种现象的理论意义在于,作

---

① Venatesh,A.,E.Kruse,and E.C.-F.Shih.(2003)."The networked home:An analsis of current developments and future trends,"*Cognition, Technology and Works*.5(1).23-32.

② Thorsten Quandt and Thilo von Pape.(2010)."Living in the Mediatope:A Mul-timethod Study on the Evolution of Media Technologies in theDomestic En-vironment,"*The Information Society*,26:330-345.

为表征的媒介传播能力和形态反映了家庭空间的社会功能。①换句话说，家庭空间中的媒介摆设、形态等是家庭与外界社会关系的一种表征，理解家庭空间与传媒技术的关系变化即理解社会政治经济权力的结构变迁，所以，对于传媒技术与家庭空间的研究之重要性在此得到体现。昆特教授的研究虽未能解决文克特斯研究中的缺陷，但却为我们进一步理解空间提供了新的见解，同时也使技术的驯化研究开始从驯化的过程转向驯化何以形成这一前提性问题，这对于理解中国传媒技术来说无疑具有重要的启发。南京大学学者祁林教授提出，新中国成立以来，中国家庭空间一直以一种权威式的空间结构为主，即以领袖画像或者家族照片占据家庭空间的核心地位，悬挂于家庭正房或正厅的墙壁上。随着消费主义的悄然兴起和集体主义意识的式微，家庭空间的主导位置被挂历与婚纱照所代替。而以电视、电脑和手机为代表的传媒技术渗透中国家庭之后，家庭空间中原有结构的中心消弭在传媒技术所建构的虚拟空间之中，也因此，这种转变所带来的是视觉中心的涣散和原有威权结构的日渐消逝。②

关于网络化家庭研究，悉尼大学教授菲昂娜·阿隆(Fiona Allon)尝试从一个相对批判的视角提出，网络化的"智能家居"(smart house)是媒介与信息流通的节点，同时也是生产与消费的新领地。家居的网络化与智能化一方面赋予了人们更多的自由空间，但同时也使家庭成为操控与监视机制延伸与扩散的主要场域。③阿隆教授的观点具有很强的预见性，在以云技术、大数据为代表的智能家居技术越来越成为主流家居空间技术的当下，我们反思数字资本技术、政治权力与家庭私人空间之间的渗透与防卫之间关系，理应成为当下传播学研究的重要议题。

(三)家庭关系空间的媒介化

空间不仅表现为物理性，同时也是一种社会性的存在。在《空间：社会产物与使用价值》一文中，列斐伏尔认为空间的社会性表现为一种可再生产的社会关系，"只有当一切社会关系在空间上烙印——亦即具体再现——于社会空间的社会生产时，它们才是真实具体的，是我们实际社会存在的一部

---

① Haddon, L. (2006). "The contribution of domestication research to in-home computing and media consumption." *The Information Society*, 22(4), 195-203.

② 祁林：《当代中国家庭空间视觉性的转型》，《文艺研究》，2015年第6期。

③ Allon, F. (2003). "An Ontology of Everyday Control: Space, Media Flows and 'Smart' Living in the Absolute Present." In Nick Couldry, Anna McCarthy (eds.), *MediaSpace: Place, Scale and Culture in a Media Age*, pp. 253-274. London and New York: Routledge imprint of Taylor & Francis.

分"。①其后,法国当代社会学家布迪厄则认为空间是一个由社会关系所结构而成的场域,人们根据这一关系空间中的传统、历史与规则等形成惯习。而这种惯习会在社会实践过程中"维持间隔、距离、阶级关系,并且在实践中促成对构成社会秩序的差异体系进行再生产"。②如果我们将这一理念放置于家庭这一具体空间中,不难发现,这种具有强烈社会烙印的关系性空间在家庭这一场域里体现在不同性别、不同年龄、不同代际的关系空间之中。

在上文中提到的摩尔斯的研究就曾对传媒技术使用与家庭关系空间之间的关系进行了讨论,虽然只是顺便提及,未做深入讨论,但这一发现却启发了传播学者对不同媒介形态与家庭关系空间的学术思考与研究,比如伦敦大学学院(UCL)学者汤姆·麦克唐纳德(Tom McDonald)就曾将驯化理论运用于中国的语境中,研究位于中国西南部的一个小镇中互联网如何以及为何进入中国家庭的,并发现了一个十分有意思的现象:家长为了防止孩子去网吧通宵上网,不得不购买电脑,在家中创造一种网吧的氛围,以更好地控制孩子的上网时间与浏览的内容。③媒介技术在这一特殊语境中成为维系母子日常教育的一种重要工具与策略。新加坡国立大学学者李珊珊(Sun Sun Lim)则发现,随着消费主义在中国的兴起,信息传播技术在中国被一部分人理解为一种走向上流社会与获取赞美的工具,一种成功的象征与建立社会关系的必需品。因此,他们也会为自己的孩子购置最新的电子设备,希冀它们能产生教育作用与象征身份地位的符号性作用。④

循着这一研究思路,复旦大学曹晋教授则以一种批判的眼光来研究智能化信息传播技术与当代中国家庭关系空间的异化。作者以中国儿童教育、娱乐等家庭内部日常生活行为与智能手机、平板电脑等高端智能产品之间的关系为研究对象,发现技术开始逐渐替代家长与儿童之间的亲密互动,同时也成为家庭逃避烦琐的儿童家教的一种策略与手段。⑤这种"卧室文

① Molotch,H.(1993)."The Space of Lefebvre." *Theory and Society.* 22(6).

② 布尔迪厄:《国家精英:名牌大学与群体精神》,杨亚平译,北京,商务印书馆,2004年,第4页。

③ Tom McDonald.(2014)."Affecting relations:domesticating the internet in a south-western chinese town."*Information Communication & Society*.

④ Lim,S.S.(2005)."From cultural to information revolution:ICT domestication by middle-class Chinese families." *In Domestication of media and technologies,*eds. T. Berker,M. Hartmann,Y. Punie,and K. Ward,pp. 185-204. Maidenhead: Open University Press.

⑤ 曹晋、庄乾伟:《指尖上的世界:都市学龄前儿童与电子智能产品侵袭的玩乐》,《开放时代》,2013年第1期。

化"（Bedroom Culture）①所造成的后果是儿童在电子化的娱乐与休闲中慢慢丧失对社会现实的兴趣，同时也失去了基本的反思能力，更为可悲的是家庭内部的代际关系互动沦为了一种推进商业资本增值的劳动。同时，也有研究认为网络的线上与线下已经逐渐融合为一个整体。多伦多大学一份针对4000名加拿大人的研究指出，其中35%的人认为技术使他们和家人的关系更加亲近、密切，7%的受访者认为技术弱化了他们的亲情关系。②与此类似的，2011年宾夕法尼亚大学的一份研究报告则指出："认为互联网有益于遥远的关系，却损害身边的关系，这是不正确的。互联网使天各一方的人彼此建立个人之间的联系，但也提供了机会使人们能建立和加强当地的联系。"③

如此看来，家庭空间的媒介化所造成的不仅是家庭物理空间的变化，同时还体现在以家庭关系为核心的家庭空间之中，成为家庭关系空间的中介物。因此，在中国整体社会结构变迁之中关注家庭关系空间的变化，不仅有助于我们从一个新的视角理解传媒技术的社会影响，同时也有助于厘清这种影响背后的商业力量和政治权力的演变。

（四）家庭空间的媒介化研究的经济学视角

在当下，对家庭空间的媒介化的研究不仅体现在家庭实体空间与家庭关系空间的研究，一些学者开始将研究目标转向家庭空间的功能变化。他们认为，信息技术的家庭化造就了"家务经济"（homework economy）的诞生，即人们不仅可以在家里进行原来必须在公司里完成的工作，而且还驱动了传统工作形式的重构，比如兼职工作以及大规模去技术化（deskilling）等工作模式的出现。④因此，"家务经济"作为一个概念的出现意味着"工厂、家

---

① 参见Bovill, M. , and Livingstone, S. 2001. "Bedroom culture and the privatization of media use. In Children and their changing mediaenvironment."*A European comparative study*, eds. S. Livingstone and M. Bovill, pp. 179-200. Mahwah, NJ:Lawrence Erlbaum Associates. 作者用"卧室文化"一词来概括围绕信息技术成长起来的一代儿童所特有的生活方式，他们喜欢"宅"在属于自己的卧室里，不愿与家长交流，而是沉浸在虚拟游戏或虚拟的社交空间之中，自得其乐。

② 汤姆·斯丹迪奇：《从莎草纸到互联网：社交媒体2000年》，林华译，北京，中信出版社，2015年，第365页。

③ 同上。

④ Allon, F. (2003). "An Ontology of Everyday Control: Space, Media Flows and 'Smart' Living in the Absolute Present". In Nick Couldry, Anna McCarthy (eds.), *MediaSpace:Place, Scale and Culture in a Media Age*, pp. 253-274. London and New York:Routledge imprint of Taylor & Francis.

庭与市场的高度融合。"①进入 21 世纪，学者唐娜·哈拉维(Donna J. Haraway)的上述判断越来越成为一个世界范围内的趋势，并受到了新的关注。其中，布鲁塞尔自由大学(VUB-Vrije Universiteit Brussel)乔·皮尔森(Jo Pierson)是其中具有代表性的一位。皮尔森也将传媒技术、家庭与工作之间的关系作为研究对象，并通过随机抽样的方法在比利时佛兰德(Flemish)地区选取了550个企业的员工进行访谈，发现以互联网为代表的信息传播技术使工作的家庭化成为可能，由此一种基于灵活的、弹性的工作制度日渐开始替代原有的"在地化"的工作形式，也因此，家庭与工作地点之间的界线开始变得模糊，家庭的工厂化成为互联网时代的一种新趋势。②在中国，这一趋势开始变得越来越明显。越来越多的中国人开始在家里与客户进行生意谈判、开淘宝店、为视频网站制作与上传视频等，作为私人领域的家庭在信息技术的驱动下更大程度地融入公共事务之中，成为全球资本运作中的生产车间。这种变化意味着商业力量在信息传播技术驱动下的在全世界范围内的彻底胜利。

总而言之，上述研究为我们展现了在人类家庭空间出现的一场政治权力、市场力量、家庭伦理道德与传媒技术之间的相互较量与博弈，借用学者洪美恩(Ien Ang)的表述，这是一场关于"起居室里的争夺"③。因此，对传媒技术与家庭空间之间的互动关系的考察与剖析即是从一个微观视角展现传媒技术与宏观的社会变迁与社会建构之间的互动历史。不过，仔细分析不难发现，对这一选题的研究仍有较大的可开拓探索与理论延展的空间，主要表现在以下几个方面：

1. 研究这一议题必须使用的技术人类学方法决定了在不同语境中和不同时代背景下必然会产生不一样的研究结果。与其他国家相比，无论是从传媒技术在中国的引进、发明与扩散过程，还是从不同的人群使用传媒技术的实践，中国的历史实践与现状都有着极大的特殊性，这为本书的研究提供了较为丰富的经验素材与想象空间。

2. 从现有的研究来看，大多数研究将研究成果普适化，而由于中国的政

---

① Haraway,D.(1985)"A Manifesto for Cyborgs:Science,Technology and Socialist Feminism in the 1980s." *Socialist Review.*80:65-107.

② Pierson,J.(2005). "Domestication at work in small businesses." In *Domestication of media and technologies*,eds. T. Berker,M. Hartmann,Y. Punie,and K. Ward,pp. 205-226. Maidenhead:Open University Press.

③ Len Ang. (1996). *Living Room Wars:Rethinking Media Audiences for a Postmodern World*,New York & London:Routledge.

治生态与经济发展规划,家庭空间与传媒技术之间的互动在中国的乡村、城镇与中心城市之间有着明显的差异,在同一地理区域的不同时代之间也存在明显差异。这就需要研究者以一种对比的视角看待不同的研究对象,从而发掘其中的社会历史原因及其影响。

3. 新的媒介技术层出不穷,带来了更多的新的家庭关系的变化,如家庭仪式的媒介化所带来的家庭成员关系的弱化,智能家居、媒介化交往带来的亲情互动的异化等,这些问题都尚未得到足够的重视。

三、研究问题

本书研究内容所指涉的"传播技术"并非媒介环境学派学者所提出的广义的信息传播媒介,而是更侧重于家居化的传播技术,其核心特征是一种能够勾连(articulate)家庭边界内的私人空间与家庭之外的公共空间的技术形态。它们不仅生产各式各样的空间、建构人们对于空间的想象,同时也在改变媒介使用者对时空观念的感知与理解,进而影响人们日常生活的交往行为,如年画、广播、电视、照片、物联网技术、智能家居等,对此,本书研究的主体部分将进行详细论证。虽然家庭空间中的其他传播技术也具有信息传递功能,如书籍、报纸、宣传册和山水花鸟画等,但是它们并未表现出明显的空间形塑能力,也不及年画、广播、电视、照片、互联网技术等所牵涉的话语权力博弈错综复杂,因此没有被纳入本书研究的考察范围。举例而言,本书的研究之所以把年画看作是一种家居化的传播技术,是因为其在文化惯习的转变和征用过程中受到了强大的政治化力量的影响,成为多重权力争夺和博弈的场域,进而在很长一段历史时间内影响了中国家庭的审美品位,虽然与之类似的山水花鸟装饰图也被普遍地悬挂在家庭空间之中,但其受到权力争夺的空间却要小得多,而家居化的传播技术则更多地考察主体与权力之间的互动和对话关系,因此,这类媒介不列入本书所指涉的家居化媒介。

本书的研究认为现代社会空间的生产与媒介密切相关。家庭是媒介消费和使用的主要场所,也是人们进行自我想象、身份确认以及空间认知的重要源泉,媒介工业将目标对准了家庭空间,并持续不断地渗透家庭生活之中,从而实现家庭空间的"媒介化"。作为表征的媒介传播能力和形态反映出了家庭空间的社会功能。①换句话说,家庭空间中的媒介摆设、形态等是

---

① Haddon, L. (2006). "The contribution of domestication research to in-home computing and media consumption." The Information Society, 22(4):195-203.

家庭与外界社会关系的一种表征,理解家庭空间与传媒技术的关系变化即理解社会政治经济权力的结构变迁,家庭空间的媒介化研究之重要性在此得到体现。基于此,本书的研究意在探讨和回答以下问题:

1. 在中国本土语境下,家庭空间的媒介化经历了什么样的过程?这一过程在何种程度上与政治权力、市场力量或文化价值等互相交织在一起?这些权力是如何经由家居化媒介建构并巩固现有秩序的?

2. 随着传媒技术的扩散与普及,"家"越来越趋向于布尔迪厄所说的"场域",即不同资本与意义相互渗透、相互争夺的场所,并由此逐渐衍生出传媒技术与家庭关系、家庭政治、家庭消费等一系列命题。那么,传媒技术进入中国家庭空间以后,不同历史阶段中人们的家庭空间发生了什么样的形态变化?并在何种程度上解放人们的日常生活,又在何种程度上压抑了生活空间?这些变化在何种程度上帮助我们理解传播技术本身及其所产生的社会影响?

3. 在家庭空间的媒介化过程中,媒介的使用者即主体发挥了什么作用、扮演着怎样的角色?在这个过程中,媒介使用者的主体意识、价值判断、身份想象和对家庭空间的理解与感知是否发生变化?如果是,主体在此过程中又是如何进行意义的生产和自我再生产的?在媒介不断智能化的趋势下,人类与媒介间的关系认识论是否发生变化?

四、研究意义与创新点说明

第一,从研究路径层面来看,本书从主流传播学所从事的将"媒介内容作为文本"(content-as-text)的效果式研究转向将"媒介技术作为文本"(technology-as-text)的技术批判式研究,结合社会空间批判理论,将中国传媒技术与家庭空间的互动关系作为考察对象,把这一被中国传播学界长期忽视却又十分重要的领域放置于人类技术学的视角下,探究作为社会个体的我们以及我们的日常行为被多重力量建构的过程。

第二,从理论创新层面来看,本书把传播技术的演进置于中国的历史语境中,考察中国家庭空间的媒介化与宏观的政治生态、市场力量、文化价值、人类主体互动的过程与影响,提出政治、经济力量借助家居化技术对家庭空间进行影响,由此建构了"家国感",实现了家庭空间的工厂化。这不仅突破了"技术中心主义"的窠臼、弥补了"创新技术扩散理论"这一西方经典传播学理论对家庭空间这一重要维度的忽视,同时也进一步细化了媒介"驯化"理论在中国语境中的多元逻辑,为中国传播学研究的本土化提供了可能性。

第三,本书的研究注重中国家庭空间媒介化过程中主体意识的作用,将物联网、智能家居等新兴传播技术纳入考察范畴，跳离现有文献对这一技术的商业展望与乐观想象，转而探讨智能家居的技术"神话"所造成的家庭关系空间与人类交往行动新认识论。当然，本书的研究内容并不因此陷于技术使用的悲观主义色彩，笔者认为，在媒介家居化过程中，具备能动性的主体不只是被异化的对象，人们在日常实践和经验的过程中，始终处于协商和调试的状态，可以试图超越异化并进行主体的自我再生产。随着智能媒介在家居空间中的深度媒介化，人类对媒介物的感知和认知也不断发生变化，本书试图以一种"物体间性"的逻辑阐释"人—物"关系的新认识论。

五、研究方法与资料来源

（一）基本原则概述

从研究对象来看，本书将传媒技术放置在家庭空间这一特殊且具体的语境中，探索传媒技术与家庭空间的互动关系状态与后果。为了最大限度地忠于历史，本研究搜集了大量历史文献资料，包括官方公布的统计年鉴、政府宣传手册、权威报刊记载、会议纪要等资料，从而深描中国家庭空间的媒介化历史过程。本书辅之以人类学研究方法，即深入中国家庭空间的日常生活，深层挖掘和感知技术如何被大众理解、接受与使用，又被建构出何种象征意义，如何改变人们对于家庭空间的认知等。

传播学中使用人类学方法与20世纪70年代阐释主义研究范式的确立和兴起有关，这一范式将传播看作某种语境中意义生产的表征过程，强调传播的符号性和象征性含义，注重受众对意义的理解和认知。其实早在1958年，文化研究的早期代表人物理查德·霍加特（Richard Hoggart）发表的《识字的用途》（The Use of Literacy）就可以看作是运用民族志方法的先例。70年代以后，受霍尔"编码—解码"理论的启发，学者们逐步将民族志方法运用到传播学研究中，如詹姆斯·鲁尔（James Lull）的《家庭内部观察：电视的人类学研究》[①]、戴维·莫利（David Morley）的《全国新闻》《家庭电视》等，都是早期运用人类学方法进入普通家庭进行参与式观察和深入访谈的代表性著作，这种研究路径被称为"技术人类学"，其关注重点是技术运用、媒介消费是如何在不同的情境、场所中被感知、理解及使用的。技术研究的人类学路径不仅可以考察媒介技术的转变和发展对家庭生活以及空间的影响，同时可以深度地反映出家庭媒介消费所产生的象征影响，如媒介、新技术对家

---

① James Lull (1990). *Inside Family Viewing: Ethnographic Research on Television.* London and New York:Routledge.

庭生活的意义建构、仪式性作用、家户关系的空间象征等。这不仅可以避开"技术决定论"的单向度理解，而且可以形成对这一议题在中国语境中的独特理解，形成中国本土化的研究成果。

具体而言，本书主要采用深度访谈、参与式观察、口述历史等研究方法：

1.深度访谈

本书使用了半结构式的深度访谈，其特点在于访员既能把握访问的重点和结构，同时又可以发挥半结构访谈的灵活性和弹性度。深度访谈的目标是获取丰富的、生动的、具体的一手资料，而半结构式的访谈使访员可以根据实际情况进行相应调整，最终根据观察和分析推演归纳出结论。深度访谈的这些特点适用于本书的研究内容，即通过对家庭中不同代际的家庭成员进行深度访谈，探寻他们对不同种类、不同时代的传播技术的差异化理解和意义建构。与此同时，深度访谈对于那些见证广播、电视等传统媒体在家庭空间中从无到有的一代人进行引导式访谈，形成中国语境下传媒技术进入家庭空间的口述历史，这对于我们理解家庭空间与传媒技术的互动关系无疑具有重要作用。比如研究者将对见证20世纪五六十年代广播进入中国家庭空间的一代人进行访谈，探寻在这一过程中政治经济权力如何通过传播技术渗透甚至改变家庭空间，以及他们又是如何利用自身的智慧"驯化"传播技术，这对于我们家庭空间的媒介化影响研究无疑是意义重大的。因此，深度访谈不仅可以有效弥补现有文献资料的缺漏之处，而且还利于研究者对微观的、个体层面的体验与感知，从而形成更全面、更细致的研究素材。

2.参与式观察

传播技术是现代生活的重要组成部分，从某种程度来说，我们都是伴随着媒介技术成长起来的一代人，因此我们对传播技术的使用体验以及我们对他人使用传播技术时的观察与感知都可以看作是本书所研究的对象。但与此不同的是，本书使用参与式观察，将目标指向传媒技术演变与家户空间、家庭关系空间的互动关系，以及这种互动关系所带来的不同影响。参与式观察可以有效帮助研究者体验他人的体验，感知他人的感知，弥补旁观式观察所带来的体验差异。在本研究中，入户调查和自身体验将被结合在一起。例如，本书所选择的田野案例所在地福建省屏南双溪镇、寿宁托溪乡际头村，至今还保留着20世纪的老式建筑和家居布局，有的家庭还存有高音喇叭广播和旧式收音机，家居形态的保存、村民的媒介使用习惯及其对家庭空间和感知的影响为本书提供了历史研究的条件，经由熟人介绍，笔者获得了入户居住与参与日常生活观察的可能。另外，参与式观察可以帮助笔者体验手机、平板电脑等移动智能化设备在家庭内代际互动关系中所扮演的角色，以及这种新现象的出现给家庭成员之间的互动、家庭教育以及青年一代的成长所带来的积极与负面影响。

3.口述历史

口述历史是定性研究中获取被采访对象对于过去历史看法的一种重要方法。它与深度访谈的不同在于，在对话过程中，访员要克制住提问和打断对方的欲望，更多地倾听被访对象讲述亲身经历的历史。口述历史在本书的运用具有重要的认识论意义，有助于呈现普通人对于历史的看法，它逐渐改变历史书写被权力垄断的局面，"这些成果带来的直接冲击是历史重心的转移与历史书写的多元化……过去被忽略的声音使我们得以从边缘的、被压抑者的立场，回观历史现场"①。本书研究的重点和重心恰恰在于人们在日常生活的家居空间中如何感知和理解媒介对空间使用产生的作用，媒介如何影响私人空间与公共空间、媒介如何跨越时空地域参与日常生活的交往等，这些问题都涉及文化行动者的主体地位。因此，个体的体验、感受及其对历史的认知是本书关注的重要部分。口述历史不仅有助于打破宏大叙事统领历史的格局，同时又可以作为现有文献资料的回应和补充，如与文献资料有所差异甚至冲突，则更体现出个体在日常媒介消费与使用过程中的多元性和丰富性，这也是此种方法的张力所在。

（二）抽样方法

在样本的抽样方法上，本书将使用非概率抽样的方法，主要是以目标式或判断式抽样方法（purposively or judgmental sampling）和滚雪球抽样方法为主，这两种抽样方法都适用于本书的研究，具体原因如下：

首先，目标式抽样方法选择观察和访问的对象是以研究者个人判断为主的，以对象的有效性和代表性为判断标准。②本书研究过程中，研究的对象除了普通家庭成员之外，历史研究中还需要涉及早期公共广播的管理员、宣传员以及相关工作人员等，例如本书在关于早期家庭广播使用方面的前期调查中找到了际头村当年负责广播采购的会计和广播播报员，在研究人们抵抗家庭政治化的实践过程中采访了一些受访者，这些特定对象口述的历史资料对本书有着重要作用，故使用目标式抽样方法。

其次，在定性研究，尤其是田野研究中，需要获得相对丰富、详细的第一

---

① 黄克武：《语言、记忆与认同：口述记录与历史生产》，载于定宜庄、汪润主编：《口述史读本》，北京，北京大学出版社，2012年，第28页。

② 艾尔·巴比：《社会研究方法》，邱泽奇译，北京，华夏出版社，2009年，第185页。

手资料,而这些资料的获取通常需要长时间接触、面对面交谈甚至是入户观察,特别是本书中关于家户空间与媒介使用的议题,需要进入私人空间参与观察,口述历史的部分需要在特定的私人场所进行,这就涉及隐私和个人安全感问题,因此获得访谈、观察对象的信任和允许是关键问题,滚雪球抽样方法可以充分发挥熟人社会的特点,通过关系亲密者牵线搭桥获得进入许可。

最后,滚雪球抽样方法还可以"根据既有对象找出其他研究对象"[①],这种抽样方法是一个资源累积的过程,尤其是历史研究部分,必须确保样本的有效性,就要考虑到20世纪五六十年代并不是家家户户都有广播,电视在中国家庭的普及也是20世纪80年代末、90年代以后的事情,因此更多的访谈对象得依靠已参与访谈的对象的介绍和引荐。目标式抽样方法与滚雪球抽样方法结合起来有利于进一步发掘有效样本。六度分割理论提示了一个路径,即素不相识的两个人利用各种方式只要通过约五个中间人就能获得联系,通过滚雪球式的介绍,还能为本书的研究寻找到更多目标访谈对象。

(三)样本概述

本书主要选取了来自福建、浙江、上海、江苏、江西、广东、湖北、云南、甘肃、陕西等地区的131个样本(样本详细信息及人口学数据资料参见附录1),深度访谈的平均时间为1—3小时/人。由于本书的深度访谈和口述历史是以家庭为单位展开的,难免涉及家庭成员外出务工、就学甚至迁移等情况,因此样本中存有23个常住地为河南、北京、安徽、山东、广西和陕西等地区的受访对象,这些样本为本书分析社会迁移和人口流动背景下家居化媒介对家庭关系空间的影响提供了重要素材。从访谈的结果来看,在新媒体时期,媒介家居化的状况在总体上呈现地域差异性小、边界区隔度不明显等特征,因此,这部分样本的存在不会削弱总体样本的效度。

关于样本量,质化研究中的样本数量并没有固定的数值,本书样本数量的确定主要是考虑到样本数量的理论饱和度,即在本书研究内容所限定的议题范围内,通过对新增样本的访谈的分析无法再得出新的发现,或所得内容和已有发现是重合的。这些样本的理想状态是既经历过广播、收音机、电视家居化过程,又在新技术时代使用新媒体的人,倘若无法在抽样中达到理想状态,则将分别抽取有着不同家庭媒介消费经历的人群。访谈、口述历史与观察的地点根据被访对象而定。研究过程中,主要了解采访对象对媒介使用的空间感知、对"家"的结构和对家人交往的影响,以及媒介又是怎样借

---

① 艾尔·巴比:《社会研究方法》,邱泽奇译,北京,华夏出版社,2009年,第185页。

由家庭将个体、社会与国家勾连在一起的。

（四）访谈材料处理与分析

经过访谈、口述历史、入户走访以及资料检索，本书在这一过程中一共获得了如下资料：

1. 访谈录音资料累计约243小时，共14580分钟。由于本书采用了口述历史的方法，因此获取了超过预期的录音资料。口述历史和深度访谈的区别之一是，运用前者时研究者要压抑追问和打断的欲望，最大限度地让受访者回到历史情境中讲述当时当地的史实，因此尤其是一些年长的受访者，回忆起来很是兴奋，甚至喋喋不休，有的单人口述就生成了三四个小时的录音，给后期处理增加了工作量，但其优势之处也在于受访者在不经意间会回忆到许多对研究有意义的事情，这些内容成为本书的重要素材。

2. 部分受访人员是通过QQ、微信或电子邮件等电子通信工具进行访谈的，因此获得了一些聊天记录和邮件记录，另外便是后期整理或分析中发现一些线索和信息可以进一步展开访谈，但又受制于地域限制只能通过电话、网络通信软件进行补采。还有一些情况是受访者年纪较大，讲的是方言，总有些表达无法识别，即便是现场沟通时做了笔记，事后整理时也可能遗忘，因此就需要再次发邮件请熟知当地方言的同学和朋友进行"翻译"，当然，"翻译"的过程为了语义通顺和便于理解，会丧失了一些方言的特殊句式和表达，但还是最大限度地保留了受访者的观点和想法。

由于本书大多采用半结构式的深度访谈和口述历史，所以笔者所获取的材料内容较为丰富且相对杂乱。对于这些材料的处理，本书遵循胡塞尔所提出的"现象学还原（phenomenological reduction）"的原则，尽可能做到"不做预先假定"，"回到真正直接自明、不可怀疑的东西的认知上来"，用胡塞尔的话来说，要做到这一原则应将经验"放到括号里"，存而不论。基于此，本书将获取的资料分以下三个环节进行处理：

第一，细致、反复收听访谈获取的录音音频，其中一部分录音内容为笔者不熟知的方言，需通过熟知受访者所在地方言的亲友转录为文字，确保原意的准确性。

第二，由笔者从文字文本中标记出与本书有关的内容，并通过汇总与对比，划分出多个意义单元，进行类型化编码和记录。

第三，根据初步标识的文字资料、影像资料以及本书的多个主题进行意义构连，由此达到意义的捕捉与理解。

对于可以依靠参与式观察、可以直接获取经验性材料的议题，如本书中春节前夕受访家庭购买年画布置厅堂、家庭客厅中电视的使用、母子教育过程中平板电脑的使用等,笔者尽可能采用加入这些家庭的活动之中,通过观察来弥补受访者在表达时的记忆缺失,或者反驳受访者主观的自我粉饰。在实际操作过程中,笔者也确证了参与式观察能够有效地发挥作用。本书将口述历史、深度访谈以及参与式观察三者相互结合,以达到尽可能地还原真实的目的。

六、本书框架和章节概述

为解答上述研究问题,本书具体结构与研究思路可大致归纳如下:

引论部分,首先阐明了"中国家庭空间的媒介化研究"的现实背景。其次,梳理了国内外关于本书议题研究的文献,分析中外学界对此议题研究的启发与不足,由此引出本书要论证的学术问题,阐明解决这些问题的研究方法与资料来源,并由此论证在中国语境下批判性分析与研究家庭空间媒介化及其影响的重要性与可行性。

第一章首先反驳了"技术中立论"的"常识",梳理与分析不同领域的学者关于技术本体论的理论争鸣,重新审视媒介技术的哲学观念,充分论证了技术与政治、文化、资本之间相互纠缠的紧密关系,为本书探索媒介是如何进入中国家庭空间并影响人们日常生活,提供了重要的理论前提。同时,本章梳理了传播批判学者的媒介观、物质性理论、媒介化理论的学术脉络和基本观点,并解释了将媒介化理论作为理论框架的可行性与必要性。

第二章主要从技术政治学视角厘清媒介技术进入中国家庭的历史动因与过程,分析家庭空间媒介化给人们的家庭空间带来何种结构变化。本书认为传播技术在政治权力的驱动下进入中国老百姓的家庭空间之中,这种发生在家庭内的空间征用与政治权力生产构成了中国的媒介景观,在某种程度上,这一现象的形成是政治权力从公共性空间到私人化家庭空间的一种延续,从而在家庭空间中建构技术崇高感、生产"家国感"。

第三章主要从传播政治经济学视角讨论市场律令驱动下的传媒技术如何建构起人们对传媒技术与现代性的想象性关系,并在此基础上探讨媒介进入家庭之后如何影响家庭空间的。本章还回顾了人们在居家状态下,商业平台媒介是如何与日常生活发生互构与关联的,从而生发一种解构传统决定论忽视技术作为非人行动者的观念,洞察技术物对人类自身实践的影响,从而打破了原本主客二分的认知结构,形成新的关系本体论探讨。

第四章主要关注在当下家庭高度媒介化的时代下,媒介使用对家庭内部关系如代际教育、家庭交往方式等关系空间层面所带来的影响,重点讨论中国社会结构变迁中的家庭交往与技术的使用、传媒技术进入家庭后如何改变原有的家庭教育模式、留守儿童家庭如何驯化手机与亲职划界、智能媒介进入家庭后如何与家庭成员产生互动，以及人们又是如何通过媒介平台维持与公共空间的联系等方面的问题及其影响。

第五章为全书总结部分，总结本书的主要观点，指出在中国媒介家居化的过程中，可以根据演进理路分为协商与间性共生两种路径，并提出未来研究的可拓展方向。

第一章　媒介化理论:理解媒介的新范式

在人们的常识中,技术是一种独立存在的,无关人性的自然客体。技术最终发挥什么样的作用,取决于人们如何使用它、操纵它。然而,这种"常识"能否帮助我们窥视技术的真实面向? 对此,我们有必要梳理与分析不同领域的学者关于技术本体论的理论争鸣,重新审视媒介技术的哲学观点,从而为我们理解中国家庭空间媒介化提供理论基础。

一、权力的"意向":传播批判学派视野下的媒介观

关于技术本体论的讨论,我们可以从西方传播政治经济学者达拉斯·斯迈思(Dallas Smythe)的中国之行开始谈起。20世纪70年代是国际政治、经济势力不断拉锯与抗衡的年代,在这一时期,全球范围内掀起了第三世界国家的解放浪潮,随之而来的是对西方发达国家既有社会发展范式的质疑和商讨。在此时代背景下,1971年12月,学者达拉斯·斯迈思受加拿大艺术理事会的基金支持第一次来中国学访,其间,斯迈思与负责制定中国经济、媒体、科学发展的高官、学者进行了多次座谈和交流,试图在社会主义语境之下探索和发现有别于资本主义消费意识形态所主导的媒介生产方式。要寻找这个答案,"技术中立论"是否成立便成为首先面临的问题。斯迈思在座谈会上提出,资本主义的媒介技术并非客观、中立的,如果照搬照抄西方的媒介技术,将会阻碍中国的社会主义事业发展。斯迈思对媒介技术的洞见被记录在《自行车之后是什么? ——技术的政治与意识形态属性》一文中:

> 一旦在生理上"必需"的产品和服务可以充足地供应给每个人,那么,选择生产哪些在生理上不那么必需的产品和服务就事关意识形态……在谈到广播领域时,他以彩电在中国的普及为例提出这个问题。当时,电视设备的总体投资还非常少,他被告知中国正计划建设一个真正意义上的全国电视系统。他询问该计划是否会继续采用当时的中国

电视系统已应用的西方技术……中方问他有什么其他选择。他说,现有的电视技术是在资本主义社会中发展起来的,主要用于将移动影像和其他商品卖给坐在屋子里的消费者。在资本主义国家发展的过程中,电视本来有可能被设计成一个双向(two-way)系统,使得每个接收器能够发送视听信号给广播站,随后再被保存和转发……如果选择生产资本主义的奢侈品,比如私人汽车、家庭洗衣机、家庭电冰箱、单向电视,那么这些消费品将成为武装中国家庭的教育工具,导向资本主义的文化之路。这个命题还会导向其他更深层次的问题。比如,技术是独立存在的吗?技术的基本形式和后果在世界的任何地方都必定是相同的吗?①

从这段表述可以看出,斯迈思认为,技术在其设计与制造过程中就裹挟了政治与文化的力量,并由此对技术使用者产生不同的形塑效果。在他看来,西方的科学技术发展是服务于资本主义生产方式和消费主义的。西方技术的生产是在庞大的实验室里设计完成的,参与设计的有数以千计的科学家和工程师,可以设计出多种不同的操作和实施方案,但最终只有少数"幸运儿"能面世并被推广,这一"幸运儿"有一个由资本主义逻辑主导的共同重要特征,即"选择那些有潜力创造新的有利可图的市场,或是可以降低旧市场的经营成本的"。②而电视本有可能被设计成一个配备反馈机制的传播媒介,但是,在威权政治体制的管控需要以及商业消费意识形态的操控之下,电视只能是单向(one-way)的,即只许电视发声,观众只能接收不能反馈。因此,电视实际上"在本质上和意图上都是一个专制的系统"。③

斯迈思的中国之行引发了不少争议,但这次讨论最重要的意义在于动摇了"技术中立论"这一"常识",激发人们开始反思技术的社会属性。不过,关于技术与政治、文化、经济之间相互纠缠关系的讨论早在法兰克福学派学者的思想中已有较为深刻的讨论。在20世纪50至60年代,在一场关于意识形态与乌托邦的争论中,法兰克福学派学者赫伯特·马尔库塞(Herbert Marcuse)在其代表作《单向度的人》中写道:"科学与技术成为意识形态,是因为科学和技术同意识形态一样,具有明显的工具性的奴役性,起着统治人

---

① 达拉斯·斯迈思:《自行车之后是什么?——技术的政治与意识形态属性》,《开放时代》,2014年第4期。

② 同上。

③ 同上。

和奴役人的社会功能。"①这主要表现在科学技术"为人对人的统治提供了概念和工具",并"为不断扩大的同化所有文化领域的政治权利提供了很大的合法化"②。而德国社会学家尤尔根·哈贝马斯(Jürgen Habermas)则进一步指出:"作为意识形态,它一方面为新的、执行技术使命的、排除实践问题的政治服务;另一方面,它涉及的正是那些可以潜移默化地腐蚀我们所说制度框架的发展趋势。"③这即是说,技术的"去政治化"其背后隐藏着深刻的政治目的,它为技术作为实践问题提供托词,从而掩盖社会实践的矛盾与问题,从这个角度来说,技术是一种新的意识形态。

其后,在20世纪70年代,文化唯物主义学者雷蒙·威廉姆斯(Raymond Henry Williams)在研究电视媒体时,提出了媒介技术的社会偏向问题。他认为:在讨论媒介科技的影响时,首先要厘清科技条件、社会需求、社会制度之间的因果关系。④由此,他强调要注意媒介技术研究与发展过程的"意向(intention)"问题:即"人在心中先有了底,有了期望,才去找出、发展出电视这样的科技"。同时,"人心中有所期望与作为,厘定既有社会的目标,在逼近这些目标时,科技不但不只是据有边陲的角色,它其实是站在核心地位的"⑤。

上述关于技术本体论的哲学反思首先否定了技术中立的常识,同时也充分论证了技术与政治、文化之间的相互纠缠、无法分离的紧密关系,这些分析为本书探索媒介是如何进入中国家庭并影响人们日常生活的提供了重要的理论前提。作为科学技术的重要组成部分,媒介技术在中国家庭的家居化过程并非遵循着技术自身的发展逻辑"自然而然"地进入家居空间,它们在家庭空间中的安装与摆放也在悄然改变着中国传统家庭的格局样貌与家庭成员的日常生活。

二、作为聚合物的媒介:物质性理论视野下的媒介观

关于"物"的讨论,海德格尔是无法绕过的一位哲学家。在《艺术作品的本源》一文中,他系统性反驳了传统观念对"物"的常识性理解,并由此阐述

---

① 赫伯特·马尔库塞:《单向度的人》,张峰等译,重庆,重庆出版社,1993年,第8页。
② 同上,第135页。
③ 哈贝马斯:《作为意识形态的科学与技术》,李黎、郭官义译,上海,学林出版社,1999年,第64页。
④ 雷蒙·威廉姆斯:《电视:科技与文化形式》,冯建三译,中国台湾,远流出版社,1992年,第23-24页。
⑤ 同上。

了他对"物"的颠覆性认知。海德格尔总结了西方思想史上流行已久的三种"物"观:第一,物是其特征的载体与属性的总和,比如花岗岩,它是"坚硬、沉重、有长度、硕大、不规则、粗糙、有色、部分暗淡、部分光亮"。[①]他认为这种理解并没有切中物的"根本要素和自足特性",同时也缺乏存在的依据。因此海德格尔批判道:"对物之物性的第一种解释,即认为物是其特征的载体,不管它多么流行,还是没有像它自己所标榜的那样朴素自然。让我们觉得朴素自然的,兴许仅只是一种长久的习惯所习以为常的东西,这种习惯却遗忘了它赖以产生的异乎寻常的东西。"[②]第二,物是"感官上被给予的多样性之统一体"。[③]这种对"物"的理解是基于人类非理性的感觉、情绪或者看似理性的知觉的作用,因此秉承这种认识论的"信徒"容易被物的表象所误导。比如我和水杯之间的首先是一种"存在关系",然后才是"认识关系",如果我们首先依靠感觉去把握与认知水杯,那么,这在某种程度上其实是拉长了我们与水杯之间的距离。总而言之,在上述两种对物的认识论中,"物"都消失不见了,所以也就无法真正帮助我们理解物的本真。而第三种观念则是将物理解为"质料"和"形式"的相结合。仍以花岗岩为例,其质料是"笨拙但确定的"石块,形式则是"诸质料部分的空间位置分布和排列"[④]所造就的一种块状轮廓。近代自然科学的发展赋予了这种观念客观的、科学的合法性:"物就是质料性的、在纯粹空间—时间—秩序中运动的质点或某种与之相应的成分,然后,这样被确定的物再被当作一切物及其规定和追问的根据或基础。"[⑤]海德格尔认为,这种物观对于我们理解自然物和用具物都是适合的,但问题在于"这一无可争辩的事实却并不能证明形式与质料的区分是有充足的根据的,也不证明这种区分原始地属于艺术和艺术作品的领域"。[⑥]

那么,人类应该如何避免上述对物的错误认知呢?他建议:"首先,我们必须排除所有会对物的理解和陈述中跻身物与我们之间的东西,唯有这样,我们才能沉浸于物的无伪装的在场(Anwesen)。"同时,"让物在其物的存在

---

① 马丁·海德格尔:《艺术作品的本源》,载于《海德格尔选集》(上),孙周兴译,上海,上海三联书店,1996年,第242页。
② 同上,第244-245页。
③ 同上,第246页。
④ 同上,第248页。
⑤ 马丁·海德格尔:《物的追问——康德关于先验原理的学说》,赵卫国译,上海,上海译文出版社,2010年,第46页。
⑥ 马丁·海德格尔:《艺术作品的本源》,载自《海德格尔选集》(上),孙周兴译,上海,上海三联书店,1996年,第247-248页。

中不受干扰,在自身中憩息。"①"只有当我们的思维首先达到了物之为物时,我们才能达到物自身。"②换句话说,要准确理解物的本身,唯有暂时悬置传统物观,回归到物本身的思考之中,才能真正切近物。显然,这种解释还是十分抽象。对此,海德格尔在《物》一文中,以壶为例子进行了更为详尽充分的阐述。他认为,"壶之壶性在倾注之赠品中成其本质"。这种"赠品"无论是水,或者是酒,抑或饮料,其核心要义在于"水中有泉。在泉中有岩石,在岩石中有大地的浑然蛰伏。这大地又承受着天空的雨露。在泉水中,天空与大地联姻。在酒中也有这种联姻。酒由葡萄的果实酿成。果实由大地的滋养与天空的阳光所玉成。在水之赠品中,在酒之赠品中,总是栖留着天空与大地"③。与此同时,"在作为饮料的倾注之赠品中,终有一死的人以其自己的方式逗留着。在作为祭酒的倾注之赠品中,诸神以其自己的方式逗留着。"④在海德格尔这样一阵抽象且"玄学"般的阐述之后,他总结道,壶之壶性就体现在大地、天空、诸神与终有一死者等多样化的质朴的聚集之中,此时,壶性与周遭事物得以进入澄明与无蔽之境,壶才真正脱离摆置状态,重归"存在(being)"。

在此思维转换的基础之上,海德格尔在《技术的本质》一文中系统阐释了他对技术的创新性理解。他提出当我们以人类为中心视角来看待技术时,技术是一种合目的的手段,一种设置(Einrichtung),或者一种工具,这样思维方式将无法让人们真正靠近技术的本真。那么,技术的本质是什么?按照上述"物"观的逻辑推演,他提出物的本质并非技术本身,而是一种"集置"或者说"座驾",是"摆置的聚集",这种摆置摆弄人,使人以订造方式把现实事物作为持存物而解蔽出来"。⑤在此集置中,人并非发挥着主导性作用,而是和自然一起构成技术的组成部分,成为"集置"运作过程中的节点。

如果以社会科学严谨的论证标准,关照海德格尔对传统物观的反驳以及新物观的逻辑推演,读者可以感受到强烈的诗意化与抽象化的表达,似乎缺乏足够的说服力。但就在这些概念与术语之中,我们可以提取出以下两个层面具有颠覆性与创设性的"物"观:第一,物是一种自立(Selbststand)

---

① 马丁·海德格尔:《艺术作品的本源》,载自《海德格尔选集》(上),孙周兴译,上海,上海三联书店,1996年,第251页。

② 同上,第1168页。

③ 同上,第1173页。

④ 同上,第1173页。

⑤ 马丁·海德格尔:《演讲与论文集》,孙周兴译,北京,生活·读书·新知三联书店,2005年,第23页。

的存在,而不是隶属于人的对象物。这一观点打破了笛卡尔以降所建立的"人—物"关系的主客体二元论,形成了人、物与世界为一体的整体物性观以及非人类中心主义的研究视角;第二,对物的理解必须放置于其所属的语境(context)之中,才能真正切近物的本真,从而理解物之物性,例如一把匕首,在匪徒手里,在拍片现场或者在家庭厨房里,它所映射出的意义完全不同,对于媒介技术而言,亦是如此。因此,媒介技术是一种"此时此地"的、处于网络关系中的媒介物。要准确理解媒介技术的物性,就必须清晰了解媒介技术的物理属性,以及它与周围环境、使用者之间的时空关系等。

其后,法国哲学家吉尔伯特·西蒙东(Gilbert Simondon)在海德格尔的"物"观逻辑基础上,系统提出了他的技术观。在《论技术物的存在方式》一书的开篇便警示读者:机器对我们来说是陌生物,是被人类所限制的、所误解的、所物化的、所奴役的,但被人类保留的陌生物。在当代世界,引发异化的最重要原因在于人类对机器的误解。这种异化并非由机器本身造成的,而是由于人们对机器特性和本质的无知,是机器在人类意义世界中的缺席,是其被遮蔽于人类文化的价值观和概念群之下的结果。①西蒙东提到,在传统固有观念中,人们对技术的看法可大致分为两种:第一种是将技术视为纯粹物质材料的组合,第二种是将对人类产生潜在敌意的威胁。无论是哪一种技术观,都将导致我们难以理解技术的本真。对此,西蒙东呼吁:"文化和技术、人与机器之间的对立关系是错误、毫无根基的,是无知与仇视的结果。它躲在轻便的人文主义(facile humanism)之后,遮蔽了富于人类的努力和自然的力量的现实。这一现实构成了技术客体的世界,并成为人与自然之间的中介。"②

那么,应该如何理解人、环境与技术之间的关系?西蒙东认为:一方面,技术并非一种客观的、先验的存在,而是在形成过程中嵌入了人类的行动(action)和姿态(gesture),比如在斧头设计的过程中,设计者不仅考虑作为技术物的斧头的工具作用,同时也将木头的质地、砍伐的环境、使用者的偏好等因素纳入考量。在这一层面上,西蒙东的技术观与传播批判理论学派所秉持的观点一脉相承;另一方面,技术物如生物体一样,通过多种形式的融合,具备了自我调适和自我演化的动力和逻辑,并在技术内部表现为有机协调、日渐成熟的统一整体。③因此,他借用了"个体化"的概念来总结他

---

① Gilbert Simondon. (2017). *On the mode of existence of technical objects*. Minneapolis:Univocal Publishing,p.16.

② Ibid.,p.15.

③ Ibid.,p.26.

的技术观,赋予了技术一种自我程控的拟人化特质,并将技术巧妙比喻为管弦乐队的音乐家,将人比喻为乐队的指挥家:"人绝不是一群奴隶的监管者,而是社会技术客体的永久组织者。这些技术客体需要人类,就像管弦乐队的音乐家需要指挥家一样。指挥可以依据自己的兴趣来引导他的乐师,也可以根据音乐来表演;他决定了表演的节奏,但他的表演也受控于音乐家的节奏。正是通过指挥家,管弦乐队的成员相互磨炼或驱动,他是乐队中最活跃、最流行的形式;他是二者彼此关系的解释者。因此,人是机器的永久发明者和技术协调员。"①显然,这些观点对于彼时(2001年)的读者来说过于前卫,机器的自动化与自我程控水平也未达到自我演化的水平,但西蒙东的技术观却在以下两个方面具有突破性启示作用:第一,人与技术之间存在着紧密的互动关系,二者互相依赖,共存共生;第二,技术在发明过程中就融入了人的意志与权力关系,因此,理解技术的逻辑可以帮助我们打开解除异化的钥匙。

进入互联网时代,当数字技术的逻辑嵌入人们的日常生活,人与技术的关系变得更加密不可分。由程序所构建的算法技术开始筑起新型的动态化信息环境,智能化家居成为家庭生活中必不可少的基础设施。那么,作为技术物的网络设备,其物性是否发生了变化?对此,许煜在其专著《论数码物的存在》一书中提出互联网时代的新型工业产物,他称之为"数码物"。从内容上来看,数码物包括互联网技术的基本物质构成,包括硬件组件、代码、二进制码等,同时还包括附着于物质技术之上的符号化介质,包括网络视频、图片、文字、网页等②,它们"既存在于屏幕上(我们可与之互动),也存在于电脑程序的后端或内部,由受结构或方案管理的数据与元数据组成"③。

受到了海德格尔、西蒙东、斯蒂格勒等学者的物观念影响,许煜提出数码物之物性:它是一个将人、事物、时间和空间聚合在一起的关系网络。对于数码物而言,内容不是关键,关系才是其核心。④同时,他将物与物之间的关系互动称之为客体间性,并总结了这一概念的两层内涵:"首先,它指客体内部与外部关系的物质化。技术的一般趋势在于通过将不可见成分或方面变为可见和可测量的形式,从而实现各种关系……第二个方面是物质化的客体间性创造了自身环境,连接自然与人造。人类构建并使用延伸其敏感

① Gilbert Simondon. (2017). *On the mode of existence of technical objects.* Minneapolis:Univocal Publishing,pp.17-18.

② 许煜:《论数码物的存在》,李婉楠译,上海,上海人民出版社,2019年,第1-3页。

③ 同上,第1页。

④ 同上,第130页。

性的工具,同时,工具成为系统并创建自己的环境。"①如何理解客体间性这两个方面?笔者认为,这在某种程度上可以解释为物与物之间形成互动关系的密不可分的前后环节,前者实现了关系的可见性和可视化。比如当我们在设计装修图纸的时候,就是将大脑中的创意和设想物质化为图纸上的痕迹,在此过程中,不可见的思想转化为可见的物质。如许煜所说:"客体间性从非物质化变成物质,神圣变为世俗,无形变为有形。"而后者指当技术物嵌入某个具体的时空语境时,物性运作的逻辑将改变其中人与物、物与物的交往逻辑,如有线广播进入家庭空间之后,其技术逻辑必然要求有与之相匹配的电路系统、空间结构,并在日复一日的播放中改变家庭成员的生活惯习;又如智能音箱根据使用者的语言、声音或音乐偏好,进行自主学习,形成独一无二的互动模式。

至此,笔者梳理了哲学史上从海德格尔以来所建构起的物质性理论逻辑体系。当我们将这些思想嵌套到媒介技术之上时,就形成了媒介物质性理论,其主要内涵可以简要总结如下:第一,媒介物并非完全由人为意图建构的产物,它有属于自身的逻辑、属性和主体性;第二,媒介物可以在一定时空范围内改变传播活动本身,甚至建构与形塑人的行为。比如有线广播进入家庭空间,一定程度上改变了家庭成员的作息时间,形成了新的日常生活"惯习";又如当我们在旅游过程中使用"百度地图""高德地图"等手机软件进行导航时,它们依托于算法技术推荐的景点,完全可能改变旅游者原来安排好的旅游路线。这一过程又被纳入平台算法之中,形成平台之上关于使用者新的兴趣图谱。当然,在此过程中,人也并非物之奴隶,而是与媒介物形成高度的互动,二者相互形塑。对此,学者埃利亚斯用大众所熟知的"牌局"来形容这种互动关系:媒介物自身拥有的逻辑如牌局中的结构化规则(norms),牌手必须接受牌局的规则才能参与游戏之中。也就是说,与媒介物共处于同一时空中的人,无论具有何种社会资源与地位,都不得不在其中被安排至某个位置,并受到媒介物逻辑的约束。但是,在打牌过程中,牌手可以发挥自身的主体性,在规则所允许的范围内实施各种"战术(strategies)",形成合作或对抗实践。换句话说,结构化的规则只是参与者的基本行动框架,而并非他们所有的行动结果。②

① 许煜:《论数码物的存在》,李婉楠译,上海,上海人民出版社,2019年,第147-148页。

② 戴宇辰:《媒介化研究的"中间道路"物质性路径与传播型构》,《南京社会科学》,2021年第7期。

三、媒介化理论:理解媒介社会影响的新范式

上述传播批判理论与物质性理论关于技术本体论的哲学反思,为我们重新审视何为技术、如何理解技术,提供了充分的学理依据。二者在观念上一脉相承,同时层层递进,极大地推进了人们对于技术逻辑及其作用机制的理解。在此基础之上,我们可以继续探索媒介与社会之间的互动关系:媒介究竟以何种机制影响社会、影响家庭?

对此问题,功能主义(functionalism)范式将媒介视为一种工具性技术,关注媒介对于整合社会、建构秩序,推动社会发展所发挥的功能。美国管理学派聚焦媒介对个人或群体产生的传播效果,在这一过程中,"媒介被看作是自变量,它影响着作为因变量的个人"①。批判结构主义(critical structuralism)将媒介当作一种操纵与控制人类行为的权力中介,即便是认为受众具有主动性的文化研究范式,也侧重于分析"人们利用媒介做了什么",在此,"积极主动的受众成为主要变量(primary variable),而媒介则是二次变量(second variable)"。②学者施蒂格•夏瓦(Stig Hjarvard)认为,上述这些研究范式都将媒介看成一种可以和社会、文化、政治相互剥离的"中介",并无法真正理解媒介的社会影响,并由此提出一种新的研究范式,即媒介化理论范式:"媒介化理论不同于上述的两种传统……媒介渗透至当今文化和社会的方方面面,以至媒介也许不应再被视为与社会和文化机制相互分离的存在。在这种情况下,我们的任务是探究在无处不在的媒介影响下,社会机制和文化进程的特性功能和结构,发生了哪些变化。"③从上述"媒介化"概念的流变和发展来看,文化研究范式将媒介看作是充满编码和解码的信息和内容载体,而在夏瓦那里,媒介更偏向于"物质性",是一种社会的中间物和连接物。④就本书而言,主要探索媒介作为一种技术物是如何重构家庭空间和组织人们的日常生活的,因此,更侧重于从"媒介化"的物质性路径入手展开相关讨论。

基于此,本书认为媒介化范式包含着三层紧密相连的理论内涵:第一,在社会系统中,媒介不仅扮演着信息中介化的角色,同时还作为行动者深度

---

① 施蒂格•夏瓦:《文化与社会的媒介化》,刘君、李鑫、漆俊邑译,上海,复旦大学出版社,2018年,第4页。

② 同上,第4页。

③ 同上,第5页。

④ 胡翼青、张一可:《媒介的呈现性与物质性:当下媒介化研究的两元取向》,《青年记者》,2022年第19期。

介入人类的社会实践,既解放又框定了信息使用者的位置;第二,媒介不仅仅是人类信息互动的平台或通道,也以其自身逻辑形塑使用者的行动逻辑;第三,"从媒介化研究的'能动性'层面来看,行动者对技术的理解,对社会互动资源的征用以及对具体行动的展开过程,它们会生成乃至改变型构的样态"①。

根据这种研究范式,我们可以重新表述媒介对社会的影响:"几十年前,我们的研究成果往往以这样的名字作为标题:'大众传播和……''电视和……'等,但现在,我们的标题却是'媒介化政治''媒介化健康''媒介化家庭'。这一语用的转变暗示出这样一种研究的重新定位:从将媒介作为一种有影响效力的、独立的社会机构,从而考察其与其他社会机构的关系的社会分析,转向一种考察所有事物的媒介化,亦即一种关注所有有影响力的社会机构通过媒介化的历史而发生转变的社会分析……在一个重度媒介化的社会中,个人再也不能在忽视媒介的影响的前提下独立考察政治与健康,或者社会与家庭之间的关系。这些社会领域及其交织部分已然被媒介化。"②

从思想史来看,媒介化理论范式的形成可追溯至媒介环境学者麦克卢汉(Marshall McLuhan)所建立的媒介技术分析范式,他创新性地提出"媒介即讯息"这一观点,认为媒介技术本身即影响社会与文化的重要因素,媒介构筑了无所不在的新环境,悄无声息地影响着人的行为,但人们身处其中却浑然不觉。这种独特的自我催眠形式"把新技术的心理和社会影响维持在无意识的水平,就像鱼对水的存在浑然不觉一样"③。虽然,以麦氏为代表的媒介环境学派常常将技术抽离于制度语境而被批评为"技术决定论",但这种跳离媒介内容的研究路径却形成了媒介化理论的雏形,启发了后来者,其中最具代表性的学者之一便是来自法国的学者雷吉斯·德布雷(Régis Debray)。在其1979年出版的专著《法国的知识权力》以及课堂讲义《普通媒介学教程》中,德布雷提出"媒介学"的分析路径,旨在发现"人们对媒介的应用是如何形成一种社会氛围、运行机制、思想渗透以及其中的较量、冲突

① 戴宇辰:《媒介化研究的"中间道路":物质性路径与传播型构》,《南京社会科学》,2021年第7期。

② Livingstone, S. (2009), "Foreword: Coming to terms with 'Mediatization'." In Knut Lundby(ed.). *Mediatization:Concepts,Changes,Consequences*. New York:Peter Lang,p. x.

③ 马歇尔·麦克卢汉:《麦克卢汉精粹》,何道宽译,北京,中国人民大学出版社,2007年,第35页。

和反复的历史主义逻辑"①。具体来说,就是考察"一个观念通过哪些媒介化成为一种力量?一个话语如何能造成事件?一个精神如何能获得实体?"②因此,使用媒介学视角必须把握两个层面:一为技术环境,比如符号信息的储存、呈现与扩散形式;二为操控信息的制度环境,比如技术创新扩散的可能性与演进方向、信息呈现的方式与权限等。两个层面是一体两面,缺一不可。

从方法论层面来看,媒介学沿袭了马克思的唯物主义,将媒介文化纳入社会整体的政治经济结构之中,由此打破了长期占据传播研究主导位置的功能主义研究范式与行政管理学派的功利主义,走向更靠近雷蒙·威廉斯(Raymond Williams)式的文化唯物主义路径。而从横向比较来看,相对于麦克卢汉式的"媒介技术学派",媒介学研究范式更具历史感、社会感;相对于符号学关注符号内部的世界、强调能指所指的二元对立,媒介学更关注于符号的呈现形式与传播权限,以及由符号所构成的现实世界;相对于福柯式知识考古学所关注的知识的历史谱系与某些概念间的历史逻辑关系,媒介学更注重考察承载这些知识或概念的技术形式,关注这些知识是如何在社会规则与制度的基础上得以生产、传播与传承的,它们又将产生什么样的社会效果。

其后,学者夏瓦进一步拓展了媒介化理论的面向,认为媒介化的宏观影响体现在"社会制度的虚拟化(virtualization)"。比如在过去,"政治存在于议会、市政厅和会议厅;教育则在学校和大学开展;艺术呈现于舞台、博物馆和美术馆。"③但媒介的普遍化使媒介逻辑成为这些活动的主导逻辑,它们越来越依赖于媒介所提供的资源,这集中表现在家庭这个空间之中。对此,夏瓦有着一段十分精彩的论述:"居家和家庭成为接触其他制度的场所。报纸、广播和电视将政治和文化表达带入家中;网络智能终端则将工作引入家庭生活;通常情况下,数字媒介使得我们可以在家庭舒适环境下与公共和私人领域展开互动,一方面,所有这些意味着居家和家庭这一场所的日渐重要,它使得我们得以接触和参与其他制度;另一方面,居家和家庭也随之发生了变化,因为尽管家庭成员居住在家里,它们却在精神上完全归属于其他制度。因此,制度的虚拟化意味着家庭失去了规范家庭成员行为的部分能力,而是转而由社会个人来决定他或她参与哪一制度,并据此相应调整行

① 陈卫星:《新媒体的媒介学问题》,《南京社会科学》,2016年第2期。
② 雷吉斯·德布雷:《普通媒介学教程》,陈卫星译,北京,清华大学出版社,2014年,第96页。
③ 施蒂格·夏瓦:《文化与社会的媒介化》,刘君、李鑫、漆俊邑译,上海,复旦大学出版社,2018年,第35页。

为,这也意味着制度语境不再由其所在的物理地址所定义,而是成为一个日渐由个体决定的问题。而这一趋势在新媒介所具有的移动性影响下进一步加剧,因为移动性允许个体随时随地展开对制度的访问,当家庭接入互联网络时,办公室或学校潜在的对其实施集中控制,这意味着社会个体的移动媒介接入使得社会控制通过虚拟交互的功能性成为可能。"①媒介化理论为本书探索家庭空间与媒介技术的互动关系提供了重要理论基础与分析路径。那么,在中国的语境中,哪些媒介进入了家庭空间?家庭空间是如何媒介化的?家庭空间的媒介化带有何种社会影响?我们又该如何理解媒介化家庭空间中行动者的行为实践?而对中国家庭空间的媒介化研究又如何帮助我们传媒技术,理解中国?为了解决这些问题,本书将研究内容分为三大部分,分别从"家国感的建立:技术入户与家庭空间政治化""家庭工厂的形成:传媒技术与家庭空间的相互影响""家庭关系空间的媒介化:技术'神话'与物体间性逻辑"三个部分展开论述。

---

① 施蒂格·夏瓦:《文化与社会的媒介化》,刘君、李鑫、漆俊邑译,上海,复旦大学出版社,2018年,第35-36页。

第二章　家国感的建立:技术入户与家庭空间政治化

本章聚焦于新中国成立以来,在家庭空间中与家居结构、家庭生活联系最为紧密的四类媒介技术,分别为:新中国成立初期家家户户都会购买且持续存在家庭空间的"新年画"、20世纪60年代后大量渗透于家庭空间的有线广播技术、80年代后被普遍接受的电视技术,以及记录个人历史、映射日常生活的家庭影像。

一、作为媒介的"新年画":新中国成立初期家庭空间的视觉重构与政治认同

任何一种视觉文化与元素都不是一种先验的存在,也并非一种中立的视觉形式,种种视觉元素的聚拢都裹挟着复杂的社会关系与权力作用,从悬壁而挂的画像、"红光亮"的年画,到登门入户的广播、电视,再到每个人都离不开的电子产品,每一种视觉性媒介进入家庭空间的背后都包含着政治权力与商业步步渗透的过程。

作为中国美术史上最为著名的运动之一,"新年画运动"是新中国成立后备受瞩目的现象,也是影响中国家庭空间视觉文化构成的重要传播活动之一。这场运动将政治与艺术勾连,将宏观政策与日常生活结合,制造了家庭空间政治化的最初景象。基于此,本书意在透过新中国成立之初这场遍及全国的"新年画运动",探究饱含政治话语的图谱植入家庭空间的运作过程,分析这一运动如何重构大众的审美习惯与视觉结构。

(一)"国"进"家":"新年画运动"的兴起

家庭空间是个人观念形成的重要环境,同时也是外在公共世界的一个缩影,其历史变迁过程浓缩了中国政治、经济与文化对人类个体或家庭群体造成的结构性影响。用布尔迪厄的话来说,"家"是一个"包含各种隐而未发的力量和正在活动的力量的空间,同时也是一个争夺的空间,这些争夺旨在维续或变更场域中这些力量的构型"①。

"新中国建立后,随着旧时代的灭亡,那个时代的公共空间中断了,这种变化给维持原有社会秩序的符号体系以强烈的冲击。"②在这一时期,人民群众文化教育普遍落后,文盲率较高,因此如何利用群众熟悉的旧有传播体系、群众喜闻乐见的文化形式以及浅显易懂的文化符码进行宣传和教育,从而达到"形塑新人"的效果,成为新中国成立初期社会整合的核心议题之一。《关于开展新年画工作的指示》(下文简称为《指示》),正式拉开了"新年画运动"的帷幕。这篇文章对年画的历史使命进行了明确定位:

> 年画是中国民间艺术中最流行的形式之一。在封建统治下,年画曾经是封建思想的传播工具……各老解放区的美术工作者,改造旧年画用以传播人民民主主义思想的工作已获得相当成绩,新年画已被证明是人民所喜爱的富于教育意义的一种形式。……今年的新年画应当宣传中国人民解放战争和人民大革命的伟大胜利,宣传中华人民共和国的成立,宣传共同纲领,宣传把革命战争进行到底,宣传工农业生产的恢复与发展。在年画中应当着重表现劳动人民新的、愉快的、斗争的生活和他们英勇健康的形象。③

文章否定了封建时期年画的内容,肯定了年画作为一种传播媒介的特性,"新年画运动"所要做的是利用这种便捷到户的既有信息传播方式,对年画的内容进行改造,以符合新中国建设的需求。"新年画运动"赶在新中国的第一个新年之前迅速展开,并在全国范围内大量发行,以确保宣传的广泛性和有效性。从此,年画这种民间既有的工艺被作为一种艺术形式加以改造,赋予其宣传国家方针政策等功能。据统计,"1953年,全国共出版年画789种,发行66,397,000 张;1954年出版982种,发行108,738,000张;1955年稍有减低,出版829种,发行92,958,000张;1956年则又有提高,出版1049种,发行112,811,000张……据1951年至1958年8年的统计,全国共发行年画790,489,000张,全国6亿5千万人,平均每人有年画一张以上"④。新年

---

① 皮埃尔·布尔迪厄、华康德:《实践与反思——反思社会学导》,李猛、李康译,北京,中央编译出版社,1998年,第139页。

② 黎敏:《作为新意识形态符号表达媒介的新年画探新——以建国初的新年画为例》,《江淮论坛》,2011年第1期。

③ 沈雁冰:《关于开展新年画工作的指示》,《人民日报》,1949年11月27日,第4版。

④ 何溶:《与群众紧密联系的年画和连环画》,《美术》,1959年第11期。

画入户，"将私人空间公共化，并以规制化和同一性的视像来消解私人空间的差异性"①。由此，现代意义上的"国"和"家"开始紧密勾连在一起。

（二）合法性征用：家庭空间中符号体系的重塑

美国文化人类学者克利福德·格尔茨（Clifford Geertz）认为，所谓文化的实质是"一个符号体系，依据这个体系一个人可以给他自己的经验赋予意义。人创立的、共享的、常规的、有序的而且的确是习得的符号体系，为人类提供了一个意义框架，使他们能够相互适应，适应他们周围的世界及自我"②。换句话说，人的思想和观念不是源于"头脑中发生的事"，而是始于有意义的象征性符号的互动，它们栖息于庭院、市场和城镇广场，渗透生活的每一个细节。③格尔茨的文化理论，启发我们从符号社会学的视角重审人类文化习得的动态的、协商的意义争夺过程。基于此，笔者将"新年画"作为媒介，从"新年画运动"中符号体系的再造与符号意义的生产，探寻中国家庭空间的媒介化进程与家庭视觉文化秩序重建的运作机制。

1."旧年画"的社会教化与宣传可塑性

在现代电子传播媒介广泛进入寻常百姓家庭之前，年画可以看作是中国家庭厅堂中既具备传播信息属性又具有社会教化功能的媒介。作为中国特有的一种民间艺术品，年画从艺术属性上看是中国画的一种，脱胎于民间风俗的门神画、钟馗、消寒图、财神图等。在清道光年间被定名为"年画"之前，这种艺术形式在全国各地有不同的叫法，在苏州被叫作"画张"，在杭州一带称"欢乐图"，而在北京，这种画作则多产于著名的杨柳青镇，又因为杨柳青镇隶属天津卫管辖，故而称"卫画"，④也就是如今闻名遐迩的"杨柳青年画"。道光年间（1849）"翁斋老人"李光庭在《乡言解颐》的"新年十事"中是这样记载关于年画的风俗的："扫舍之后，便贴年画，稚子之戏耳。然如《孝顺图》《庄稼忙》，令小儿看之，为止解说，未尝非养正之一端也。"⑤自《乡言解颐》之后，这种画作有了正式的名字，即"年画"，特指在新年打扫完堂前屋后，贴在屋墙上的木版彩印画，这也是后来人们在厅堂中张贴年画的主要形式之一。

在摄影术等影像记录、复制技术未传入中国之前，王公贵胄所藏书画多由宫廷画师、文人骚客对人物或者神祇形象作出精湛描摹，寻常百姓若没有

---

① 祁林：《当代中国家庭空间视觉性的转型》，《文艺研究》，2015年第6期。
② 克利福德·格尔茨：《文化的解释》，韩莉译，南京，译林出版社，2008年，第297页。
③ 同上，第57页。
④ 王树村：《年画史》，上海，上海文艺出版社，1997年，第4-5页。
⑤ 同上，第6页。

附庸风雅的兴致和闲情,家中便少有书画艺术藏品。画作在民间的出现多由民间艺人以画纸、年画等形式呈现,内容大多接近大众的日常生活,主题以流传坊间的英雄人物、神像、伦理教化、喜庆景象为主,这些画像、年画因为具备审美、民俗、文化等功能,又有一定的观赏性,通常被悬置在家庭空间中较高的位置,是最早在家庭空间中形成视觉惯性、文化心理的重要陈设。

年画的教化与舆论属性在清朝末期得到进一步凸显与发展,诞生于清末"新政"期间的改良派报刊《京话日报》,便开始注意到年画作为媒介所起的针砭时弊的作用:"绘进步年画,以为可以辅助社会教育,欲令随时注意改良。"①一些年画店响应了《京话日报》的号召,"刻印了几种内容含有教育意义的作品,如《小儿怒》(主张废八股,办学堂)、《一心情愿》(劝人勿做只为自己一点私利,不顾人民大众生活和公共道德的人)、《国民捐》(指八国联军强迫清朝赔款)等"②。《京话日报》的号召使得"年画"一词第一次在大众报刊上出现,其作为媒介形式的一种,教化功能和宣传功能开始逐渐显现。

从传播学角度上看,年画有这样的一些特点:一是普遍性,作为过年这一全国共有风俗中的一项内容,尽管各地的称呼以及文本的具体内容有所不同,但年画在形式、作用以及文化心理上是共融共通的,具有文化接受上的普遍性与接近性。二是廉价以及购买的便利性,年画由于价格便宜且具有民俗性,大部分人都买得起:

> "以前的房子都是柴栏厝,木头的,要么也有三合土的,黄黄的,没有现在这么多各种各样的瓷砖、墙纸什么的,没钱人家里连油漆都没刷,看起来就很单色啊,所以都要买画啊什么装修一下嘛,然后这种画尤其是到了年关,满大街都是,也便宜……具体记不清多少钱了,几分吧?反正大家买得起,就买来换一换又新鲜又讨彩啊。"③

> "我小时候那会儿这东西(年画)很便宜的,以前的纸不像现在的挂历那么好,做工彩印也没有那么细,比较薄,一张就是一两分钱,大家都会去买。"④

---

① 王树村:《年画史》,上海,上海文艺出版社,1997年,第7页。
② 同上。
③ 受访者:陈文富,男,82岁,退休前任某工厂党委书记,福建福州,访谈时间:2015年8月28日。
④ 受访者:王安南,男,70岁,退休教师,浙江泰顺,访谈时间:2015年7月20日。

对于年画的销售和价格,各地文联或者文化机构也出台了相关规定,如察哈尔地区就要求年画"价钱力求便宜,因察北一般的农民购买力太差,不易销售"。①中国著名民俗学家王树村也这样写道:"穷困的家庭没有饼糕给孩子们,买张年画儿童也很喜欢,它又可以使草屋柴门增加些色彩。"②比糖果糕点更低廉的价格,在画摊、杂货铺、流动棚车等处皆可购买,使得年画具有广泛传播的可能。三是渗透于日常生活中的教化。从上文的分析可见,年画的主题除了对生活景象的描绘,更有民族英雄事迹、"二十四孝"人伦纲常等内容,这些图像在未被冠以现代意义上的宣传性质之前,人们也未形成对于宣传品的抗拒和抵抗意识,又因为年画所绘内容大部分是家家户户所认同的民间文化,极易为人所接受,这种形式被不知不觉地融于日常生活之中;四是培养了仰视的视觉心理,年画与门神图有着一脉相连的关系,在年画作为家户必备的风俗摆件之前,门神图、财神图等具有文化功能性的符号已经在部分家庭空间中占有一席之地,民间认为各路神灵主司的领域不同,但皆属于信仰体系的一部分,因此不论是钟馗、财神或是其他画像,往往与庙堂中的观音、佛祖或其他神祇相提并论,通常被供奉或摆设于家中视觉位置较高的地方,以期神灵光谱的照耀和庇护。在访谈中,人们还说明了画像被悬置的另一些原因:

> "年画过年才有的换,要贴起来,挂高一点大家都可以看到嘛,还有就是挂高了小孩子碰不到,不然小孩调皮搞破坏一下子就撕了,再去买又要花钱。"③

> "贴纸、画什么的可排场(漂亮),都要怼高一点的,因为有时候墙上恁(你)会钉钉子挂东西,像俺家里以前没钱做橱柜,很多杂七杂八东西都要怼在墙上,恁钉子在人高的地方好拿啊,画怼高了就不影响这个,恁(你)不能把钉子钉画上,不中。"④

出于多种原因,年画在家庭空间中一直处于高悬的位置,符号学和视觉文化研究指出,这种视觉上的仰视很容易形成一种潜移默化的权威与威严感,它从文化心理上形成了对象物的形象放大,同时也建构了家庭空间的视

① 察哈尔文联:《察哈尔新年画工作概况》,《美术》,1950年第3期。
② 王树村:《年画史》,上海,上海文艺出版社,1997年,第6页。
③ 受访者:王正月,女,73岁,农民,浙江泰顺,访谈时间:2015年7月21日。
④ 受访者:冯自华,男,76岁,农民,河南驻马店,访谈时间:2015年10月23日。

觉习惯和文化符码,这一点在后文的访谈和口述历史叙述里也将有相应的体现。

也就是说,年画在其诞生和发展的过程中,虽然其最初的性质并不是现代意义上宣传、传播的工具,却已经在传播途径、形态以及文化接受上具备了媒介属性。抗日战争爆发以后,年画的宣传功能开始大幅显现,美术工作者和民间艺人根据抗战需要绘制相关题材的年画和门帘贴画,这一批画作被称为"革命年画"。新中国成立之后展开了"新年画运动",把以往的民间年画以及象征资本主义商业形态的"月份牌"年画统称为"旧年画",把宣传社会主义建设的"革命年画"统称为"新年画"。

2.政治美学化与合法性的征用

为了有效实现"新年画运动"的宣传目标,《指示》在年画的技术操作、印刷成本、发行渠道以及推广上作了指示:

> 在技术上,必须充分运用民间形式,力求适合广大群众的欣赏习惯。在印刷上,必须避免浮华,减低成本,照顾到群众的购买力,切忌售价过高。在发行上,必须利用旧年画的发行网(香烛店、小书摊、货郎担子等等),以争取年画的广大市场。在某些流行"门神画"、月份牌画等类新年画艺术形式的地方,也应当注意利用和改造这些形式,使其成为新艺术普及运动的工具。①

在现实运作层面,"新年画运动"对"旧年画"的"利用和改造"不仅表现为绘画形式与表现主题上的传承与创新,同时也体现在符号系统的转接和象征意义的挪用。以被全国人民熟知的新年画《中华各民族大团结》为例,这幅作品是美术家叶浅予响应"新年画创作运动"的号召而创作的,其目的是"表达全国大解放政治情感的形象化"。从画作内容上来看,国家领导人居于画面正中间,面前是一个铺满果盘、酒杯、酒瓶、餐具的餐桌,41个少数民族人物形象围绕其周围,幸福洋溢,一起举杯祝酒。画面颜色以亮红色为主,背景空白,辅以暖黄色,作品整体沉着雅致,一派和谐。从创作技法上来看,"作品以单线勾勒和色彩平铺为主,线条工谨,色调鲜艳沉稳,带有传统年画的感觉。作品以政治和文艺主张的鲜明性成为当时新年画风格的代

---

① 沈雁冰:《关于开展新年画工作的指示》,《人民日报》,1949年11月27日,第4版。

表"①。"新年画运动"借用了旧有稳定的符号系统的合法性,嵌入新的内容。年画的作用"不仅仅在于'乐岁',更重要的在于创造一个新中国的设想和实践。新旧年画最大的交合点在于它们都通过艺术的形式描绘了高于现实的美好生活"②。

不过,在对旧年画进行符号系统的转接过程中,也产生了一些颇为荒诞的现象,比如"开封出版的《年历》竟然是穿农民衣服的灶王爷,也许作者在适应落后群众的习惯……"③这种不同符号系统的"混杂"可能存在多方面原因:第一,民间艺人不熟悉新的红色美学符号体系从而造成了知觉混乱,他们并未习得新表意系统的精髓和主旨,只擅长民俗鬼神题材,因此所绘制的年画只能进行符号的僵化挪移;第二,从上述表述可以看出,年画的绘制和售卖存在商贩迎合消费者的现象。在消费者只相信传统民俗信仰之时,新的形式要想进入大众的家庭和认知空间,必须借助旧有的信仰传播系统进行逐步转化。

20世纪50年代至60年代中期,新年画运动达到了高潮。它所形成的"红、光、亮"特色还渗透进了其他画种。④

(三)家庭空间的阈限性与政治认同感的建构

"阈限"这一概念源于仪式研究。人类学家阿诺尔德·范根纳普(Arnold Van Gennep)认为仪式的完整过程可以分为三个阶段,分别为分享、阈限和聚合。其中,最关键的阶段阈限,涵括了时、空、人三种因素的混合结构,⑤是一种含糊不清的过渡状态,映射出仪式中状态转化的"结构性特征"。⑥因此,阈限性"指的是模棱两可(betwixt and between)的状态或过程,它处于获取和消耗、维系法律秩序、注册结构地位等正态或日常的文化和社会状态或过程之间"⑦。简单来说,这种状态就像是正被加热到沸点的

① 叶浅予:《中华民族大团结》是我比较满意的作品,《人民艺术家杂志》[EB/OL].https://baijiahao.baidu.com/s?id=1610915007644401823&wfr=spider&for=pc。

② 黎敏:《作为新意识形态符号表达媒介的新年画探新——以建国初的新年画为例》,《江淮论坛》,2011年第1期。

③ 王朝闻:《关于学习旧年画形式》,《美术》,1950年第2期。

④ 邹跃进:《新中国美术史 1949—2000》,长沙,湖南美术出版社,2002年,第18页。

⑤ 王海洲:《政治仪式:权力生产和再生产的政治文化分析》,南京,江苏人民出版社,2016年,第113页。

⑥ 维克多·特纳:《象征之林:恩登布人仪式散论》,赵玉燕等译,北京,商务印书馆,2006年,第99页。

⑦ 潘忠党、於红梅:《阈限性与城市空间的潜能——一个重新想象传播的维度》,《开放时代》,2015年第3期。

水,或正从蛆变成蛾的蛹,①即一种处于变动的、可转化的临界状态。新中国成立初期,中国家庭空间的阈限性体现在它是一个物理空间、实践空间与意识形态空间三者复合存在且相互较量的场域。那么,在这一阈限空间中,新的权力关系如何通过符号系统的重塑,代替原有的稳定的文化结构,并建构一种新的认同感?

1.作为威权文化表征的"厅堂"

在中国传统民居建筑中,厅堂是家庭布局与活动功能的核心空间。例如,在中国北方,把"在南北方向的中轴线上用几座房屋围绕院子的组合方式"称为"四合院",其正中心正是厅堂之所在;而南方的民居建筑形式"则往往用几座楼房围合成院落,位于天井北侧的正厅,设置祖堂"②。《说文解字》写道:"堂,殿也。"而在《释名》第十七篇《释宫室》又说道:"古者为堂……谓正当向阳之屋。"从汉字的释义上,可以看出堂与殿一样有着某种神圣与崇高的意象,在建造时要考虑到方位、日晒、摆设等因素,可见其重要性。厅堂的存在不仅出于对称式的建筑美学的考量,而且也是一个表征社会文化、实践传统仪式与从事日常活动的重要空间:有客人到来,厅堂是闲话与觥筹交错的客堂;逢年过节,厅堂被转化成为跪拜长辈养育之恩和祭祀祖宗的礼仪殿堂;遇到家族大事,厅堂又成为家庭围炉夜话、共商家事的会堂。

图2-1　中国民居中的"厅堂"　　图2-2　"厅堂"中的中堂桌

为了更深入观察中国传统民居建筑中厅堂在不同地域的形态变迁,笔

---

① 维克多·特纳:《象征之林:恩登布人仪式散论》,赵玉燕等译,北京,商务印书馆,2006年,第99页。

② 王其钧:《传统民居的厅堂与祠堂》,《新建筑》,1996年第4期。

者曾走访福建、江西、浙江、河南、山西等地区的部分农村,发现有些家庭仍旧保留着过去的家庭装饰,由于经济条件的限制,小家小户或新建水泥房虽然没有气派的门楣和精致的厅堂设计,但也讲究厅堂的布置和象征性含义。在这些家庭中,中堂画、年画下方的精雕细琢的翘头案可换成一个普通方桌,用于摆放供奉祖宗牌位。逢年过节,方桌两侧的木柱与厅堂两侧的墙壁上也一定会贴上红纸黑字的对联,营造一种喜庆吉祥的氛围,而在对联之间的空位上,年画则是必不可少的装饰物,或是家族合影,或是民俗信仰,抑或江山美景,这些年画虽廉价但五光十色,将单调的厅堂装点成为充满人文气息的家庭内部公共空间。随着经济条件的改善和建筑技术的进步,传统木质墙壁逐渐被砖墙与水泥所代替,但厅堂的设置与物件摆放却始终如一,只是在形式上有所改变,比如有些地方的中堂画开始变为瓷砖拼图,或者是挂上带有霓虹灯的山水画或牌匾,以凸显家庭的时尚与财富,又或者在现代式套房的客厅电视上方悬挂各类刺绣、大团圆家庭照等。可见,不管建筑形态、年画题材如何变化,传统民居中厅堂的神圣、威严与仪式感以及在日常活动中所体现的文化内涵被一直保留下来。由此可见,厅堂不仅是人们日常起居活动的场所,更是一个象征民间习俗、文化信仰与家族传统的多重空间。

2.国家在场与政治仪式感的形成

在人类学家范根纳普提出"阈限"之后,这一概念被引入政治仪式的研究中。有学者提出:阈限空间发挥权力转换的功能首先在于它是一种政治象征的熔炉,将各种政治符号熔化并锻造成权力象征,给予进入或经历阈限者。这种给予以三种方式进行:一是对已有地理空间的装饰,或者称为"合法性的加持";二是为政治仪式新建的地理空间;三是物理空间产生了阈限功能,从实践场所转变为抽象的观念场所,赋予了场所仪式性的意义。[①]

新中国成立初期,新年画成为家庭空间中权力转换与意识形态生产的重要媒介。新年画入户将国家带入私人领域,造就了一种"红、光、亮"为主色调的视觉范式,"领袖群众欢聚、工地建设、保家卫国、革命圣地、革命战争、积极劳动、重大庆典、苦难历史、改天换地"[②]等饱含政治意识形态的意象和宏大国家叙事的符码逐渐从公共空间融入私人化的家庭空间,逐步替代了表征传统民俗信仰的旧年画,激发了大众对于新中国的想象。这些宏大叙事的表达包含了权威化、合法化的政治特质和某种"对世界本质化理解的

---

① 王海洲:《政治仪式:权力生产和再生产的政治文化分析》,南京,江苏人民出版社,2016年,第122-123页。

② 王先岳:《新中国初期新年画创作的历史与范式意义》,《文艺研究》,2009年第7期。

思维模式"①，取消了个体情感和私人叙事，由此，家庭空间成了一个"抽象的观念场所"，阈限空间中的政治仪式感得以形成。

3."仰视"与政治崇高感的形成

社会秩序与认同的建构不仅源于视觉符号的转接与挪用，同时也来自不易察觉的视觉结构设计。视觉文化分析认为，我们如何观看，如何去看，并不是一种完全的主观意愿行为，而是一种被建构的产物。"视线或观看方式其实包含了复杂的社会、政治、文化和历史意味。"②

从历史资料与实地调研中，笔者发现在"新年画运动"的推动下，新年画逐渐代替旧年画，并常常被悬挂或粘贴于中国家庭厅堂的中心位置，成了家庭空间中新的视觉焦点，造就了特殊的仰视型视觉范式。这一现象源于多方面的原因：第一，新年画在春节这一时间节点上具有的仪式性价值。春节之于中国人来说，其特殊性不言而喻。在此新旧更替之际，购买与悬挂新年画具有迎新、除旧、喜庆之意，这种仪式性决定了新年画在家庭空间的中心地位。第二，新中国成立初期民众对于政治形象的崇拜心理。新年画中关于国家与领袖的画作在民众心里具有强烈的象征意义，这决定了新年画在家庭空间中的核心位置。第三，出于保护新年画不受损坏的现实考量。

不管是出于民间习俗、政治考量，或者是客观因素，年画在中国家庭空间中一直处于高悬的位置，产生了观者对新年画的仰视型视觉关系，新年画被赋予了崇高的地位和视觉上的膜拜效果。所谓"仰视"，是一种视觉性范式，即观看者与被观看对象保持某种距离，观者带有敬畏和仰慕地观看。③这种视觉上的仰视从文化心理上形成了对象物的形象放大，很容易形成一种潜移默化的权威与威严感。

二、听觉政治：广播入户与家庭空间中的声音景观

在新中国成立初期，有线广播成为中国家庭空间中唯一的电子媒介。作为一场全国性"新"媒体建设运动，有线广播入户将独立于家庭之外的现代秩序渗透隶属于私人领域的家庭空间，形成了中国家庭空间中独具特色的"声音景观"（Soundscape）。基于此，本节意在透过新中国成立之初遍及中国乡村的有线广播"入户"，探究媒介化力量进入中国家庭空间的运作过程，分析这一媒介如何重塑了家庭空间中的"声音景观"、日常交往与生活

---

① 王先岳：《新中国初期新年画创作的历史与范式意义》，《文艺研究》，2009年第7期。
② 祁林：《当代中国家庭空间视觉性的转型》，《文艺研究》，2015年第6期。
③ 同上。

惯习。

（一）"声音景观"理论与声音研究的新范式

"声音景观是在西方人文地理学界兴起的一种新的研究取向,意欲在我们熟识的文本、图像资料之外,强调声音在地方文化建构中的作用与意义。"①也就是说,声音景观研究尝试将声音当作一种媒介,由此探索声音本身以及身处其中的人们如何感知与体验声音,由此开辟了声音研究的文化地理学路径。最早提出"声音景观"研究的学者是加拿大作曲家谢弗尔(Murray Schafer),他认为:"声音景观,即声音环境。具体来讲,作为声音环境的任何组成都被视为它的研究范畴。"②其后,学者特鲁瓦克斯(Truax)进一步细化了声音景观的研究旨趣,提出:"'声景'并不仅仅是'声音环境'的同义词,而是声音交往(acoustic communication)的一个基本概念。它指的是个体与社会作为一个整体,如何通过'听'来理解声音环境……声音交往,试图将相互关联的声音、听觉者与环境,作为一个充满关系的体系来理解。"③

在当下视觉研究与文本分析盛行的年代,声音景观研究重新唤起人们对声音与声音环境的关注,为传媒研究开启了一种新的范式。法国学者贾克·阿达利(Jacques Attali)曾如此描述听觉研究的重要性:"每一次社会的重大断裂来到之前,音乐的符码、聆听模式和有关的经济模式都先经历了重大的变动。"④因此,声音以及构成声音的技术形态往往是穿透彼地社会权力结构的一个重要切入点。

事实上,没有比声音更能激活人的主体幻觉和心理幻景的了。听觉要比视觉更具有触摸和贴近的体验,从而更能够创造生动饱满的现场感,无论怎么看见都是"远见",而只要听见则一定会有消弭距离的冲动,这预示着声音所见过的文化更能潜在地发挥技术政治的能力,创生特定的景观认同。⑤换句话说,人们可以闭上眼睛或者扭头不看,却无法长时间捂住耳朵,因此

---

① 张晓虹:《倾听之道:Soundscape研究的缘起与发展》[EB/OL].中国社会科学网,http://www.cssn.cn/kxk/llyff/201703/t20170331347293333.shtml.

② R. Murray Schafer. "The Soundscape:Our Sonic Environment and the Tuning of the World,"*zhurnal vysshei nervnoi deiatelnosti imeni i p pavlova*,1996,38(3):569-70.

③ Truax,Barry(1984). *Acoustic communication*,New Jersey,NJ:Ablex Publishing Corporation.

④ 贾克·阿达利:《噪音:音乐的政治经济学》,宋素凤、翁桂堂译,上海,上海人民出版社,2000年,第10页。

⑤ 周志强:《主持人语》,《文学与文化》,2016年第2期。

人们听或不听、如何听、听什么，看似是作为具有主体性的个体自由选择，但在一定的社会语境中，这种自由的幻象往往接受着来自政治、商业或文化力量的裹挟，成为一种被权力建构的产物。因此，由声音所形成的包围感与沉浸感往往"比影视更具渗透、爆破力量"。①

"声音景观"理论所塑造的批判范式为有线广播研究提供了重要理论基础与分析路径。有线广播作为一种以传递声音为主的电子媒介，在塑造声音景观方面具有天然优势。媒介环境学者麦克卢汉发现，广播作为一种"部落鼓"，深度介入了人类的中枢神经系统，容易让人产生忘我的境界，将心灵与社会变成了合二为一的共鸣箱。②学者卡罗琳·博索尔（Carolyn Birdsall）则考察了广播与德国政治之间的紧密关系，发现经由广播传递的意识形态声音，成为大众自我规训与自我召唤的权力导管。③这些关于声音的讨论为本书提供了重要的参考。基于此，本节以"声音景观"理论为视角，探讨在新中国成立初期，有线广播入户经历了什么样的过程，在中国家庭空间中塑造了什么样的"声音景观"？又由此创生了何种日常交往与社会秩序？

（二）广播入户：一场"新媒体"建设运动

在新中国成立初期，如何将国家建设的思想和政策上传下达成为社会整合的核心议题。在此背景下，1950年在北京召开的全国新闻工作会议，展开了关于在全国建设广播收音网的讨论，时任中央广播事业局副局长的梅益在会议报告中强调了"人民广播事业"的独有特征："以其广播为广大人民服务，在工作中不断加强他们与听众的联系，并使它成为新闻的源泉、教育的讲坛和文化娱乐的工具。"④

在当时，全国虽然共有一百多万台收音机，但大多集中于东北、华北、华东地区，⑤普及率较低，因此广播信息在大众中的畅达成了阻碍。1950年6月6日的《人民日报》发表了关于有效利用无线广播的社论："无线电广播是群众性宣传教育的最有力工具之一，特别是在我国目前交通不便、文盲众

---

① 贾克·阿达利：《噪音：音乐的政治经济学》，宋素凤、翁桂堂译，上海，上海人民出版社，2000年，第2页。
② 马歇尔·麦克卢汉：《理解媒介》，何道宽译，北京，商务印书馆，2000年，第367-369页。
③ Bridsall, Carolyn(2012). *Nazi soundscape: sound technoloty and urban space in Germany*, 1933-1945. Amsterdam, NED: Amsterdam University Press.
④ 梅益：《人民广播事业概况》，《广播通报》，1950年第10期。
⑤ 赵玉明主编：《中国广播电视史》，北京，中国广播影视出版社，2014年，第178页。

多、报纸不足的条件下,如果善于利用无线电广播,则将发挥极大的作用。"①
基于此,全国开始建立广播收音站,收音员将接听的广播内容编成收音小报
对群众进行发放,或将重要内容摘抄在黑板报上,有的还通过电线杆喇叭进
行口头广播。不过,这种信息传播方式仍需要信息的重复处理和多次传递,
传播效率低下。到1966年春,"全国有县级广播站两千多座,放大站和公社
广播站8435座,广播喇叭872万只,都超过了农村有线广播网历史上最高水
平……有线广播喇叭普及到77%的人民公社、54%的生产大队和26%的生
产队"②。

尽管如此,受到广播安装和地理空间的限制,并不能让妇孺老少都听到
广播。为了迅速普及有线广播,广播电视局于1983年撰写了《关于广播电
视工作的汇报提纲》(以下简称《提纲》),在《提纲》的第五部分"整顿、提高、
发展农村有线广播网"中是这样定位广播的作用:

> "农村有线广播是向八亿农民进行宣传教育的强有力工具,是县
> 委、县政府向本县人民传达政令、指导工作、组织生产、普及农业科学知
> 识、加强思想政治工作的有效工具。要不断整顿、提高、发展农村有线
> 广播网。在架设专线有困难的地区,县调频广播台可以同有线广播结
> 合起来,既照顾群众收听,又可以为乡(社)广播站传达节目。在网路管
> 理工作上,要因地制宜地实行专业承包责任制……近三五年内,实现电
> 视到县、广播到队,户户、人人都能听到广播的重要环节。"③

《提纲》得到了国家有关部门的认同,并由中共中央以正式文件的形式
转发给全国各省。由此,发展农村广播在彼时成为全国性建设运动。

在黑龙江,1985年有线广播的入户数量为136.4万只,占全省广播总数
的62%;④上海在1983年有线广播的入户数量为72.215万只,占全市广播总
数的71.5%。⑤以有线广播技术为代表的传播技术迅速进入人们的家庭
空间。

---

① 赵玉明主编:《中国广播电视史》,北京,中国广播影视出版社,2014年,第169页。
② 同上,第243-244页。
③ 《当代中国的广播电视》编辑部选编:《中国的有线广播》,北京,北京广播学院出版社,
1988年,第31页。
④ 同上,第335页。
⑤ 同上,第345页。

(三)有线广播与家庭时空感的重塑

1.私人领域的公共化

"每一种现代媒介都提高了控制空间的能力,它们通过缩减人与地点之间发送信息的时间来实现这一点。"①在新中国成立初期,有线广播在政策推行下以低廉的价格进入千家万户,使得国家建设新思想能够广泛且迅速地到达社会的细胞单位——家庭。在娱乐活动极度匮乏的年代,有线广播成为民众获取外界信息、形成共同话题的主要通道。聆听广播,成为一种仪式般的存在。

> "听广播感觉开大会一样,广播一响,大家都安静下来,一起听里面说话的内容。广播放新闻的内容不长,听完后大家会在一起讨论……在地里干活的时候,无聊了就会聊起每天广播的内容,聊一聊,一会儿就不累了,然后继续种地做事。"②

> "以前有事情都是开大会,村里来人了叫家里的家长去听,然后一般都是男的去,我爹听完回来开家庭会议,然后传达会议精神。有广播了开会少一点,很多事情直接喇叭放或者广播讲,大家就都知道有事情了呀。"③

学者阿兰·科尔班(Alain Corbin)发现:在19世纪的法国乡村,钟声构成了一个空间。钟声的定时响起,有助于形塑周围空间的神圣感。因此,作为一种感官文化,钟声造就了集体,它深化了扎根的愿望,深化了在精心限定的狭小对和平的找寻。④与此类似,在家庭空间中有线广播日复一日地播报,创造了一种新的由声音组成的"空间幻觉形态"。它由声音发出者的身份、气息相互叠加与共振后形成。"听到声音就意味着与音源同在,所以对于声音来说,它总是与稳定的时空暗中锁定在一起,这就为声音产生现场感提供了感受基础。用声音来证明在场,声音就意味着与君同在。声音变成了肉身的象征,也就是说,声音让听者感受到活生生的发声者的气息与经验,

---

① 詹姆斯·凯瑞:《作为文化的传播:"媒介与社会"论文集》,丁未译,北京,华夏出版社,2005年,第106页。

② 受访者:陈细妹,女,81岁,退休前为搬运工,福建福州,访谈时间:2015年11月27日。

③ 受访者:吴冠仁,男,61岁,退休教师,福建宁德,访谈时间:2016年2月3日。

④ 阿兰·科尔班:《大地的钟声:19世纪法国乡村的音响状况和感官文化》,王斌译,桂林,广西师范大学出版社,2003年,第103-104页。

仿佛与之面对面交流。"①

因此,从空间的角度来看,有线广播入户,将政治权力嵌入原来独立于社会的私人空间中,消融了家庭空间与公共空间的物理界线。在某种程度上,这一现象的形成是政治权力的渗透从公共性空间到私人化家庭空间的一种延续。

2."新中国"时间的植入

"不同的社会培养不同的时间观念。"②人们对时间的感知并非与生俱来,而是与其所处的人文环境、媒介技术和社会关系等因素存在紧密关系。在早期农业社会,人们依靠自然环境的变化来判断时间的变化,过着日出而作、日落而息的生活。这种时间观念称为自然时间,它表现为节律性、重复性与经验性。随着生产生活的规律化与精细化需求,以皇历、沙漏、更香为代表的社会时间开始逐渐代替自然时间,成为人们度量时间的重要参考。社会时间源于群体所共有的信念和习惯,它以其他社会现象作为参照点来表达社会现象的变化和运动。③同时,它也是"人们在互动过程中建构起来的人类意义的另一种形式。它受有机体和自然的物质实在的限定,而且成为每个社会中制度和组织的结构部分"④。

"当事件的性质变化时,我们用来指定某一事件发生在某一时间的方法也会发生变化,因此,时间会以不同的外观出现。"⑤在有线广播"家居化"之后,广播在家庭中的定时响起,不仅扮演着国家信息传递者的角色,更成为听众感知时间与安排生活的重要来源。

> "以前闹钟还挺稀罕的,不见得每家每户都有,也不可能每个房间都摆一个。我每天早晨都是听着广播声响起来做饭的,如果想多睡一会儿,就等广播放一会儿再起来。那时候的广播不像现在什么时间都有,一般到了8点多上班时间就没有了,因为大家都去上班了没人听。到了晚上回家的时候,又有广播……具体什么内容我记不得了,新闻比

---

① 周志强:《声音与"听觉中心主义"——三种声音景观的文化政治》,《文艺研究》,2017年第11期。

② 戴维·哈维:《后现代的状况》,阎嘉译,北京,商务印书馆,2003年,第242页。

③ Sorokin, P. A. &Merton, R. K. (1937). "Social time:a methodological and functional analysis," *American Journal of Sociology*,42(5):pp.615-629.

④ Lewis, J. D. &Weigert, A. J. (1981). "The structures and meanings of social time," *Social Forces*,60(2):pp.432-462.

⑤ Bridgman, Percy W. (1932). "The Concept of Time," *The Scientific Monthly*,35(2):pp.97-100.

较多,但印象很深都是家里人比较多的时候放。"①

"这个广播每天都很准时'说话',一到6点就开始报时,刚好那个时候我们也要起来做早饭,你一听到广播说话了,就知道是6点了。平时我们都在地里干活,到了中午回来的时候广播一般都会有人在说话,这个时候全家都会边吃饭边听,那个时候就觉得挺好玩的。"②

"我们以前住的是三进的大家厝(大宅),一共11户人家,家里没有单独的客厅,就是一个公用大厅,所以广播也是装在大厅里的。厨房也是共同在一个大间里,一家一个灶台,饭桌也是一家一张集中摆在大厅里,晚上吃饭广播响了差不多每家每户也都在,所以广播的内容经常成为大家饭后的谈资,就是听听新闻聊一聊新鲜事。广播到了八九点停了各家人就散了嘛,洗洗休息什么的。这时候大厅就很安静了,就是人进进出出的脚步声,或者偶尔有一两家人闲聊。"③

"自从我上了小学以后,《东方红》就是起床的号角。天长日久,形成了条件反射,只要听到那个长长的"东——"字,我就倏地坐起,穿衣下床,洗脸做饭,背起书包上学堂。当中午和晚上广播响起的时候,同样提醒家庭主妇该做中饭和晚饭了。晚上8点半,当广播里响起一首旋律很熟悉的二胡曲,意味着播音快要结束了。这时,早已上床但还没有入睡的母亲便催促正在做家庭作业的我们兄妹:'广播都已经歇了,该睡觉了。'"④

"晨钟暮鼓作为司时的响声,本义不在于制造生活的诗意,而是向公众发布时间。"⑤有线广播的播放时段原本按照听众的在家时间进行设置,然而其融入家庭生活以后,却变成人们日常起居的时间划分点。

"当听众共同聆听一段声音时,尽管会因审美取向或其他原因而产生不同的听觉侧重,但由于听觉对象的时间性,整体进程上来说众人的聆听是同

---

①　受访者:王冠实,男,65岁,个体户,江西九江,访谈时间:2015年12月27日。

②　受访者:郑桂英,女,67岁,家庭主妇,山西太原,访谈时间:2015年10月18日。

③　受访者:曾萍,女,58岁,事业单位退休,福建福州,访谈时间:2015年11月29日。

④　王向阳:《六零后记忆》,杭州,浙江大学出版社,2011年。

⑤　刘洪波:《时间的政治》[EB/OL]. http://news.ifeng.com/gundong/detail_2013_09/17/29668989_0.shtml.

步的。因为这一特殊性,公共的听觉空间常被用来对人进行同一性的塑造。"①因此,有线广播的定时响起以同步的、集体的节奏影响每个家庭,进一步强化了人们对"新中国"时间的感知,将原本独立于家庭之外的现代化秩序带入家庭空间,由此人们的生活因为有线广播的到来产生了一种被建构的节奏感与集体感。

(四)有线广播入户与宣讲

1.技术形式与仰视型视觉结构的形塑

为了减少广播安装的复杂程度,提高广播安装技术的可复制性,同时尽可能节省成本,当时的邮电部和广播事业局联合下发了《利用县内线路建立农村有线广播网暂行规则》,在文中详细规定了广播线路的材料使用规则,其中第3部分、第4部分则非常具体地说明了有线广播入户的细节问题:

> "电话线到达用户引入杆后,仍用原线引到用户房屋外墙的弯脚上;在弯脚上与皮线连接,然后将皮线穿过墙上进线孔的瓷套管引入屋内……用户引入杆应与用户外墙靠近,以便使引入线的长度不应超过40米。皮线进到屋内后,沿着墙壁接到倒换开关上。倒换开关的一头接电话机,另一头接喇叭。皮线用小圆磁珠或卡钉固牢在墙壁上,喇叭可放置桌上或墙上。"②

可以看出,政府考虑到财政支出,各地在安装广播设备的过程中会尽可能缩短引入电线的长度,因此,广播的位置一般会就近安装在房屋某一内侧的墙壁拐角处或者直接安在门口。这与笔者在湖北、福建、山东等农村多地调查结果基本一致:他们大多采用钉子、木板等工具将广播固定在正对大门的厅堂墙壁之上。由此,广播与年画等一起成为厅堂的主要装饰品,成为当时极具"中国特色"的家庭空间视觉景观。

如上节所述,新年画入户造就了中国家庭空间的仰视型视觉结构,而在有线广播时代,这种"仰视"被"不在场"的声音再次强化。

2.关不掉的声音:家庭空间中的宣讲

从实际操作来看,有线广播系统频率较为单一,还带有强制收听的特性。据学者孙五三的调研发现:"喇叭入户以后,有很长一段时间是没有开

---

① 王樱子:《何以走向听觉文化——听觉的时空突破与审美主体性讨论》,《文化研究》,2018年第1期。

② 《当代中国的广播电视》编辑部选编:《中国的有线广播》,北京,北京广播学院出版社,1988年,第31页。

关的,农民不能自主决定收听时间和内容。"①本书在研究过程中,访问了来自福建、浙江、河南、云南等地的23名受访者,他们回忆了家中使用有线广播的使用情况。大部分受访者的回忆显示早期的有线广播是没有开关的,且不能调节音量,而其他受访者虽然无法确定是否有开关,但也表示基本不会去关闭有线广播:

"我家以前有一个,没有开关,但可以插拔电源线,不过挂得很高,广播挂在厅堂墙壁角落,开关一般在它的附近,也挺高的,如果不听也可以拔掉电源线,不过一般人不会管它。那时候没有手表没有钟,还靠它对时间呢。"②

"以前我家是自建房,房子挨着房子,家里有个院子,线是从隔壁家连着拉过来的,就安装在屋子前的门檐下面,一是雨淋不到,再就是这样在院子和房厅里都能听到,然后线又拉到隔壁家去。两家之间如果没挨着,线有一段就会露天过,有的人就会把衣服晒上面,人家看了也会有意见,因为线是连着的,你一家把线搞坏,其他人也听不成……广播是黑色的一个盒子,有一根线可以开关,但是我家四个小孩,还有别人家的来玩,小孩子调皮都有事没事拉一下,我记得大概是小学的时候听得最多的就是'小喇叭',非常爱听,但是经常开关被拉,就坏了,也没有人修,直到后来有了无线广播,才又听上。"③

"我记得那种有线广播分两种,一种是圆圆的喇叭,安装在一个盒子里,装在街上、田间地头都有,一般用来传达'上面'的精神、讲话什么的,还有就是通知事情的。还有一种是装在家庭里的,是个黑色的小箱子,木头的外壳罩在外边,挂在厅堂墙壁上,有一根线可以拉一下开关,但是不能调节声音大小。我已经记不清多少钱了,但是肯定价格很便宜的,因为基本上家家户户都装得起。"④

"广播对于我们来说是十分新奇的事情,一到时间就会有人说话,那个时候我的年龄也小,也没电视、没电脑,突然盒子里有人说话,就

---

① 孙五三:《实践中的农村广播电视政策法规》,《新闻与传播评论》,2012年第1期。
② 受访者:陈玉英,女,69岁,家庭主妇,福建厦门,访谈时间:2015年11月16日。
③ 受访者:冯洁,女,37岁,教师,河南开封,访谈时间:2015年10月9日。
④ 受访者:肖旺超,男,73岁,退休会计,浙江泰顺,访谈时间:2015年7月21日。

觉得特别神秘。那时候也没广告，没有人会觉得他吵，到点了大家都会认真听，我家里从来没有人想过把它关了，所以我都忘了有没有开关了。"①

根据生活于20世纪60年代的黄才金的回忆录，我们再次佐证了这一结论：

"1966年，按照毛主席'努力办好广播，为全中国人民和全世界人民服务'的最高指示，公社广播站线路重新布局，每户社员都可以安装广播，不收电费，数量不限。有的社员贪图小便宜，包括厨房在内，每个房间都安了一只，每到晚上那才热闹，家里到处都是广播声。开始大家还觉得新鲜，时间长了却有苦难言，因为功率加大，每只喇叭发声洪亮，喇叭又不是发音悦耳的动圈式扬声器，而是压电瓷片式的简易喇叭，声音又尖又噪，加之不能调节音量，从下午6点至晚上10点，只能任它一直播放。家里人要商量点事，只有大声地讲话……更让人心烦的是，晚上要睡觉，广播却闹个不停。"②

在总体性社会秩序之下，广播的内容有着单一、严格的限定。中国家庭空间中的厅堂成为一个建构认同、形塑"新人"的空间。

三、从厅堂到客厅：电视家居化与家庭仪式感的重塑

有线广播将家庭空间由"新年画运动"时期的视觉崇高感转变为听觉崇高感，到家入户的广播影响着大众的日常生活，大到宣传家国民族观念，小到影响日常的起居作息，成为中国家庭习惯由传统转变为现代的重要技术因素。在有线广播之后，电视技术成为大众家庭空间里的新宠，并开始逐步代替广播，占据中国家庭空间中的中心位置。

电视进入家庭空间后，给人们的日常生活带来何种影响，一直是不同领域的学者所关注的焦点。英国学者罗杰·西尔弗斯通致力于研究电视进入英国郊区家庭空间后所形成的文化转变，他发现：电视媒体通过"双重连接"，把家庭中的成员带入一个分享意义的公共领域中，同时，它也为打造具

① 受访者：陈富贵，男，68岁，小卖部老板，福建漳州，访谈时间：2015年11月2日。
② 黄才金：《农村有线广播趣忆》[EB/OL]. http://www.zgm.cn/html/a/2011/0410/13959. html.

有私人性的家庭文化提供了原材料。①具体来说,电视主要通过以下三个方面在人们的日常生活中发挥作用:第一,电视提供了可能是最清晰的关于郊区生活的想象,这些想象,既是一种神话也具有功能,既是形式也是基础;第二,电视通过时间表以及肥皂剧故事中的特定时间——为郊区的日子提供了时间结构;第三,电视节目在郊区环境中为社会互动的黏合提供了素材。②而在美国,电视之于家庭生活的影响也是传播研究的重要议题,其中,学者斯皮吉尔(Lynn Spigel)的观点具有较强的启发性。他发现,电视机与战后的居家性(domesticity)和爱国主义(patriotism)具有很强的关联性:就空间意义上来说,电视柜(TV hearth)在这一波战后家庭重建运动中取代了壁炉(hearth),成为新的家庭象征,一家人聚在电视前看电视的景象代表了解甲归田后重回家园的爱与温暖,电视使人忘却战争的痛苦,家庭价值被建构为国家价值的新核心,而电视便成为建构国家的爱、温暖和价值的最基础组件。同时,斯皮吉尔的研究也特别侧重"二战"后电视机进入美国家庭之后重塑家庭空间的过程,以及电视如何进一步影响家庭内的性别互动关系。总而言之,因为电视机进入家庭,"家"的想象和定义在战后有了新的社会意义,这个意义既是私密的,也是国族的。③学者柯裕棻通过研究发现:"电视作为一个教化与休闲结合的双功能家庭机器,虽然直接将意识形态的传输带进了家庭,但是在传输末端的家庭空间诸多活动上,'国'和'家'又展开了新的形塑关系,'国'的力量一方面是藉由电视机的传输而强化了其宣传的速度与效果,'家'的空间面临了进一步政治渗透的可能,另一方面而言,娱乐与休闲也开始进入'家'的空间。"④那么,在中国大陆,电视技术家居化的过程是怎样实现的?这一过程又如何重塑了家庭空间?接下来,本节将围绕这两个问题展开论述。

(一)电视入户:一场漫长的电子工业建设运动

从世界范围内来看,电视机产生于20世纪30年代,在六七十年代得到迅猛发展,1972年美国就已经有9000万台以上电视机,家庭拥有电视的比率达到45%。⑤1980年前后,全世界的电视机数达到4亿多台,英、美、日等发

---

① 罗杰·西尔弗斯通:《电视与日常生活》,南京,江苏人民出版社,2004年,第104页。

② 同上,第122页。

③ Spigel, Lynn. (1992). *Make Room for TV: Television and the Family Ideal in Postwar America.* Chicago: University of Chicago Press.

④ 柯裕棻:《电视与现代生活:电视普及化过程中的"国"与"家"(1962—1964)》,《台湾社会研究季刊》,2009年第73期。

⑤ 佚名:《国外电视发展概况》,《电子科技》,1972年第1期。

达国家97%的家庭都拥有电视。①而在中国,黑白电视机产于1958年,且中国电视的拥有者多为高干、高知、科技、文艺界人士、原工商业者及其子女、有海外港澳关系者。②电视机开始大规模进入中国家庭是在20世纪80年代。在过去的很长一段时间里,电视对大众文化并未产生实质意义上的影响,它的更多意义在于其是一种象征着财富的符号,并非人们日常生活的消费品。

中国电视发展史中有几次电视工业和事业的浪潮,皆与当时的社会环境有着密切关系。20世纪50年代中后期是中国电视的诞生和蹒跚学步期,这一时期正是世界电视热潮时期,中国有着高度发展电视的热情。"在1952年,即刚刚执政的中国共产党提出过渡时期总路线时,便已将创立电视广播体系提上日程,在这一年中央广播事业局调10名大学生经一年外语培训,于1953年分赴苏联和捷克斯洛伐克学习广播技术,其中章之俭等人专攻电视专业,1955年2月5日广播事业局在写给国务院的报告中,首次提出于1957年在北京建立一座中等规模电视台的计划。就这样,1955年年初,建立电视台的提议被列入了文教五年计划,中国电视开始在政治母体中孕育。"③在当时,电视并没有什么社会影响和实际功效,它只是中国作为一个新生国家树立不甘落后的形象的展示。郭镇之在《中国电视史》中是这样评价1958年中国电视兴起时中国第一座电视台的意义的:"北京电视台的国际象征意义远远超过它的国内实用价值。"④尽管电视并没有在社会上发挥什么实际功能,但它的符号象征却让人有着欲罢不能的追求。1960年至1962年间的电视台建设规划被设定为增加40个,这对于当时经济落后、工业基础薄弱的中国来说根本是不可能完成的任务。⑤

中国的第二次电视建设大潮发生的初衷与目的仍然不是社会性需求。在中国与苏联的关系破裂而失去工业技术指导援助的情况下,1968年广播局提出了一个电视建设的设想:"根据毛主席'外国有的,我们应该有,外国没有的,我们也应该有'的教导,邀请国家科委、国防科委和四机部协同广播局试制磁带录像机、研究彩色电视体制,'打破帝修反的封锁'。"⑥这一时期的电视事业建设摒弃美、德、法等国家以及世界通用的制式,打算另立门户

---

① 蒋旸:《国内外电视机商品的现状及发展动向》,《税务与经济》,1980年第1期。
② 人民银行静安区办信息组:《彩色电视机产销预测》,《上海金融》,1983年第6期。
③ 常江:《中国电视史(1958—2008)》,北京,北京大学出版社,2018年,第8-9页。
④ 郭镇之:《中国电视史》,北京,中国人民大学出版社,1991年,第36页。
⑤ 同上,第37页。
⑥ 同上,第80页。

自创制式。但受制于技术因素和经济限制,自创制式的过程并不顺利。直到1972年之后,中国政府才有了引进技术、设备和产品的愿望和计划。

电视开始逐渐摆脱少数人使用的状况,与1978年党的十一届三中全会决定打开国门的对外贸易政策有关。在这一时期,彩色电视机开始大量进口到国内,以填补市场,满足需求。电视数量快速增长,并开始高于这一时期的收音机产量,[①]成为影响人们日常生活的重要媒介。1981年,中共中央把电视这一现代性科技产品的性质作了一个认定:"电视是教育、鼓舞全党、全军和全国各族人民建设社会主义物质文化、精神文明的最强大的现代化工具。"[②]但受制于外汇影响,1980年我国减少甚至停止进口彩色电视机。在市场需求和"工业强国"的时代背景之下,生产彩色电视发展电视工业成为一项重要目标。然而,这一时期的中国电视尤其是彩色电视生产技术相较落后,在此背景之下,合资企业的形式开始初见端倪。

1980年,中国开始酝酿第一批合资企业。1981年,中国电子行业的第一家合资企业"福日"电视(福建华福公司与日本日立的简称)成立,但"福日"公司的成立、投产过程步履维艰。即便有《合资法》作为合法性支撑,福日公司是否该成立,从福建到北京一路争论不休。有人甚至将它定义为"殖民地性质的厂子",[③]与之相类似的言论还有福日公司"让外国人占了便宜""打击了民族工业"等。[④]直至投产之初,有调查团到厂址位于福州的"福日"公司走了一遭之后,还断言福日公司弊大于利,得出了"福日公司将成为日本打进我国电视市场的桥头堡"[⑤]的结论。中国的第一家电子合资企业发展艰难。电视作为日常生活用品,如今看来再寻常不过,在当时的社会环境之下,它却是一种象征性符号,被视为国家自强、自力更生的一种表征:首先,对电视技术的"狂热"其实质是推动民族工业文明、建构技术民族主义,从而塑造现代化国家形象的重要途径。因此,电视技术的诞生与国家现代化、社会主义建设紧密联系在一起;其次,将对电视技术的掌控程度当作中国追赶西方发达国家现代化水平的一个衡量标准,同时也可以视为中国寻求对话世界与自我身份确立的象征。如此,电视这一媒介在中国的"家居化"过程

---

① 徐敏:《电视的兴起:1980年之际中国内地电子媒介与日常生活》,《文艺研究》,2014年第12期。

② 当代中国丛书编辑部:《当代中国的广播电视(下卷)》,北京,中国社会科学文献出版社,1987年,第474页。

③ 吴晓波:《激荡三十年——中国企业1978~2008(上)》,北京,中信出版社,2008年,第73页。

④ 陈效:《福日电视:中外合资家电的鼻祖》,《福建质量管理》,2013年第Z2期。

⑤ 黄文山:《来自福日的报告》,《福建党史月刊》,1998年第10期。

是多重力量复合博弈的过程,它凸显了不同历史语境和特殊社会背景下媒介与日常生活互动的异质性。

不仅如此,电视在大众心中的不可替代性还表现在电视家居化所带来的家居空间的重新组织。如上所述,在中国传统民居中,厅堂中的必备之物是翘头案或方桌、中堂画、对联等极具文化象征意味的装饰物,而随着电视走进千家万户,一家人看电视成了家庭成员必不可少的日常活动,因此,电视常常被摆放在厅堂翘头案或方桌之上,成为全家共享的媒介技术。电视机造就了一种新的"客厅文化",它使得原来厅堂这一空间逐渐变得世俗化和大众化,成为家人聚合的一种重要介质,这种聚合和文化形式一直影响到后电视时代。在本书中,年龄大于50岁的受访者中常常有人回忆起全家以及周围邻居围坐在电视前看电视的"盛况":

> "我家算是附近几家中最早买电视的,七几年买的黑白的,西湖牌的,老牌子,质量就是好,到2000年我们搬新家时才给换了,用了有二三十年。刚买来的时候,大家都觉得新鲜,村子里两三百号人都围过来参观。往后呢他们有空总会过来一起看电视,所以我家就会把电视直接放在厅堂,这样大家一起看也方便嘛。当时只能收到中央一套,家里的凳子不够了,邻居就会自带板凳,看完了又顺手拿回去,跟小小电影院一样。"①

> "那时候电视很贵的,我记得我买的980块钱,差不多是我一年的工资……买电视主要是为了娱乐嘛,不然村子里到了晚上黑灯瞎火干什么呢?又没有现在的手机什么的,聊天天天就是那些个人,东家长西家短的内容也没意思,我就坐了车去县城买来了。那时最火的就是《新白娘子传奇》,好像是每天都播两集,周围邻居会提前过来等开播,那时选择比较少,只有这个电视剧比较好看。刚开始电视放在房间,后来客人来看,进出房间也不方便,索性最后都放厅堂里啰。"②

> "以前饭桌和电视是在这里(厅里),前后摆在一起的,以前电视在这里(饭桌后的翘头案上),现在家里孩子都出去了没人看,我就搬到房间里躺床上看。那时九几年初嘛,我的孙子、外孙还小,他们最爱看电视了,经常吃饭的时候端着饭一边吃一边看电视,电视天天播《西游

---

① 受访者:肖玉,女,53岁,小学教师,福建宁德,访谈时间:2015年7月25日。
② 受访者:吴冠书,男,59岁,公务员,福建宁德,访谈时间:2015年7月26日。

记》，老人也爱看，更别说小孩子了。一到七点，小孩跑去玩了，我们都会习惯性看《新闻联播》，一般播完了《天气预报》《焦点访谈》后大家才散了各干各的。"①

早期电视进入普通家庭时，受制于昂贵的价格，会出现群聚收看的现象，家人邻里共享同一台电视，因此更加凸显电视摆放空间的公共性，由此形成了供家人团聚、娱乐的"客厅文化"。电视在20世纪八九十年代，带给了中国老百姓前所未有的视觉体验，并由此渐渐成为每个家庭必备的媒介技术。基于全家共享、使用方便这一基本考虑，电视占领了中国传统民居厅堂的核心位置，原来极具民俗信仰、文化象征意味的陈设、家族旧影等逐渐退居其后。

(二)电视入户与家庭仪式感的重塑

20世纪90年代中期以来，住房改革的浪潮席卷全国，政府允许商品房的市场化建设与销售，地产业日趋兴盛。20世纪的八九十年代，中国的城市化进程加快，大规模的"集合住宅"(Collective Housing)开始出现。集合住宅指的是"由两个或以上住宅单元通过共用某些建筑组件而形成的住宅建筑单体。"②我们今天所居住的板式居民楼就是集合住宅的代表。集合住宅诞生于工业革命时期，它具有节约城市土地资源、可供绝大多数人使用、批量模式化高效生产等特点，它的特点决定了它适合地少人多、追求高效的城市地区。当然，这种家居建筑的流行和推广也有其深厚的文化哲学积淀，20世纪二三十年代，现代主义逐步盛行，人文、美学以及建筑行业也深受影响，著名的德国设计学院包豪斯(Bauhaus)在现代主义思潮之下，极力推行理性、精简、实用、以人为本等设计理念，反叛过去为权贵阶层而设计的风潮，促成了工业设计理念由理想主义向现实主义转变。因此，适用于流水线大规模生产的简约现代住宅便逐渐开始盛行，并从欧洲被推向世界各地。流水线以及大规模的工业生产就必然导致了商品房之间除了户型、朝向、内部结构布局的微处有所不同之外，其内在的功能性和基本结构大体一致，主要包括客厅、厨房、卫生间、卧室等。这个过程中，古老的精工细作的繁复建筑工艺均被削减，相应地，这些工艺或者格局所连带的文化也逐渐消失在现代住宅当中。就中国而言，传统民居的"厅堂"中不可或缺的中堂画、年画、翘头案、牌匾等物件基本退居到房子角落，甚至消失不见，对称式厅堂所带

---

① 受访者:肖英花,女,76岁,农民,福建宁德,访谈时间:2015年2月3日。
② 周磊:《西方现代集合住宅的产生与发展》,上海,同济大学博士论文,2007年。

来的神圣和崇高感随之消亡。取代"厅堂"的是"客厅",取代上述传统布局的是家家户户"必备"的电视墙和沙发。

图2-3 现代家庭空间平面图

中央电视台财经频道一个名为《交换空间》的栏目致力于提供装修知识、家装材料选购、家装创意、家装常识。笔者收看了此栏目近三年以来的节目,发现不管是何种类型、何种要求的家居装修风格,客厅中的电视墙和沙发都是家庭成员与设计师必然会纳入设计中的重要部分,即使是当下互联网盛行的年代,有些年轻人已不再每日打开电视,坐在沙发前静静地观看电视,但"电视墙—沙发"这一家居空间设计仍会被保留下来。在本研究的访谈中,一些受访者是这样理解"电视墙—沙发"的存在意义的:

> "虽然我和老公都不怎么看电视,平时也很少在客厅活动,但是当初家里装修的时候我还是跟设计师说了要好好规划电视墙,因为有了这样的设计它才像是一个家啊,比如,亲戚朋友来了,坐在客厅聊聊天有气氛也比较体面,电视开起来有个背景声音,就算大家没话题也不会尴尬啊。"①

> "客厅里必须有电视啊,不然怎么像客厅? ⋯⋯没有为什么,就是要有电视才像客厅,客厅其实招呼客人的时候根本没有自己家里活动的时间多,有电视大家正好坐一起看。我虽然不爱看,但是坐那玩手机

---

① 受访者:林敏洁,女,29岁,办公室文员,广东深圳,访谈时间:2016年1月4日。

也不错。"①

"我们家习惯晚上饭后围坐在一起看电视,不看一会儿总觉得少了些什么。现在回忆起来,我们一家人最爱看的有《快乐大本营》啊,'跑男'啊,还有各种追剧,想一想,这应该是我们家现在最主要的集体娱乐了吧。"②

另一位受访者魏鸽的婚房刚刚交房,准备设计和装修,由于她爱好看书,家中藏书不少,因此想在客厅设计一面书墙,但魏鸽在设计过程中有一个纠结的地方:

"因为客厅只有一堵墙是比较大、比较完整的,因此我想把它做成书墙,我就一直在想到底要不要在书墙中间挖个位置用来放电视。挖了吧,破坏整个书墙的整体美感,不挖吧,总觉得客厅里没电视有点奇怪。但我又想,我们现在租房子住嘛,房东也有电视,但是住了一两年我根本没开过几次电视,其实不要也无所谓,但是客厅里怎么能没电视呢?这东西就是有了不见得很有用,但没有就很奇怪。真是好纠结啊。"③

可以看出,在媒介家居化和家庭住宅形式变革当中,客卧被分离开来,以电视为中心的客厅在家庭生活中越来越成为公共性空间,它构筑了人们对于家和家庭关系的想象。由此,厅堂开始逐渐成为历史,取而代之的是去仪式化、去象征性的客厅。与上述电视进入民居之后厅堂的仪式感削弱有所不同,在市场化的商品房中,客厅的文化象征与仪式感基本消失。"茶余饭后'八小时以后'的播出时间,给电视打上了娱乐的休闲底色。这正是中国媒介变迁历史复杂性。"④电视画面快速切换所呈现出来流动性、连续性与娱乐化将传统民居家庭中的厅堂变成了一扇窥探外部世界的窗口。

四、自我的媒介化:文化政治视角下的家庭影像研究

家庭影像,指普通大众通过照相机、摄像机、手机等拍照设备构建自我

---

① 受访者:陈志坚,男,36岁,通信公司员工,陕西渭南,访谈时间:2015年11月17日。

② 受访者:王婕,女,28岁,私企员工,福建福州,访谈时间:2018年6月11日。

③ 受访者:魏鸽,女,31岁,报社记者,广东深圳,访谈时间:2015年11月9日。

④ 李煜:《"媒介融合":电视开播的技术政治意义》,《现代传播》,2019年第10期。

身份、展现自我品位的媒介表现形式,因其具有很强的展示价值,常常在家庭空间中占据着重要位置。从表现形式来看,个人影像可分为两种形式:第一是静态的个人影像,如全家照、写真照、结婚照等,常常被摆放在客厅、橱柜、卧室、书房等家庭空间核心位置;第二是动态的视频,如抖音、快手等网络平台短视频,网络直播,因其趣味性和制作便捷性,成为互联网时代家庭成员展现自我的主要途径,家庭空间也因此成为动态影像生产与传播的主要空间之一。本节以上述两类在家庭空间中占据重要地位的个人影像为研究对象,分析在中国家庭成员如何通过照片、影像等媒介展现自我。

(一)文化政治视角下的家庭照片与身体规训

从学术研究的角度来看,个人照片与新闻照片相比,其新闻性与公共性并不强,因此常常被传播学、历史学研究所忽视。与艺术影像相比,其审美性和艺术性相对较弱,因此游离在艺术学与影像史的主流研究范围之外。直至20世纪后半叶,随着拍摄技术的普及化与后现代哲学思潮的兴起,大众影像、个人影像、家庭照片逐渐开始进入学术研究的关注视野。比如法国哲学家罗兰•巴尔特(Roland Barthes)将"非预谋地"展现在个人影像中,对观看者的情感产生刺激作用的细节,称之为"刺点",进而提出了个人影像分析的"刺点"理论。摄影史学者格林(Jonathan Green)等学者在《快照》(*The Snapshots*)一书中提出"快照"的生产与制作过程象征着主客体在有序世界中的一种解放,快照而成的家庭影像"最不自觉,最不区分高下",因此能从照片的形式因素去反身指涉个别影像的形成过程以及周遭的环境。[①]其后,中国台湾学者许绮玲进一步补充道:家/人摄影更值得注意的,不只是突破观看伦理意义上的"不可拍"的成规时刻,入侵到亲密隐私地带,而是由"善"的议题转向"真"的议题,更引人争议地从"有意义"中内爆出"无意义"来。[②]而美国威斯康星大学麦迪逊分校东亚语言文学系教授黄心村(Nicole Huang)则结合中国的社会语境,从记忆研究的视角提出:在中国,全家福作为一个通俗的日常的文化生产类型曾经占据了一个举足轻重的地位。远在当代实验艺术家出现之前,表面稀松平常的全家福已经开始了记忆重构的过程。当下的生活在大大小小的中国城镇摄影棚中定格,小小的全家福被个人收藏并归为过去的记忆存档。[③]

---

① Green, Jonathan. (1974). *The Snapshots*. Millerson, N. Y. : Aperture.

② 许绮玲:《变化中的家庭形象(1970—1990):快拍照风格与摄影论述中的家庭题材》,《文化研究》,2006年第2期。

③ 黄心村教授(Nicole Huang)在浙江大学外国语言文化与国际交流学院的演讲:《视觉性与日常生活:一九七零年代中国的日常影像》,时间:2012年3月30日。

这些研究将个人影像与政治环境、文化形式等联系在一起，挖掘了个人影像研究的学术价值，极大拓展了个人影像研究的路径和想象力，为家庭空间的媒介化研究提供了丰富的理论资源。基于此，本节将在前人研究的基础上，进一步聚焦中国家庭空间中个人影像，从纵向的历史视角，梳理与分析它们再现了何种个人形象，这种再现又如何映射了彼时中国的社会与文化。

新中国成立初期，集体主义思想盛行，以情感与物欲为特征的私人生活，在政治主导的主体文化中一直处于边缘化、世俗化的地位。照相这种以自我表现为核心的个人就是典型代表，也因此照相这一影像化工具一直属于"特种行业"。我们可以将对照相业的讨论追溯至1955年5月20日出台的《中共中央关于处理反动的、淫秽的、荒诞的书刊图画问题和关于加强对私营文化事业和企业的管理和改造的指示》，它的颁布开启了对照相行业的一次大整顿。文件提出：

> 反动的、淫秽的、荒诞的书刊图画，是传播封建阶级和资产阶级的反动的、腐朽的思想的主要方法之一，也是目前资产阶级对工人阶级实行思想进攻的重要工具之一。全国解放以后，各地文化行政机关和公安机关曾对这类图书进行过取缔和收换，但因对这个工作重视不够，方针不明确，对于著绘、摄制、印行、贩运、租赁这类有毒图书的各个环节缺乏有效的社会主义改造措施，同时，出版和发行适合于水平低的读者阅读的通俗读物的工作又做得很差，以致至今这类有毒图书仍在公开地或暗中地流行。这对于人民群众，特别是青年、少年、儿童的身心健康，对于社会公共秩序的巩固，对于国家社会主义建设和社会主义改造事业的推进，都有很大的危害……
>
> 中央责成各地党委和政府有关部门，对私营出版业、印刷业、发行业、照相业、租赁业加强领导和管理，实行统筹兼顾，全面安排，并逐行逐业进行社会主义改造。①

在《指示》的要求下，1958年4月，第二商业部服务业管理局召开全国照相业会议。这场会议在业内被称为具有里程碑意义的"天津会议"，主要讨

---

① 《中共中央关于处理反动的、淫秽的、荒诞的书刊图画问题和关于加强对私营文化事业和企业的管理和改造的指示》[EB/OL]. http://guoqing.china.com.cn/2012-09/06/content_26746589.htm。

论了中国照相业的社会属性、政治道路与形式主义问题。具体来说，第一，关于照相业的政治属性问题，会议提出："照相业应该为劳动人民、为社会主义建设服务呢，还是继承过去残存的不正确、不健康的做法，为少数人服务，迎合少数人的口味？对此，与会代表对此进行了检讨。不少城市的照相馆橱窗弄得珠光宝气，所摆的照片大多是油头粉面和妖艳娇气的人像，而表现劳动人民健康朴素的优美形象及他们劳动生活的照片却很少。这次会议的结论是，橱窗陈设上应坚决改变过去的歪风，去掉那些袒胸露臂、姿势奇形怪状的人像，多摆劳动人民活泼大方、勤劳勇敢的优美形象的照片，多摆一些社会主义建设面貌的照片，以鼓舞人们加速建设社会主义的干劲。"[1]第二，关于照相业的形式主义问题，曾任中国摄影学会副主席的吴印咸在会议中提出："我们照相业，有没有形式主义呢？我们用的背景，假山、栏杆，还有小船、小汽车、小飞机等，算不算从形式主义出发，大家可以研究……资产阶级欣赏艺术是从形式从玩赏出发的，他们认为女人要有：曲线美，腿要比上身长，腰要很细很细的，瓜子脸，柳叶眉，樱桃口，蒜鼻子，眼睛要水滴滴的，皮肤白白嫩嫩的，手呢？要似白玉和嫩藕的样子。劳动人民的审美观点只要五官端正，身体端正，能劳动就美。"[2]

"天津会议"为中国照相业的后续发展定下了方向和基调。在实践中我们看到，照相业在政治与文化规制体现在两个层面：第一是开设照相馆必须到工商行政管理局登记，同时还得经公安部门的审批；第二是对照相者的形体姿态进行约束。比如"相馆不能给来拍照的客人化妆打扮，不能改变其面容，要按原貌拍。"

与照相业大讨论同步进行的，是对中国传统照相业产生重大影响的"照相业公私合营"。这意味着自摄影术传入中国后的私营照相馆时代就此退出历史舞台，随之而来的是摄影技术规范与审美巨变之滥觞。新中国成立后，逐步开始了资本主义工商业社会主义改造，有计划地在大企业以及私营企业中推行公私合营。"1966年后，中国的照相业全部变为公有和集体所有制。"[3]照相业的公私合营以及小照相馆的合并造成了几个直接的后果：一、公私合营乃至后来的照相业公有制和集体所有制，带来了照相行业技术规范的统一培训，随之而来的是审美规范的统一和程式化生产；二、原来的照相馆私营业主失去了生产资料的调配权以及对照相馆的管理权，仅以普通

---

① 晋永权：《合家欢》，北京，中国摄影出版社，2012年，第91页。
② 同上，第91-95页。
③ 仝冰雪：《中国照相馆史》，北京，中国摄影出版社，2016年，第275页。

工作人员身份参与经营;三、在国家的调度之下,各行各业实行行业支援建设,这一时期的照相馆迁移形成了不同地区的照相技术交流,促进了照相行业欠发达地区的发展,①同时,也可以看作是审美规范不断向边缘地区播撒的过程。

上述"天津会议"是照相业审美形态转换的风向标,会议批判照相业存在的"资产阶级思想审美观点,单纯技术观点和脱离群众的经营作风;揭发了部分照相业人员认为劳动人民群众'不美''土气''粗手粗脚''不懂艺术',因而对他们态度傲慢,敷衍了事的错误思想和作风;并提出二十四项倡议,全面开展社会主义的红旗竞赛运动"②。为了积极响应号召,照相从业人员作出紧急反应,以自己人做模特,拍摄了"戴柳条帽的工人、扎白毛巾的农民、纳鞋底的家庭妇女"等照片替代原先的橱窗陈列照,但是"因为工人像个白面书生,农民好似温室花草,纳鞋底的手势像是在绣花,有人批评他们歪曲了工农兵形象"③。因此摄影从业人员"下工厂,入农村,去连队,到街道,深入实际生活",④去塑造符合社会主义建设需求的人物形象,以表现劳动人民积极向上的风貌和精神气质,让照相馆橱窗成为"政治宣传廊,艺术陈列窗和技术指导站"。⑤

在此背景下,新中国成立初期至20世纪80年代,中国家庭空间中的照片常常表现为较为相似的身体姿势与外表着装。在访谈中,受访者这样讲道:

> "我们年轻时都没想过要拍照,总觉得特别别扭,现在的年轻人,在街上动不动就自拍,在我们那时候想都不敢想,男女在一起走,都觉得有点害羞。后来有了照相馆之后,我和我爱人去照了一次,都是穿着蓝灰色干部服,或者工人服,就是那种不显眼的,不能引起别人注意就行。对着镜头的时候,都特别严肃,都不知道怎么笑。"⑥

> "那个时候拍照特别有仪式感,出发前要穿家里最正式的衣服。因为一般一次只拍一张,所以,拍照前都要特别认真地预演姿势。可以说

① 仝冰雪:《中国照相馆史》,北京,中国摄影出版社,2016年,第279页。
② 同上,第284页。
③ 苏瑜、任中敏:《郑州艳芳照相馆逸事》,《郑州晚报》,2008年2月27日。
④ 同上。
⑤ 曹宝贞:《新中国照相业的十年》,《大众摄影》,1959年第9期。
⑥ 受访者:吴正月,女,56岁,退休工人,福建宁德,访谈时间:2018年7月21日。

是非常严肃认真的。家长坐中间,双手放腿前,好好调整站姿和距离,表情要微微笑。家里小辈的,排排站后面。"①

　　"80年代以前,拍完照就怕褪色,所以会把照片压在桌面的玻璃下面,又可以看,又不会褪色。或者放在画框里,挂在墙上,这里随时可以看得到。还有人索性就粘在家里的镜子上,毕竟拍照还是挺奢侈的事件,挂在最显眼的位置,看起来有满足感。"②

从访谈中可以看出,静态的个人影像在家庭中被放置核心显眼的位置,成为中国家庭中随处可见的视觉景观。家庭照片作为一种新型的视觉文化表征,开始在家庭空间里盛行,代表着家庭空间里视觉焦点开始逐步转向个人。但这种转向并非意味着个人主体性的形成,恰恰相反,它代表着文化对个人的一种身体规训。同时,中国式的家庭伦理、长幼秩序通过个人影像被实体化、视觉化。

(二)政治退场与身体的"去政治化"

20世纪80年代是中国家庭个人影像的一个转折点。在这一时期,追求私人欲望、个体自由与社会认同的本能开始得以释放,由市场力量所推动的商业消费开始在家庭空间中逐步兴起。这首先体现在家庭空间的装饰与格局上:"随着国人住房条件的改善,空间的扩展和格局的多样性,使得室内装修作为居家必需的审美化工程提上了议事日程。空白的墙面必须有新的视觉物所充实。由于教育水平的全面提升,文化素质的提高也对视觉素养提出了新的要求,人们的视觉经验更为丰富,视觉期待有了很大提升,加之文化对外开放和全球化的进展,域外的各种新时尚、新符号和新观念开始进入中国人的家庭空间。"③在家居化媒介领域,笔者通过翻阅历史文献与深度访谈发现,在这一时期写真照、结婚照、偶像宣传画等媒介内容成为中国家庭空间中媒介变迁的重要表征。

　　"80年代进照相馆,是一种非常奢侈,而且也是一件很神秘的事情。去拍照,会被别人说'臭美',因为去照一次可能就要半个月的工资,一点也不夸张。我记得我都拍不起彩色照片,只能用黑白的。但你

---

① 受访者:刘莹,女,55岁,私企员工,广西桂林,访谈时间:2019年8月20日。
② 受访者:李锋,男,52岁,大学老师,云南昆明,访谈时间:2019年9月5日。
③ 祁林:《当代中国家庭空间视觉性的转型》,《文艺研究》,2015年第6期。

会发现身边的人都会去照,尤其是过年的时候,总会来张全家福之类的,照之前全家会打扮很久,特有仪式感。照完之后,一定会洗出来,裱起来,挂在家里最显眼的位置。"[1]

"我记得80年代开始流行婚纱照,以前的人拍结婚照一般穿军装,或者工作服,后来开始流行西装和婚纱,有钱的人开始拍写真,这个时候,有一件事情非常重要,就是到照相馆,选背景。照相馆老板会把背景一张张翻滚出来,让你选,全家人站在那里挑,非常慎重。最后再洗出来放在客厅,或者挂在卧室。"[2]

"我们家算是比较早买相机的,我记得买了'海鸥'牌相机,配合'乐凯'胶卷。拍完后洗出来,贴到相册里,或者裱起来。一般会用来记录家里的重要时刻,比如春节肯定是要来一张合影的,有时拍得比较随意。"[3]

在商业化市场力量的驱动下,家庭空间里的视觉主体开始转变成为展现个人身体、两性关系与私人欲望的艺术照、婚纱照,人们的客厅、卧室、书柜、走廊里都成了自我展示的"舞台"。有学者曾饶有趣味地总结了影楼里十大婚纱照姿势,包括"夫妻倚靠式、夫妻凝望对视式、展望未来式、小鸟依人式、颊吻式、野蛮女友式、背靠背式、若即若离式、怀旧式"。但不管是哪一种,都代表着对自我的影像化再现,一种自我欣赏与炫耀式消费。

(三)网络入户与自我的"再造"

进入21世纪,随着互联网与摄影技术的普及,尤其是智能手机的广泛使用,"自拍"迅速占领人们的视野。20世纪八九十年代去照相馆照相的烦琐与仪式感开始成为历史。无论男女老少,大家都熟练地使用各种技术设备,将镜头对准自己,随性选择自己满意的角度,或是采用呈现瞬间的静态照片,又或是使用短小的动态视频留下美好记忆,并随时随地分享到互联网平台之上,成为人们宣示自我存在、重塑个体形象的重要策略。

对于许多人而言,互联网最大的魅力之一莫过于可以暂时逃离现实世界,进入一种完全由符号所建构的虚拟空间之中。互联网的匿名性、交互性、符号性的传播结构设计生产与刺激了大众逃避现实、隐藏自我的欲望,

---

① 受访者:郑玉梅,女,43岁,自由职业,山东济南,访谈时间:2020年2月5日。
② 受访者:张艳丽,女,50岁,国企员工,江西大同,访谈时间:2020年4月2日。
③ 受访者:王长明,男,48岁,私企员工,浙江丽水,访谈时间:2020年4月8日。

他们以虚拟ID(身份)重新包装、粉饰与形塑自我,从而寻找存在感和成就感,以期获得自我认同和价值肯定。在此背景下,"自拍"这一概念开始成为一个日常用语。

2013年,《牛津词典》编辑部主任朱迪·皮尔索尔注意到一个有意思的现象:"在牛津词典语言研究项目中,我们每月都会搜集15万个当下人们正在使用的英语词汇,在这个过程中我们发现selfie(自拍)一词的使用率在2013年度中显示出惊人的上升趋势,由此我们决定将这个词选为年度词汇。在过去12个月里,它的使用频率上涨了170倍。""自拍"表现为多种形式,主要包括自拍照片、娱乐化网络直播与短视频自拍。这种发生在家庭空间里的自我的符号化"再造"与自我观看,代表着家庭内部视觉文化的一种新的转向。如视觉文化研究学者米尔佐夫所言:"今天城市里的年轻人——网络化的主力军将自画像的历史重新进行了修订,将自拍变成新时代第一个视觉标志物。……自拍创造了一种全新的思考方式,去考量视觉文化史与自画像史。"①在此背景下,本书结合田野调查,记录人们如何在家庭空间中使用时下流行的"抖音"平台进行短视频的生产与观看,并由此展现家庭空间里全新的视觉景观。

从形式上来看,"抖音"是以用户生产的内容(UGC)为主要内容来源的社交软件。用户们通过选择音乐、录制视频、调整视频播放速度、选择画面特效等技术进行视频再加工,最后形成一个时长15秒至3分钟不等的短视频。多元形态的自我展示、社交互动与算法推荐,构成了"抖音"的技术核心和推广卖点。根据第49次《中国互联网络发展状况统计报告》的报告显示,抖音月活用户数已经破6.7亿,成为当下人们感知外界、展现自我的重要平台。②

在这短暂的时间里,网民可以展示影视剧片段模仿秀、手指舞、"恶搞"、惊人的化妆术等,也可以通过"美颜滤镜"进行自我形象的重塑与再造:一个在现实世界里"颜值"不被认可的网民,完全可以经过"滤镜"技术,再造出一个符合大众审美的"网红";一个没有任何舞蹈功底的普通老百姓,也可以通过视频模仿、调节视频播放的快慢、增加"酷炫"镜头的切换,展现出具有专业水平的舞技。从这个角度来说,"抖音"平台上的"自我"不再是自我的镜子式反映,而是根据自身的审美需求,进行符号化再造,从而契合青年群体

① 尼古拉斯·米尔佐夫:《如何观看世界》,上海,上海文艺出版社出版,2017年,第4-5页。
② 中国互联网络信息中心:第49次《中国互联网络发展状况统计报告》,http://www.cnnic.net.cn/hlwfzyj/hlwxzbg/。

对自我的期待与想象。由此,"抖音"里的自我越来越走向一种滑动的能指。在技术的帮助下,这一"能指"逐渐脱离、掩盖甚至扭曲现实,走向鲍德里亚所说的"虚拟真实"。

不同于20世纪80年代的婚纱照与艺术照,以"抖音"为代表的"自拍"形式,充斥了各种"恶搞"、狂欢、搔首弄姿与自我修饰。因此,家庭空间成为许多网民首选的创作空间。在这个相对独立且私密的空间里,用户们可以放纵自我,不受打扰地进行视频的前期创作与后期加工。一对痴迷于"抖音"的夫妇在访谈过程中一边给笔者展示他们录制的搞笑视频,一边讲述他们的体验心得:

> "我在两个月前开始玩'抖音',刚开始看别人的视频觉得好玩,反正有时在家里坐着发呆也很无聊,随便看看。后来发现自己做起来也很简单,开始录一些孩子很'萌',或者很搞笑的生活片段。突然发现,孩子在看自己的视频的时候,笑得特别开心,一家人在一起,感觉多了一件可以一起做的事情,现在每天晚上下班都会做一两个好玩的(视频),当是孩子的视频日记一样。我发现在做的过程中,孩子们变得很有创意,做出来的感觉竟然是我想不到的。家庭空间里时常充满了快乐。"①

> "这两年,身边的朋友都在玩'抖音'。因为过程比较简单,又比较好玩,感觉一下子就'火'起来了。做一段好玩又可爱的短视频,其实需要创意,也需要时间,比如我吧,做一条短视频需要在家里录好几次,换几种不同的滤镜和色调,还要加上满意动态模板,这些组合起来才会觉得好看。一家人玩起来真的很开心。"②

可以看出,用户使用"抖音"并没有强烈的商业目的,而是一种自我展现与社交方式,因此用户更多趋向于一种自我娱乐与自我宣示的特征。与20世纪80年代的"自拍"有所不同的是,社交媒体时代的"自拍"更多是一种商业技术驱动下的自我展示:"抖音"短视频平台通过算法推荐与社交化设计,使视频成品的制作与分享和现实的社交关系绑定在一起,极容易形成讨论的话题。基于此,与其说这种设计"满足年轻群体爱玩、爱现、追求潮流、好

---

① 受访者:柳霜,女,35岁,外企员工,上海,访谈时间:2018年5月25日。

② 受访者:吴林,男,35岁,高校教师,上海,访谈时间:2018年5月25日。

奇、渴望表达自我的心理需求"，不如说，这种技术设计无时无刻不在创造青年群体分享与表达自我的欲望，从而吸纳更多年轻人的休闲时间、设计创意，加入平台的内容生产过程，成为平台的数字劳动者。

网民通过短视频、网络直播等影像形式，记录自我、展现技艺、表达观点，创造了丰富多彩的视觉景观，造就了互联网时代人类的影像化生存。这也为本书探索家庭空间的媒介化提供了一个典型的观察场景。笔者将人们居家创作短视频的内容主题分为以下八个类型：

表2-1　家庭空间中的短视频类型分析

短视频主题	主要内容分析
室内健身运动	居家健身成为大多数人的选择。某明星直播带领大家室内健身，辅以衍生短视频，掀起了室内健身热潮，众多网友纷纷在短视频平台中效仿。此类短视频大致可分为三种：第一种为教学类短视频，通常在3—5分钟内教授3—4个简单易学、无器械的健身动作；第二种为跟练视频，通常为网民在家中跟练知名博主所演示的健身动作；第三为自发的居家运动，重在记录和分享。
才艺展示	该类短视频多以客厅、卧室、厨房等家庭场所为背景，以展示歌喉、舞姿、模仿、技艺（乐器、书法、摄影等）和各式各样的趣味挑战为主，表演者多是高"颜值"的俊男美女。内容佐以精巧的剧情、"酷炫"的特效和五花八门的背景音乐，营造出可爱、有趣、兴奋的视频风格，有效满足用户的审美和猎奇需求，吸引了一大批粉丝的关注与追捧。
生活服务	该类短视频取材于百姓的家庭生活，紧密贴合人们的衣食住行，科普生活技巧和生活经验，以解决家庭空间中的生活"痛点"，具有实用性、亲和性和专业性等特点。内容包括生活技巧、好物推荐、美食分享、手工制作、网购避雷、好物测评、出行攻略和知识科普等。
搞笑休闲	该类短视频的目的是为用户提供娱乐和消遣。视频主人公多是夫妻或姐弟，甚至全家齐上阵，凭借平民化、草根化特质，利用令人捧腹的浮夸表演、反转性剧情设计或者犀利独到的语言愉悦受众。
美食制作	视频制作者旨在传授如何在家利用有限、简单的食材制作出美味、解馋的美食，满足用户的味蕾需求。同时，通过运用专业的拍摄器械和拍摄手法，带给观众身临其境的视听感受。
美妆时尚	此类短视频教授各类潮流妆容技巧，比如"欧美妆""春日装""复古妆"等，用户通过观看视频掌握化妆技巧，解决护肤困扰，紧跟时尚潮流，同时增加对化妆产品的熟悉程度，以避免购买产品时的"踩雷"现象。

短视频主题	主要内容分析
监控再现	此类短视频以传播温情、搞笑的家庭监控画面为主。由于家庭空间的私密性,监控镜头能够记录下一些突发的、难以预料的画面,因此更具真实性和可看性。其内容包括:母子间的感人瞬间、熟睡中不自觉的行为、家庭冲突事件,家庭宠物异常表现等,一定程度上满足了观看者的好奇心与窥私欲。
萌娃萌宠	该类短视频通过记录萌娃或萌宠的可爱外表、搞笑行为或模仿成人(人类)举动。将视频配上"魔性"的音乐、动感的字幕、可爱的特效等,产生喜剧效果,吸引了一大批"妈妈"粉、"铲屎官"等。

上述八种短视频类型虽无法全面展现人们在家庭空间中是如何展现自我的,但足以帮助我们窥视网络入户之后,家庭成员如何实现自我"改造",从而创造出多元的视觉景观。从20世纪80年代家庭照片中被规训的身体姿态,到抖音平台上丰富多彩的"云端"生活,这些家庭影像生动反映出家庭空间中的日常生活与身体实践的变化,同时也展现出在技术的加持下,人们实现了身体的自我符号化与编程。

第三章　家庭工厂的形成:传媒技术与家庭空间的相互影响

西尔弗斯通在讨论19世纪西方中产阶级商业、文化意识形态对日常生活造成的影响时,曾这样描绘家庭生活:"这是一个充满着想象、欲求和幻象的世界"。[①]这一时期,家庭生活倚赖的基础——家庭空间还成为分割公私生活领域的明显界限。本雅明在《发达资本主义时代的抒情诗人》中则指出人们的工作空间和私人生活空间被划分开来,在工作空间里人们思考生活的现实问题,但人们的生活还需要一个幻想和构造的空间。家,基于隐蔽性和私人性,便成为人们铸造幻想的理想型空间。但从本书的分析中可以看出,这仅仅是一种乌托邦式的想象。作为社会结构中的一个重要组成部分,家永远不可能脱离社会而独立存在,家庭空间也不可能逃离政治力量、市场经济或道德文化的影响与渗透,因此,私人领域与公共领域这种泾渭分明的两分法只能存在于想象之中。

西方后现代地理学者亨利•列斐伏尔(Henri Lefebvre)认为,资本主义的空间有着诸多用途,其中,作为国家最重要的一种政治工具,空间被有效地用于地方控制、层级划分、行政管制以及地区区隔。列斐伏尔的一大贡献在于,从马克思主义的理论光谱中找到了空间维度与地理学的切入点,将空间看作资本主义生产交换价值和使用价值的基础。在马克思看来,生产更多指涉对物质资料的生产,提供物质资料生产的环境和空间只是一个容器或场所,而列斐伏尔则认为空间本身就是资本生产过程中一个重要的议题。藉由此,列斐伏尔把政治经济学分析嵌入空间生产理论之中,他在《空间政治学的反思》一文中,首先批判了一个"隐蔽的公理"即把空间规划当作客观的、纯粹的、中立的科学对象的观点。按照这个观点,人们对空间的规划和使用是非政治性的,是按照数学定理一般进行客观安排。可是,当看到那些鳞次栉比的高楼大厦或者每天都在增长的房产交易信息时,这种观点就会不攻自破。

---

① 罗杰•西尔弗斯通:《电视与日常生活》,陶庆梅译,南京,江苏人民出版社,2004年,第35页。

随着传媒技术成为人们生活中不可或缺的"中介化"(mediated)工具，媒介技术本身以及人们围绕其展开的想象逐渐成了大众日常生活中象征性话语的重要来源，而与此同时，作为"物"的传媒技术亦在社会力量与商业市场的驱动下成为一种象征符号，由此具备了一种表意功能。基于此，本章将考察以电视、互联网技术为代表的传媒技术话语如何构筑了普通大众对于家庭的现代化想象，如何影响大众对于家居概念的理解或家居摆设等实践行为，进而促成传媒技术产业经济资本的家庭消费。沿着这一思路，本章将继续追问与考察当代传媒技术家居化如何使家庭空间越来越成为一个被商业所影响的劳动空间。

一、象征性经济：传媒技术的象征消费

"一种新式家用电器进入家庭的历史进程，既是中国从计划经济转型为市场经济的过程，也是中国民众的消费者化与受众化过程。"①20世纪80年代，中国开始逐渐转向社会主义市场经济体制，人们的购买意愿显现个体化特征，商业广告开始拉拢消费者，由此，消费主义开始渗透人们的日常生活。其中，购置家用化媒介设备的风潮不仅是人们改造微观生活的重要文化现象，更是大众唤醒主体性从而刺激宏观经济市场化的重要驱动力。"他们通过购买与拥有各种家用物品来改善自己的物质生活，这又反过来刺激了轻工业及电子产业的发展，催生了这些领域的初步市场化进程，成为推动改革开放的重要力量。"②

（一）主体的消费意识与家庭现代化想象

作为一项新的技术，电视具有与生俱来的吸引力。坐在家里就可以看到外面的世界，这对于20世纪80年代的中国人来说是一种很神奇的现象。但是，这一观点并不能解释传媒技术家居化的全部动因。在访谈中笔者发现，推动媒介技术消费意识的是各种各样来自日常生活的精神需求、同侪压力(peer pressure)等，这些超越实用层面的文化因素驱使人们突破桎梏，构成了20世纪80年代媒介与日常生活互动、协商的一种表征，为电视技术的"家居化"提供了强大的推动力。

从经济学的基本原理来看，"供给与需求是使市场经济运行的力量，它

---

① 徐敏：《消费、电子媒介与文化变迁——1980年前后中国内地走私录音机与日常生活》，《文艺研究》，2013年第12期。

② 徐敏：《电视的兴起：1980年之际中国内地电子媒介与日常生活》，《文艺研究》，2014年第12期。

们决定了每种物品的产量及其出售的价格"，①大众对于电视的需求消费刺激了市场，成为影响这一时期电子工业经济生产的重要因素。全国电视销售生产数据也显示了市场对电视需求量的激增，"1979年全国的电视机生产总量是130万台，比1978年增长了157%。"②1983年，人民银行上海静安区信息组曾经做过一次彩色电视机产量与销量预测的报告，根据其中的数据，笔者将1983年1月沪、宁、汉、京四个地区的某一商场的电视机销量情况表整理如下：

表3-1　1983年1月末2月初上海、南京、武汉、北京四地十四寸彩电销售情况表③

地点	日期	数量（台）	第一天	第二天	第三天
上海一厂经销部	1983-1-25	10	一开门就售完	—	—
南京无线电商店	1983-2-1	100	六小时售完	—	—
武汉无线电商店	1983-1-26	100	31	22	15
北京东四人民广场	1983-1-30	150	76	69	5

由表3-1可见，电视在20世纪80年代是紧俏物品，人们争相购买，甚至出现有市无价的局面。80年代初，彩色电视的售价不菲：1982年7月的工业自销价格是北京1200元、天津1100元、福建1080元、上海980元，进口电视机的价格则是1250元。④尽管进口电视机如此昂贵，但依旧供不应求。1979年，中国政府以进口商品的形式购买了10万台日立电视，一年内就售罄。⑤而与此形成鲜明对比，"在1980年，中国人均国民生产总值为343元，城镇职工全年消费水平为406元，城镇居民人均储蓄余额不足300元"，⑥本书在访谈中随机收集了部分受访人员在20世纪80年代的工资情况，如表3-2：

① 曼昆：《经济学原理（第五版）：微观经济学分册》，梁小民、梁砾译，北京，北京大学出版社，2009年，第71页。
② 吴晓波：《激荡三十年——中国企业1978～2008（上）》，北京，中信出版社，2008年，第43页。
③ 人民银行静安区办信息组：《彩色电视机产销预测》，《上海金融》，1983年第6期。
④ 同上。
⑤ 万中伟、福日：《福建改革开房的"风向球"》，《福建工商时报》，2008年11月19日.
⑥ 转引自徐敏：《消费、电子媒介与文化变迁——1980年前后中国内地走私录音机与日常生活》，《文艺研究》，2013年第12期。

表3-2　部分受访人员在20世纪80年代的工资

年份	姓名	当时的职业	当时所在地区	月收入情况(约)
1985	吴冠仁	小学教师	福建宁德	57.5元
1984	陈汤田	本科毕业技术员	安徽合肥	54元
1983	黄伊弗	副食品厂技术员	广东广州	58元
1986	曾萍	鸡蛋厂出纳	福建福州	62.5元
1980	何雄宝	建筑工程师	浙江温州	62元
1982	冯自华	农民	河南驻马店	27元
1987	孙教儒	大学教师	北京	98元
1980	黄依贵	国营工厂工人	江西九江	48元
1980	王正月	农民	浙江泰顺	21元
1980	吴阿雄	医生	浙江泰顺	38元

从市场供需角度而言,消费品的市场价格与需求有着密切关系。一般而言,同等的物品价格高时,购买者相对较少;价格低时,购买需求就会相对增长。相应地,收入决定了购买力以及购买行为。电视作为一种消费品,其供需关系理应按照市场原理达到供求均衡,但由于在中国当时电视机的价格是由国家定价的,因此购买需求并无法对价格产生太大影响。1981年,进口彩电价格是1250元,国产机为1200元。①1983年,国产彩电产地价格被调低至千元以内,但相较于当时普通家庭的工资收入而言,彩电仍然是奢侈品,它依旧需要耗费一个工人大约一年的工资。尽管如此,大众依旧对彩电趋之若鹜,有着强烈的购买欲望。到了1995年电视人口覆盖率达到88.3%,②同年,新华社发表文章称"我国广播电视受众人口和电视机、收录机、收音机拥有量均居世界前列"③。那么,电视在当时并非柴米油盐等生存必需品,观其价格也非廉价物品,媒介也尚未成为社会交往、通达信息的基本设备,电视为什么会达到这么高的普及率?电视机与大众的日常生活如何勾连(articulation)在一起?媒介、主体、技术又是如何协商互动的?

首先,我们可以用一个曲线图来表示这一时期彩电的特殊供求关系。假设此时的需求曲线为D_1,彩电价格为P_1,需求量为Q_1。在1983年彩电价格由P_1下降至P_2,那么彩电的需求量应为Q_2,然而,实际的彩电销量却为Q_3。也

①　人民银行静安区办信息组:《彩色电视机产销预测》,《上海金融》,1983年第6期。
②　赵玉明:《中国广播电视发展史》,北京,中国传媒大学出版社,2014年,第353页。
③　新华社:《我国广播影视事业发展迅速》,《人民日报》,1995年12月6日。参见赵玉明《中国广播电视发展史》,北京,中国传媒大学出版社,2014年。

就是说,国产彩电价格的略微下降引起彩电销量的大幅增加。这在经济学中称为攀比效应(bandwagon effect),即"一种赶潮流的欲望,想拥有一件几乎所有人都已拥有了的商品,或想沉溺于时髦之中"[①]。此时人们对一种商品需求的数量随其他人购买该商品的增加而增加。在图3-1中,由于攀比效应,需求曲线由D_1向右移至D_2,通过连接对于数量Q_1和Q_3上在D_1和D_2上的点,我们可得出市场需求曲线为D。但为何需求曲线会由D_1右移至D_2?

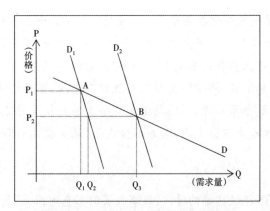

图3-1　20世纪90年代彩电供求关系

注:P=Price(价格);Q=Quantity(数量);D=Demand function(需求函数)

既然常规的供需关系已无法解释电视作为奢侈品却炙手可热的现象,因此需要在供需关系外寻找动因。根据经济学原理,有以下可能可以解释这一现象:第一,是否有其他外生变量导致了这一特殊的供需关系?经济学家通常用模型来解释经济学问题,他们把模型中的变量分为两种,即外生变量(Exogenous Variable)和内生变量(Induced Variable),其中外生变量指的是经济模型的外部变量所决定的经济变量,而内生变量是用经济模型来解释的变量。[②]按照上述分析,电视机的销售不受经济模型内部变量的影响,因此,需求曲线从D_1移至D_2的动因就需寻找外生变量来解释;第二,同一时期没有彩电这一物件的替代品(substitutes),电视机的价格上涨或持续居高不下,不会引起某些类似产品的需求量增加。[③]可见,在这一时期,电视

① 罗伯特·S. 平狄克:《微观经济学(第七版)》,高远等译,北京,中国人民大学出版社,2009年,第126页。

② N. Gregory Mankiw(2013). Macroeconomics(8th). New York. Worth Publisher. p. 48.

③ 曼昆:《经济学原理(第五版):微观经济学分册》,梁小民、梁砾译,北京,北京大学出版社,2009年,第76页。

于大众家庭而言有着特殊、重要地位，没有其他物件可以代替电视之于家庭的意义。因此，是电视的何种功能、何种意义或者何种特性使得社会转型与变动中的中国普通大众对其趋之若鹜？对以上两方面的问题，笔者在文献查阅、深度访谈以及口述历史的基础上进行理解与分析。

当被问起家里当年购买电视的初衷及电视对日常生活的影响时，受访者们是这样回忆的：

> "有了电视机你在邻里当中都是有名气的人啊，一到了看电视的时候，最少十几个人就围在你家里，多的时候一屋子，那个热闹啊，主人家会有一种被人拥护的感觉，人家跟你说话的调调都不一样呢！我家以前穷买不起电视，隔壁阿贵哥家有钱就有电视，但我悄悄给你讲，他蛮爱装有点那个不搭理人，以前都走得不近的。但是好像有了电视大家都去看，他也大方让人看，关系好像近了，说实在真的都有点崇拜隔壁他咧。"①

> "1985年我结婚的时候，我老公买的彩色电视，还是日本原装索尼牌的，19寸还是20寸？反正在当时我们邻里都轰动了。那个画面质量跟黑白的比好太多，没有雪花不说，色彩图像都很亮，就是跟国产的彩电比起来，那也是好多了。有的人家的电视用了十年都坏了，我们家那个好像一直用到2005还是2006年，那会儿搞什么'以旧换新'活动，那个电视也没全坏，但是太大占地方而且样子也过时太土了，才叫它退休。"②

> "刚开始有几个人有电视，那是稀罕，羡慕一下，后来大家都有电视了，你不买，没有，肯定就是没钱买不起，不然这么好的东西你为啥不买？那就会被人看不起。"③

口述回忆中，伍华淑女士至今描绘起30年前她家购买第一台电视时，眉宇之间还透露着自豪的神情，谈到彩电的价格时，她脱口而出：

---

① 受访者：林建安，男，65岁，菜农，福建漳州，访谈时间：2015年11月2日。
② 受访者：伍华淑，女，57岁，私营业主，广东广州，访谈时间：2016年1月4日。
③ 受访者：郑祥富，男，57岁，无业，浙江泰顺，访谈时间：2015年7月21日。

"啧啧,1200多块钱啊！相当于我们当时整整一年的工资,而且跟你讲哦,你就是有钱都没地方买,我老公还是七托八托各种关系才买到的。"①

当笔者试图比照当时伍女士家中的经济状况、购买力以及购买动因时,伍女士毫不隐讳地"吐槽"她的老公:

"我们都是工人,他工资跟我差不多,还要抽烟喝酒。之所以买那个彩电,还不是因为他的一群朋友都赶了这个时髦,本来都说买国产的就可以了,谁知道他又抬回来进口的,要贵两三百块呢……男人好面子,而且他有朋友可以买到进口,这样显得有本事有派头啊,这是你人脉广、有能耐的表现。那会儿可不是谁都能买到'洋货'的。"②

有人曾用这样一句来形容20世纪80年代大众生活与电视之间的奇特关系:"一群人簇拥着,仿佛世界上除这台电视机外,没有了喜欢的东西。"③以至于当时女子出嫁之时,嫁妆的构成也悄然发生改变,由原来的"自行车、缝纫机和手表"三件套转变成为"自行车、缝纫机和黑白电视机","有些父母希望自己的女儿嫁得风光一些,就会尽自己最大努力准备当时最流行的这三大件当嫁妆。"④如上节所述,计划经济时代的电视技术在社会力量的推动下开始普及与扩散,在此过程中,虽然刚开始还需要"票"才有资格购买与享用,但随着电视生产成本的降低与经济水平的提升,电视逐步进入普通老百姓的厅堂之中。

(二)家居化媒介的信息技术发展和意义转化

将电视带入家庭空间所带来的优越感使电视成为一种身份的象征符号。由此,在这一时期电视开始替代传统家庭中的自行车、缝纫机等物品,成为时尚与财富的代名词。生活中落在时尚队伍之后的百姓因为拥有了一台电视机而认为自我晋升到时髦队列;素来与邻里交谈甚少的人因为允许大家共同观看电视而获得了和善的名声……电视作为一个物件,已经超越了物质性的存在,转化为一种表征符号。

不仅如此,电视所带来的价值还体现在电视信息的及时性与公认的"权

---

① 受访者:伍华淑,女,57岁,私营业主,广东广州,访谈时间:2016年1月4日。

② 同上。

③ 阎受鹏:《黑白电视到彩电的故事》,《今日普陀》,2015年10月30日,第3版。

④ 同上。

威性"。由于观看行为的群体性和半公共性,能否及时获知电视所传达的"权威"消息成为使用者塑造"舆论领袖"的地位标准。

> "电视机很大,放在家里很显眼。它不像手表是吧,你戴着衣服一遮可能就不明显。而且,一般一个人家里就是一台电视机,所以都摆在公共使用的地方,我家以前就是放在堂桌上,然后前面再加一张饭桌,吃饭的时候大家一起看。"①

> "刚有电视机那会儿,家里来的人真多啊,电视没开始前就瞎聊呗,我足不出户,街头巷尾的事情全部都知道,我家就跟消息集散中心一样,大到国家大事小到东家长西家短、鸡毛蒜皮的事情,没有我不知道的。"②

在大众看来,拥有电视技术等同于拥有了与外部世界形成对话的通道与可能,并自由掌控这一通道的开放与关闭,脱离了传统耗时的、森严的、科层制的传达机制。不仅如此,拥有技术过程的困难性也往往能给大众带来这种"权力的幻想"。但实际上,由于电视机单向传播的设定,大众终归只是受众。

随着住宅形式的变化以及扩大家庭逐步向核心家庭的转变,"分家"也导致了电视需求量的上升。电视被当作一个家庭的核心物件,它被赋予了人们权力、品位、财富、本事、权威等多种原本并不属于他们的符号意涵,而这些却是那个渴望个体认同、期待自我价值得以彰显的普通大众最为需要的心灵药剂。有受访者甚至把电视视为"家庭独立"的一个标识。

> "1995年前后,他(夫家)家里大兴土木盖了新房子,变成一人(兄弟)一层了。他家三个兄弟,原来很挤的,有了新房就不用挤了,客厅、厨房都变成了三个,但是电视机只有一台,放谁那里? 当时是三兄弟合资买的,我婆婆腿脚不好,就跟着他大哥住一楼,所以最后想想老人看电视爬楼不方便,后来就决定放一楼。为了不搞得不愉快,我也不去争那些一起买电视的钱了,又攒了一年,我家买了新电视,那样我们孩子也不用每天跑到他大伯家里去看,跟他哥抢台什么的,自己家有

---

① 受访者:冉芸英,女,43岁,私营业主,江苏镇江,访谈时间:2015年12月18日。
② 受访者:黄依贵,男,63岁,国营工厂下岗工人,江西九江,访谈时间:2015年12月27日。

电视多好!"①

在本书的访谈对象中,几乎每一位都认为电视是不可或缺的家庭物件,是家居中十分重要的组成部分。只有一位受访者——杂志编辑林清认为在今天这个时代没有必要购买电视,而且是多次特别强调"我就是不买""我觉得没有必要啊""干吗一定要有电视"。这种强调某种程度上恰恰证明了在互联网时代来临之前电视技术对于家庭空间的重要性。

总而言之,电视技术的家居化构筑了普通家庭对于现代化的想象,成为一种象征性符号。其中包含了两个面向的含义:第一,电视作为一种消费品、一种现代高科技产品,它与缝纫机、自行车、手表等消费品一起,成为一种表征现代生活的符号,是人们在观念层面界定和区分进步与落后、古老与现代、贫困与富足的标识,是自我身份确认和认同的一个标准。第二,电视文本所构筑的,是原本封闭的家庭对于外部世界的想象,它是文化地理学意义上所说的"以时间战胜空间",成为人们想象整个中国,甚至整个世界的重要通道。与此同时,我们还看到在电视发展初期,电视家居化是社会力量推动的结果,但从大众与电视互动的微观层面而言,这更是一个技术发展与大众消费"合意"的过程。这一过程极大地促进了大众对电视技术的消费,推动了电视技术产业的价值。

(三)互联网家居化过程中的多重话语

20世纪90年代,张树新成立了中国第一个"互联网接入服务公司",取名瀛海威公司,并在北京中关村立起了一个极具历史意义的广告牌,上面写着"中国人离信息高速公路还有多远——向北1500米"。这里所谓的互联网接入服务公司,按照今天的视角来看,其实就是"网吧"的雏形。如果从话语修辞的角度来看,我们不难发现这一广告语背后所隐藏的意涵:首先,广告语毫无避讳地言明了中国与西方发达国家当时在信息技术发展水平之间存在差距。互联网服务公司虽然做着普通大众的生意,广告语使用的主体却不是"我们""我""你"这样通俗代称,而是以"中国人"作为诉求主体,言辞间透露着中国作为一个"他者"对于先进技术的求索。可见,这一广告将商业话语与民族话语进行勾连,糅合了大众对于现代性的追求与想象。其次,中国的信息高速公路建设虽然缓慢,但瀛海威公司却标榜出"拓荒者"的形象,它将一个国家与世界之间进行信息沟通的可能性与广告阅读者离网吧之间的路线距离1500米等同起来,将对现代发达技术的抽象想象与脚步可

---

① 受访者:陈爱华,女,59岁,家庭主妇,福建宁德,访谈时间:2016年2月5日。

丈量的具体的现实经验连接起来,这种具有现实可能的类比使得大众产生了强烈的好奇心,激发起大众对互联网技术的使用欲望。

互联网和电脑的早期使用者这样回忆购买和使用原因的:

"电脑在那时绝对是个新鲜物,用现在的话说就是'高大上'。我买就是赶时髦,当时'下海'赚了点钱也是高兴,玩一点前卫的东西。印象很深,我的第一台电脑1999年托人买到的,奔腾3处理器。我们那会儿都是说386、486电脑,你知道吗,光两条金士顿的内存,多少钱?我告诉你,1万!你不敢想吧,现在多少钱?呵呵,那些东西搁现在就是废铁,当时一台电脑几万呢,用起来跟现在比真是慢,但是体验非常独特,很有面子。"①

"我家算是电脑买得比较早的,我妈是做生意的,她听那些上海、广州的老板说有电脑可以上网,一是很好奇,什么是'上网',还有跟这个世界不一样的另一个地方?二是人家讲这个可以搜资料帮助学习。我2000年上初中,好像初二买的,其实我都是用来打游戏,我妈一进来我就假装上网看资料什么的。那会儿上网根本没有宽带,慢得要死还非常贵,就是跟固定电话拨号绑定的,用一个ADSL猫,计时算钱的,我都很省着用了,打开网页刷完停下来,个把小时把东西都看完了再拨号,但是有时候同学也会来家里一起玩游戏,所以这样一个月也交三百多电话费。初三中考啰,我妈看我打游戏觉得不务正业,然后就不交网络的钱了。"②

"我孩子上高中我给他买的电脑,2003年吧,我记得好贵,加起来六七千块钱,你看我文化不高,没赚什么钱,那个时候我在饭店做工,一个月工资就是八百多块,他爸爸工资也就是一千多点,省吃俭用给他买电脑,希望他学习能好一点,现在独生子女谁都不希望自己孩子落后是吧,同学都有他没有也会伤孩子自尊。"③

对于许多人来说,使用电脑与互联网是个体进步的一种表现,同时也是

---

① 受访者:陈振华,男,52岁,企业高层管理,广东广州,访谈时间:2016年1月4日。
② 受访者:贾伟麟,男,32岁,银行职员,福建福州,访谈时间:2015年11月10日。
③ 受访者:蔡华,女,55岁,超市仓管,江苏南京,访谈时间:2015年12月17日。

建构个人"潮流时尚"品味的重要工具。"20世纪90年代末流传着这样一句话：驾驶、英语、电脑，是打开新世界的三把金钥匙。那时有许多家长，为了子女将来不在竞争中落后，省吃俭用攒下钱来，在这里给孩子买下了人生的第一台电脑，就是这么一台普普通通的电脑，寄托了无数父母对子女的期望。"①笔者自身的成长经历也在某种程度上验证了网络技术的这种象征意味对于"80后"一代的重要作用，在笔者初中时代，拥有电脑并不一定能对促进学习或获取信息产生重要作用，但有条件"上网"，会使用聊天室，会玩"帝国""红色警戒"等电脑游戏却是周围同学津津乐道，值得反复炫耀的重要话题。家长把希望寄托在子女身上，这种"掌上明珠"般的家庭地位与信息技术的象征意味的共振，使互联网技术得以迅速进入家庭空间，成为21世纪初期中国家庭空间的"标配"。

因此，网络技术之于20世纪90年代的中国大众来说，其象征性意义远远大于其实际使用功能，而这种由商业公司所建构的技术的象征性极大地促进了互联网产业的经济效益。以电视、互联网技术为代表的媒介被以"物"的形式固定在普通家庭的实体空间，更以文化的形式固定在人们的心理空间。

随着"互联网时代"的到来，以Web2.0、云计算、物联网、元宇宙为代表的新一代网络信息传播技术推动着购物消费、医疗健康、学校教育，甚至日常的衣食住行等方面快速发展，网络真正成为不可或缺的部分。传统相对独立的家庭空间与外部公共空间高度融合，以至于人们可以"宅"在家中数日不出门，仍可以衣食无忧地继续生活。"现在没Wi-Fi，在家里简直待不下去。"这个观点成为这个时代的大众，尤其是青年人的基本共识，互联网产业所构筑的丰富多彩的虚拟世界将人们带入一个全新的符号空间之中。但值得反思的是，这一现象的形成正是互联网产业所翘首企盼的，它将人们的休闲时间、注意力、个人信息、社会关系等都吸纳而来，并成为推动产业发展最强劲和宝贵的资源，而这一过程也是传统家庭空间日趋工厂化与车间化的过程。

网络入户与本书第一章所讨论的有线广播入户有所不同，电视与互联网家居化的过程包含了更多使用者的主体性因素，在社会发展的过程中，主体不断被吸纳到市场所构建的消费主义话语形态之中。不同媒介虽然经由

---

① 《青岛晚报》.90年代一台电脑超5000元市民工资不到300元[N/OL].青岛新闻网，http://news.qingdaonews.com/qingdao/2014-08/08/content_10611715.htm,2014-1-17。

不同的力量进入家庭空间,但其共同促成了一个结果,消费主义开始逐步通过媒介将家庭纳入自身的发展当中,在其初级阶段呈现为商品消费的爆炸式景观,在其裂变过程中,家庭空间这一原本与生产领域分离的场域,正逐渐成为另一种形式的工厂和车间。

二、劳动边界的模糊:家庭空间的工厂化

在上一节中我们分析发现,以电视、互联网为代表的传媒技术超越了其本身作为"物质"的存在,在社会力量与市场经济的推动下成为一种象征性符号,由此迅速推动了传媒技术产业在大众家庭空间中的增长。在本节,我们将研究目标转换至媒介内容生产、传播与家庭空间的关系议题,以此回答家庭空间被转换成为传媒产业的劳动工厂的过程。

20世纪40年代末,达拉斯·斯迈思卸任美国联邦通信委员会(FCC)首席经济学家一职,转入伊利诺伊大学传播研究所,开始将研究目光转向观看电视对观众的家庭日常生活与休闲时间的影响,由此开启了媒介研究的劳动理论视角。1974年,斯迈思系统阐释了上述研究的理论成果,提出了著名的"受众即商品""传播即劳动"等学说。斯迈思认为,受众观看电视的行为就是一种替传媒产业贡献收视率、付诸观看劳动的过程,观众在此过程中所感受到的是一种娱乐和消遣的快乐,而不是一种劳动的煎熬。与此同时,受众被传媒产业当作一种商品,出卖给广告商,"受众商品"的独特之处在于,它的价值和价格取决于家庭结构、年龄、性别等"人口统计数据"。从这个角度而言,广播、电视等传统媒体进行内容生产的目的就在于将大众牢牢"锁定"在家庭空间中的客厅、卧室里,通过传播内容的不断变换吸引受众、争夺受众、售卖受众,从而完成传媒产业的资本累积过程。

从这一理论视角出发不难发现,广播、电视等商业化传播媒体进入大众的家庭空间后,将这一私人性的生活空间转化为劳动空间,成为传媒产业的工厂车间。但家庭空间工厂化显然不止于此,随着互联网技术的扩散与普及,人们的即时交流与互动开始可以脱离物理空间的束缚,用美国学者曼纽尔·卡斯特(Manuel Castells)的话来说,一种基于网络技术范式的"网络社会"开始崛起。互联网产业的发展首先延续了传统传媒产业的资本累积形式,吸引普通大众加入虚拟空间中,成为互联网广告的观看者和网络内容的生产者与消费者,因此,有学者如此总结:"上网就是劳动(online is working)"①颇为形象地概括了互联网产业发展与网民上网行为之间的关

---

① 曹晋:《新媒体、知识劳工与弹性的兴趣劳动》,《新闻与传播研究》,2012年第5期。

系。另外,互联网技术建构了跨时空交流的可能性,使原本被物理空间所局限的生产力得以彻底发挥,越来越多的人开始跳出传统社会中的工厂、公司、企业,将工作部分甚至全部带回家庭空间中,形成了信息时代特有的劳动景观。这两种劳动形式逐步迫使家庭空间开始走向工厂化,家庭空间不再单纯是人们休闲娱乐、享受天伦之乐的"避风港",而是变成不断接受信息渗透与侵蚀的场域,家庭空间与生产车间开始混沌不清。

(一)"上网就是劳动":作为媒介内容"产消地"的家庭空间

随着电子设备价格的下降,电脑已经成为每家每户的必备物品。不管是运行相对稳定、价格相对廉价的台式机,还是操作相对便捷、价格相对较高的笔记本电脑,在当下信息化时代里都成为人们在客厅、卧室、书房里与外界社会交流互动的中介物。所谓"上网即是劳动"是延续了斯迈思所说的"看电视即劳动"的观点,即当我们打开电脑浏览网页、观看视频时,绝对无法避免观看商业广告;当我们点击进入某一网站,我们就开始为这一商业网站贡献"点击率";当我们在线玩网络游戏,就成为游戏网站的"人气"推动者等,由此,互联网产业得以获得数字资本增值的力量。不仅如此,随着社交媒体被大众广泛接受,"诸如'进步''解放''自由'之类积极标签的推崇下,技术逐渐成为新的'神灵',它以供给的形式索要人们的祭献"①。在这些商业口号的"召唤"下,网民们自觉自愿地成为社交网站的内容生产者与消费者(prosumer)。人们出于社交、工作、休闲娱乐等各种原因,在下班后、在周末、在睡前等空闲时间加入"网络劳动"过程中,成为推动互联网产业增值的重要推动力量。也因此,家庭空间逐渐被转化成为互联网产业的重要劳动场所,成为网络内容的产消中心,而家庭成员也因此成为这一新型"数字工厂"里的数字劳工。

随着媒介技术的进步,电视、互联网和手机等不同媒介在商业的推动下逐渐融合,进一步加剧了家庭空间的工厂化,造就了媒介融合时代的数字化商业景观。本节以两个"现象级"的媒介景观为例,以展现家庭空间成为网络内容"产消地"的表现形式,它们分别是:"双十一狂欢夜"和网络直播,前者代表着电视产业与互联网技术在家庭空间中的"共谋",后者则是新兴互联网产业与家庭空间媒介化的典型样本。

1."双十一狂欢夜":参与的吸纳与家庭时空的工厂化

"天猫双十一狂欢夜",是阿里巴巴集团于2015年起在每年十一月十一日零点前举办的综合性"文艺晚会"。虽然阿里巴巴集团每年与不同的电视

---

① 曹晋:《新媒体、知识劳工与弹性的兴趣劳动》,《新闻与传播研究》,2012年第5期。

台合作，其表现形式也日趋多样，但其底层逻辑并没有发生本质变化。基于此，本书以最让观众印象深刻，也是最具代表性的2015年"天猫双十一狂欢夜"晚会为例，具体说明家庭空间被商业工厂化的具体过程与机制。

2015年11月11号，阿里巴巴公司与湖南卫视共同策划的"天猫双十一狂欢夜"借助明星效应，并以"综艺晚会"之名进行了一场"广告联播会"。从技术层面来看，电视、互联网与手机融合在一起，实现了一次发生在家庭空间里"边看边玩边买"的新鲜消费体验，成为吸引年轻人的重要噱头。从内容运作层面来看，"双十一狂欢夜"成功地融合了好奇、游戏、快乐、竞争、消费等元素，实现了产业的快速增值。但是，当我们从这种非理性的"狂欢"中脱身而出后可以发现，"双十一"晚会借助信息传播技术将私人化的家庭空间最大程度地变成了传媒产业的劳动场所，主要表现在：

首先，阿里巴巴借助高密度的明星效应吸引眼球，并以"综艺晚会"娱乐之名将大众吸引至电视机前观看营销晚会，创造了高达23.1075%的收视率，显著提升了湖南卫视的商业价值，成为电视台获得广告赞助的重要筹码。当如此庞大的收视群体将目光锁定在电视屏幕上，观看持续出现的关于天猫及其商品的商业广告，其宣传效果可想而知。比如晚会上冯小刚等人的《商品奇葩说》就是借用网络知名节目《奇葩说》的形式，玩花腔宣传自己所经营或代言的节目或商品，再如刘谦虽然表演的是魔术，却在魔术操作和衔接中不断展示天猫的购物形式。从这一角度来说，受众观看晚会的参与行为即提升阿里巴巴公司的商业价值的劳动，同时也是增强晚会中广告商品的宣传效果的劳动，因此，斯迈思所说的受众商品化、传播劳动化在中国的家庭空间里被发挥到了极致。

其次，观众在"好玩"的驱动下，一边看节目，一边"摇"手机，实时浏览与当时节目相关的商品。同时，在"秒杀""限量""抢"的噱头下，电视节目编排不断激发着观众的竞争、好强心理，从而为产品买单，成功激起了人们的消费欲望，制造了电视观众的集体"狂欢"。从商业运作的角度而言，欲望、娱乐与消费在电视机前、在中国人的家庭空间里被高度融合在一起，成功地将人们的情感悄然转化为一种消费动力。

最后，这种"抢夺"或"竞猜"后"赢"来的"低价"商品激发了人们在社交媒体上的"分享"欲望。在当夜，新浪微博、微信"朋友圈"等社交媒体上充斥着观众自觉自愿发表的关于"双十一晚会"的信息以及在淘宝购物后的清单。这种带着娱乐、好玩或炫耀心理的信息不仅是在为社交媒体生产内容，提升社交媒体公司的数字资本，与此同时，也为阿里巴巴集团进行了二次商业宣传，再次加速了这一公司的商业价值增值。

电视、互联网和手机等不同信息传播技术之间的融合将成为未来互联网产业发展的重要趋势,它将娱乐、欲望与消费糅合在一起,创造了一种吸引大众的新型参与性机制。在上述案例中,由于电视设备相对稳定放置于家庭空间里的客厅或者卧室,因此,观看、抢购、娱乐、社交等发生在虚拟空间活动都围绕着电视周围进行。数字技术借助电视这一媒体,试图将商业增值的空间大步推入人们的日常生活,由此完成家庭空间的整体转化。这种现象导致了人们的休闲时间、家庭化的娱乐方式越来越多地受到数字技术的操控,家人之间原有的心灵沟通也逐渐被层出不穷的游戏和持续不断的信息所取代。

2.网络直播:家庭空间中的自我影像化与劳动化

从形式上来看,网络直播分为多种形式,比如泛娱乐类直播、游戏类直播与垂直类直播。"泛娱乐类直播主要是秀场直播,包括吃喝玩乐各方面,主播展现日常生活、才艺表演或陪伴聊天;游戏类直播以向观众展现精彩的操作为看点;垂直类直播则类似电视导购节目,通过与电商平台结合,进行商品贩卖。"① 从技术角度来看,网络直播只需要一个话筒、一个接入互联网的电脑即可实现,因此,越来越多的普通网民开始加入这一"网红经济"之中,试图将自己的休闲时间与表演创意转化成经济利益。这种设备的简易性与日趋变低的准入门槛,使网络直播这种网络劳动形式慢慢走入家庭,成为互联网时代家庭空间中全新的视觉景观。

> 我做网络直播有两年了,主要做"秀场",一般都是在下班之余来做。周末有时会去直播公司上班,接受公司的培训之类的。现在做网络直播,主要有两个类型,一是自己在家里做,自己在直播平台上开设账号,获得的收入只和平台进行分成,这是大部分"网红"在做的事情;另外一种是依赖公司,由公司帮助运作,公司提供基本工资和提成,也就是说直播的收入需要被公司与直播平台抽走……在公司上班的老主播,基本都有固定直播间,直播间装扮很重要。花个几百元装扮直播间,窗帘、背景,完全值得,长期投资,很快就赚回来了。不过我感觉网友们喜欢看起来背景在家的主播。②

从这段访谈中可以看出,家庭空间是网络直播较为理想的空间,主要源

---

① 张志华、董欣佳:《劳动力商品化视角下的网络直播》,《文艺理论与批评》,2018年第1期。
② 受访者:柯秋玲,女,23岁,学生,福建福州,访谈时间:2019年7月20日。

于两方面的诱因：首先，网络直播采用弹性雇佣制度，在家中进行直播可以充分利用休闲时间，同时也可以节约成本，实现资源的最大化；其次，上述访谈还反映了另一个重要信息，即网络直播在某种程度上满足了网络用户的窥视欲。因此，即使是主播在互联网公司进行网络直播，仍然会选择将直播间装扮为"家"的样子，从而获得网友们的关注和"礼物"。

美国社会学家戈夫曼（Erving Goffman）在其"情境论"（又称"拟剧论"）中，将人们日常生活的场景比喻为舞台，并划分出"前台"与"后台"两个情境。"前台是用来表演的场所，在前台人们呈现的是适宜展现的行为，能被他人和社会所接受的形象；而后台则是为前台表演做准备的，是掩饰在前台不能表演或属于个人隐私的空间。"[①]显然，家庭空间属于人们生活的"后台"，代表着不可见，私密性。但是，网络直播的家庭化，造就了一种符号化的"后台"。通过直播平台，网民们可以藏在屏幕后方，暂时摒弃社会规则的束缚，毫无隐晦地窥视"网红"们所营造的私人化空间。"可视的后台暴露和在此基础上激起的想象性景观共同构成对用户的吸引磁力。"[②]

从网络直播的本质上来说，这是一种基于商业利益考量的数字劳动形式，因此如何迎合直播观众、不断变化的视觉审美、满足网民窥视的欲望才是网络主播们思考最多的问题。从外形到穿着，从声音到语言，从肢体动作到互动节奏，都会根据网民的注视与"奖赏"进行实时调整，因此，从视觉性来看，网络直播是一种"为他的存在"。

> "我参加网络直播主要是为了赚一些零花钱，有时下班回家闲着也是闲着，我的闺蜜都在"玩"直播，心想着试一试。刚开始，也不知道如何取悦观众，就呆呆地看着电脑，后来，有经验的朋友告诉了我一些技巧。"[③]

> "参加网络直播其实门槛很低，并不是网上说的，一定要漂亮的才行，比如我吧，长得一般，所以我一般会使用直播平台提供的'滤镜'和'瘦脸'功能，还有美白功能，看起来会变得年轻，看上去比现实好看多了。隔着屏幕，反正他们也看不到你现实的样子。"[④]

---

① 贾毅：《网络秀场直播的"兴"与"哀"——人际交互·狂欢盛宴·文化陷阱》，《编辑之友》，2016年第11期。

② 同上。

③ 受访者：张玲，女，25岁，私企员工，福建福州，访谈时间：2018年3月18日。

④ 受访者：吴欣，女，23岁，学生，北京，访谈时间：2018年3月18日。

从视觉表象上来看,网络直播过程中,网络主播所做的是自我观看。但从上述访谈中却可以看出,在网络直播的世界里,他人的注视,是网络主播们建立自我认知的重要方式,同时也是建构自我形象的标准。法国哲学家萨特如此描述一个自我成长过程中,他人的凝视给自我主体性认知带来的影响:"我的真实、我的性格、我的名字,它们无不操在成年人的手里。我学会了用他们的眼睛来看自己……他们虽然不在场,但他们却留下了注视,与光线混合在一起的注视。我正是通过这种注视才在那里奔跑、跳跃的。"①在这种现实中,人的"存在"是一种不自由的存在,一种受到外界注视、束缚与压抑的存在,主体变成为他人眼中的自我。当然,萨特讲述的是一种社会规制,而在网络主播的世界里,这种"不自由"则来自对经济利益的追求。在这一需求的引领下,网络主播们将观者的审美需求与价值判断,自觉自愿地进行自我物化与商品化。

由此可见,在社交媒体时代,网络直播代表着家庭空间里的自我"再造"与自我观看,但这种视觉的转向并非遵循着视觉本身的发展逻辑,而是互联网商业强势渗透进家庭空间之后所形成的视觉文化转型。因此,这种自我观看,并非如一些学者所总结的那样是一种集体主义的衰退、个体主义的崛起,或者一种互联网时代新兴的亚文化,其本质是商业力量所形塑的数字化商品形态。

"天猫双十一狂欢夜"与网络直播只是互联网产业在当代中国家庭空间中运作的一个缩影。随着网络技术的日趋廉价与普及,越来越多的网络化活动被带入家庭空间中,从网络游戏到网络购物,从"自拍"到网络直播,越来越多的人成了"低头一族",沉浸在互联网产业所营造的虚拟符号世界里不能自拔。笔者认为,这种视觉文化的转向背后所折射的现实,是数字产业持续向家庭这个私人化空间蔓延与渗透的结果,是数字技术迎合网民本能需求,甚至创造使用需求,进而实现数字产业增值的最终目的。

(二)家庭空间的车间化及劳动的媒介化

"劳动过程是社会结构的核心。在逐渐浮现的网络企业内部与周边,劳动与生产关系在技术面和管理面的转化是信息化范式与全球化过程影响整个社会的主要动力。"②20世纪80年代,在信息技术与全球化的推动下,之前

---

① 萨特:《词语》,潘培庆译,北京,生活·读书·新知三联书店,1992年,第58页。
② 曼纽尔·卡斯特:《网络社会的崛起》,夏铸九等译,北京,社会科学文献出版社,2000年,第246页。

被世人所推崇的福特主义生产模式开始显现其机械和僵化的一面,这种模式化、装配线式的规模生产经济开始无法适应区域化的市场需求与消费模式的个性化、多元化,并由此在全世界范围内引发了一次经济重构,用科亨(Cohen)与齐斯曼(Zysman)的话来说则是进入了一种"高额弹性生产"(high-volume flexible production)模式。①学者戴维·哈维总结道,后工业时代的社会生产"进入了一个劳动力控制合理化、重建与强化的时期。技术变革、自动化、寻找新的产品设计和市场定位、在地理上分散到劳动力控制较为容易的地区,吞并、加快资本周围时间的步伐,在紧缩通货的普遍条件下都提上了公司生存战略的议程。"②

在此转变过程中,以互联网技术为代表的新技术"改变了工业经济的范围与动态,创造了全球经济,并在既有的经济作用者之间,以及它们与大批新加入者之间助长了新一轮的竞争态势"③,同时,新技术使传统大公司能够"改装为容易规划的生产单位,提高对市场变化(产品弹性),以及技术输入变化(制程弹性)的敏感程度。"④与此相对应,全球经济生产模式的结构转型所带动的是工作形式的转变,即劳动开始走向个人化(individualization)与分散化、工作的区隔化(segmentation)和社会的片断化(framentation),原有的薪资化雇佣形式转变为更为灵活的、任务导向型的(task-oriented)的弹性雇佣模式,甚至出现越来越多的自我雇佣者,这种转变催生了"网络工作者(net-worker),弹性上班员工(flex-timer)、长期短工(permatemp)、众包(crowdsorucing)、游移工人(precariat)"⑤等一系列新的劳动种类和群体,根据这种生存方式,相应的空间形式也应运而生,比如,SOHO(Small Office Home Office),这一住宅的形式就是将弹性工作和居家工作空间化的一种运作模式。

作为全球经济体系中的重要一员,中国的现实情况亦如此。在这种现实背景下,越来越多的人在互联网技术的条件下,将劳动地点转移到家庭空间里。据笔者的观察,中国家庭空间中劳动媒介化的形式与种类可以分为以下三种:

---

① 曼纽尔·卡斯特:《网络社会的崛起》,夏铸九等译,北京,社会科学文献出版社,2000年,第191页。
② 戴维·哈维:《后现代的状况》,阎嘉译,北京,商务印书馆,2003年,第190-191页。
③ 曼纽尔·卡斯特:《网络社会的崛起》,夏铸九等译,北京,社会科学文献出版社,2000年,第11页。
④ 同上,第191-192页。
⑤ 曹晋:《信息社会的知识劳工》,上海,上海译文出版社,2013年,第220页。

表3-3 中国家庭空间中劳动媒介化的形式与种类

劳动种类	劳动形式
弹性雇佣劳动者	受雇于某一公司,但工作地点主要在家里。劳动为任务导向型,通过互联网、电话等传播技术与客户、公司进行沟通,作为双方的中介者。
网络"众包"生产者	以"协议"形式,兼职或专职为网站或公司进行网络内容生产与宣传。此类劳动形式多为机械式重复动作,只需一台联网的电脑即可完成。
自我雇佣者	主要包括网店"老板",通过互联网平台进行O2O(线上到线下的商业模式)交易。发展到一定程度,这类工作者也会以合同形式雇佣他人为其工作。在发展初期,为了节约成本,自我雇佣者一般将工作地点放在家庭空间里,工作与日常生活混杂在一起,而这种情况占了大多数。

　　笔者分别对从事这三类劳动的劳动者典型代表进行了近距离观察与深度访谈,以探索他们在家庭空间中劳作的现状,发掘这种新兴劳动形式所带来的变化与问题。

1.弹性雇佣劳动者

　　访谈对象刘爽是一位精通英文的妈妈,32岁,福建人,本科学习内容为对外贸易。26岁到上海工作,现为上海一家对外贸易公司的业务联络员。因为城乡迁移、工作发展以及育儿等问题,刘爽必须依靠互联网、手机等网络媒介技术完成工作任务,成为本节所说的弹性雇佣劳动者的代表。刘爽从业至今6年有余,公司曾经多次委派其赴美洽谈生意,收获一批固定的美国客户并建立了良好的合作关系。其中的一位美国客户Dennis与刘爽相识4年多,刘爽与其先生牛业霖举办婚礼时还邀请Dennis去她的老家小住几日参加婚礼,并做他们的证婚人。刘爽的先生牛业霖是一名"海归"博士,同为福建老乡,目前就职于上海某高校的实验室,由于实验忙碌和频繁出差,牛业霖不仅平日无法规律下班,甚至经常没有双休日。2013年,他们的孩子出生在上海,而双方父母皆无法长期居住上海帮忙照顾孩子,育儿成了一个大问题。他们在上海郊区购置了一套价值的200万的房产,每个月需偿还七千多元房贷,加上不菲的育儿成本,按照他们目前的工资水平,谁丢了工作都会影响正常生活。因此,刘爽不得不向公司申请将办公地点安排在家中。

"这些年我工作业绩一直不错,也积攒了不少客户资源,比如刚才跟你说的Dennis就是大客户,他们的单子都是我在跟进,公司也怕断了这些资源,所以同意了,但要扣除我的一部分出勤工资和奖金,所以我只要定期去单位报到一下或者开会,但这对我来说已经很好了。"①

如此一来,刘爽一方面可以带孩子,同时又可以完成公司的业务联络工作。笔者与她进行访谈间隙,她正通过电脑、手机等工具与居住在国外的客户进行交流,回复完一封电邮后,她开始和笔者说起她的工作方式:

"我主要用手机、电脑与客户进行联系,因为我们都已经是比较稳定的合作关系了,流程模式相对固定,他们会把产品的设计要求或产品样本发给我,我再转寄给公司所属的工厂,确认工厂可以满足客户需求后,我再把报价和我们公司生产的样本寄送到国外,这时需要再次通过网络或电话沟通,确认生产的数量和期限等。"②

虽然在家里工作可以有相对充足的时间照顾孩子,但由于时差,她经常会在睡前与客户进行联系,丈夫与孩子都已睡着后,她一个人还必须继续工作。为了实现家庭收入最大化,他们把购置的三居室出租以收取房租,一家三口则住在离先生牛业霖单位较近的约30平方米的一居室内,如此一来自购房的房租可以补贴家用,但这经常给家庭关系带来新的矛盾。刘爽的丈夫这样说道:

"你看这就是一居室,我睡眠比较浅,白天工作也非常辛苦,有时她敲键盘的声音会影响我睡觉,我有时会因此生气,不过也没办法,习惯了就好。她白天能帮着照看孩子,帮我分担一点,这就不错了。不可能全职当主妇吧,一是我在高校收入到手也就是六七千块,只够房贷,她不工作的话经济负担太大。二是上海节奏和变化都太快,你离开职场哪怕两三年,一切就都断了,干她们销售这一行的,客户丢了资源没了,从头开始太难,以后的人生还过不过了?"③

---

① 受访者:刘爽,女,33岁,外贸销售,上海,访谈时间:2015年11月13日。
② 同上。
③ 受访者:牛业霖,男,35岁,高校研究员,上海,访谈时间:2015年11月13日。

信息技术的进步与经济全球化使工作家庭化成为可能，也因此，家庭空间与工作空间的界线开始越来越模糊，私人化家庭生活惯例与工作习惯混合在一起，常规的8小时工作时间变成零碎的、没有规律的片断性工作时间。劳动者的一天时间都被工作所操控，而家庭空间也因此成为全球生产运作中的车间。刘爽在访谈中提到，她虽然有了照顾孩子的时间，但是这种时间是不完整的，由于有时候要与客户进行视频进行沟通，孩子牙牙学语不便出现，因此这些时间里她只能靠手机、平板电脑或电视来"陪伴""照顾"孩子，孩子接触到这些设备后就显示出依赖，若不给便吵闹不已，为了不影响工作只有满足孩子的要求。

2.网络"众包"生产者

家庭空间的工厂化现象还体现在第二种媒介化劳动种类，即网络众包生产者。"众包"（Crowdsourcing）指的是互联网产业的一种生产模式，互联网公司以互动参与和分享为契机，付出很少的成本，广泛吸纳网民的智慧和劳动，以实现自身的资本增值。[①]参与众包生产的网民一般利用下班休闲时间兼职工作，获取微薄的收入以补贴家用。笔者所接触到的网络众包劳动者一般从事视频网站的制作与传播者、为指定论坛发帖写评论或者为百度贴吧或百度百科的内容生产者。本节的访谈对象是某乡镇单位的职员吴生旺及受到其"怂恿"而加入网络众包生产的人。吴生旺40岁，是某乡镇单位的职员，虽然朝九晚五上班，但工作较为清闲。访谈中，吴生旺告诉笔者，2013年他在所住县城买了第二套房子，加上第一套房，每月需要偿还五千多元房贷，因此手头开始变得紧张，他寻思着赚点外快补贴家用。不久他从同事处听到了一份足不出户就可以兼职的办法——给百度旗下的视频网站上传视频。

> "我现在做的事情就是将其他网站上的视频下载后，做一下后期加工，然后按视频网站上的要求进行剪辑，然后再上传，一天顺利的话可以做100个左右，然后电脑日夜都开着，我可以一边工作一边处理视频。"[②]

> "只要坚持两三个月，其实到了后期真的是蛮赚钱的，我觉得他现在已经是高手了，比他的同事和亲戚赚得都多。好的时候一天能赚近一百，差的时候也有二三十。但是前期非常辛苦，有时候一个视频只有几厘的钱，我们如果不是房贷压力大，真不会坚持赚这个钱，我现在也

---

① Howe, J. (2006). *The Rise of Crowdsourcing*. Wired, 14(6):176-183.

② 受访者：吴生旺，男，40岁，事业单位文职，福建宁德，访谈时间：2015年8月20日。

想学着做一点。"①

吴生旺现居住的房子是三室一厅的套间,这三个居室分别是吴生旺夫妻一间,他刚上初中的儿子一间,还有一间给父母居住。为了避免影响孩子学习和老人休息,吴生旺把电脑放在自己的房间里。为了提高工作效率,吴生旺把家中原有的宽带换成了20M的光纤,他们所居住的小县城很少有人办这种业务,因为每年需要支出一千五百多元网费,当地人都觉得太过昂贵。

> "我的电脑是24小时不关机,晚上到家了我就开始搜索片源,然后一边睡觉,电脑就一边下载,到了早上早一点醒来,把下载好的转一下格式,我趁这段时间吃早饭,然后上一下开始上传。我换了宽带以后,下载上传的速度都快了很多,也很稳定,不像以前的宽带总是断,妨碍我赚钱。"②

由上可见,家居的摆设和日常生活的布局体现在参与网络众包生产的受访者将工作与家庭融为一体,这种一体化的形式在方便人们超越时间、空间限制进行兼职的同时,它也日益模糊了家庭私人空间与工作空间的边界,成为"家庭工厂化"的表征。

在电脑前,吴生旺给笔者演示了传视频赚钱的过程,对于外行人来说,这是一个十分烦琐的过程,但他一边演示一边处理十分流畅。此时,吴生旺的妻子肖秀蓉抱怨夜间电脑运作噪声太大影响睡眠,并且24小时电脑总在占用带宽,她连上网购物和看网络电视剧都受到影响。

> "他现在几乎一有空就做这个,有时候晚上没上班也会去办公室,然后处理到晚上12点,中午吃完饭不用休息,直接就去做视频,现在他一天都很忙的样子,有钱赚就比较激动。虽然有时候家里的事情他越来越不想管了,不过毕竟多了一份收入。我有时烦他在家里做这个的原因,主要是我儿子都说爸爸为什么每天一回来就埋在电脑里? 每次我控制儿子玩电脑时间时,儿子就会顶嘴一句'爸爸天天都在玩,比我玩得还要久还要多,你干吗不管他?'小孩子不懂那么多,我跟他解释也没用。就是觉得父母要做个好榜样,但是我们需要钱,顾不上那

① 受访者:肖秀蓉,女,39岁,幼儿园教师,福建宁德,访谈时间:2015年8月20日。
② 受访者:吴生旺,男,40岁,事业单位文职,福建宁德,访谈时间:2015年8月20日。

么多。"①

网络视频的众包生产以"协议"的形式吸纳了社会大众的积极参与,他们依附于视频网站,将大量工作之余的时间投入视频生产与传播过程中。对于传媒产业而言,它成功地吸纳了社会剩余生产力,并将商业运作渗透到大众的家庭空间中。但对于大众而言,每天用于休息、陪伴家人、教育子女的休闲时间都被传媒产业转化成为劳动时间,由此传媒产业成功实现了家庭空间与时间的双重转化。

3.自我雇佣者

本节所说的"自我雇佣"指涉的是这样一类人:他们以家居空间为工作场所,通常以家庭成员为工作伙伴,通过新媒体进行营销并经过网络渠道贩卖物品,自己既是老板也是员工。本节笔者与多位以家庭为基础的淘宝店主进行了访谈,并使用参与式观察的方法体验他们的日常生活。其中,有一个家庭可以视为这种自我雇佣类型的典型样本。这一样本家庭的人员构成是淘宝店主王燕芬夫妻以及公婆。王燕芬今年30岁,本科毕业后曾在一家保险公司当过客服,其先生林耀曾是某公司中层管理人员。结婚后,王燕芬便辞去原有工作。因为王燕芬热衷于烘焙甜点制作,刚开始只是在家中自制甜品,后来试着在淘宝上开了小店,开始同城售卖蛋糕、奶茶等甜品。借助社交媒介以及网络营销,王燕芬的网店开得小有声色,一年后每个月收入七八千元,远超她在保险公司时的工资,她决定把这个小生意继续做下去。于是,她开始购入多台烤箱和冰柜,家中的厨房、餐厅堆满了她的烘焙设备,忙碌的时候连做饭也没有空间。王燕芬这样描述她的小生意和日常生活:

> "我现在每天的睡眠时间很不规律,因为我做的是私人定制,可以根据客户需求配置款式,而且蛋糕这种东西保质期很短,所以我只能根据订单情况来做,订单多的时候,我早上六点多就要起来,晚上一般要做到一两点。"②

> "在销售上我们是通过微信、微博进行推广宣传,所以我既要负责推广,还要制作蛋糕,又当客服,要来不及的时候退休的婆婆就要帮忙打下手,公公要帮忙出去送货。虽然每天都在家里,但是我比上班还要

---

① 受访者:肖秀蓉,女,39岁,幼儿园教师,福建宁德,访谈时间:2015年8月20日。
② 受访者:王燕芬,女,30岁,私营业主,福建福州,访谈时间:2015年7月13日。

忙,上班就是8小时,我现在每天零零碎碎工作时间加起来远不止8小时,因为这种生意,客户只会在自己有空的时候找你呀。"①

笔者于2014年8月到王燕芬家中调研时发现,家居摆设确实像个小型加工厂,厨房添置了高空置物架,摆放着各种制作蛋糕的原料,冰柜和奶油、鸡蛋、牛奶以及包装盒等制作原料则堆放在客厅,占据了客厅一半的位置。考虑到夏日炎炎,厨房和餐厅温度太高无法保质保量地制作奶油类甜品,与公婆商量后,她把家中一个约10平方米带有空调的客房改造成了操作间。王燕芬的婆婆悄声说:

> "现在家里已经很少来客人了,我们家180平不算小,但就是这样你看客厅都是货,太乱,客房也改成工作间了,客人来了也没地方睡觉,家里搞的家不是家,工厂不是工厂,吃饭也没准点,睡觉也没准点,整天都是电话和手机信息的声音,有时候十二点多还在做生意。但是我也知道网上生意就是要靠这种办法生存,媳妇做这个我们也要支持。"②

家庭和工作空间的混杂给王燕芬一家带来了不少困扰,2014年底,王燕芬夫妇看到了私人定制的前景,也考虑到家庭工厂化所带来的生活不便,他们便辞去工作,在家附近的高层写字楼开设了一间60平方米的甜品店,受制于资金限制,深藏于写字楼中的实体店并非他们收入的主要来源,他们依旧采用线上营销、线下生产的模式,主要依靠社交媒体和口碑营销生存。为了节省开支,先生林耀兼做咖啡饮料和客服人员,公婆则还是需要帮忙送货。

> "现在我们把店开出来,很大原因就是想把家里的空间还原出来,让它像个家的样子,不然每天家就是工作室,感觉都失去了温暖。现在有了独立空间,但是为了节省成本,我爸妈还有岳父是偶尔要帮忙送货或者做一些其他事情,他们已经退休,但十分忙碌,主要是因为我们没把家和工作区分开来。"③

小店的经营日趋稳定,网上渠道和口碑也逐步建立了起来,他们主要还是依靠微信等社交媒体进行线上营销和接受订单,因此客户服务成了他们

---

① 受访者:王燕芬,女,30岁,私营业主,福建福州,访谈时间:2015年10月3日。
② 受访者:庞芳华,女,59岁,退休,福建福州,访谈时间:2014年8月。
③ 受访者:林耀,男,31岁,私营业主,福建福州,访谈时间:2015年10月3日。

生存和经营的主要渠道,王燕芬下定决心在团队里分配出专人做客服工作。2015年12月,笔者的微信朋友圈里突然多了一个王燕芬的好友申请消息,王燕芬留言说这是她的私人号码。这个新号码的第一条朋友圈内容则是:

> "为客服号规定标准上下班时间,然后启用自己的新号,这种清静的环境真好。属于自己的私人空间,只和亲密的你们分享。不用半夜回复客户信息,是件好奢侈、好幸福的事,公私早就该分明。这儿,不谈公事。看到这条微信的你们,都是我的爱。"

与弹性雇佣劳动者、网络"众包"生产者相比,家庭空间中自我雇佣者的出现更为深刻地改变了家庭的属性,家庭空间开始成为多种功能的混合体。由于这种劳动形式大大节约了场地租金、来回路费、物业费等方面的成本,所以这一家庭空间内的工作形式越来越受到了认可与欢迎,并在"淘宝"网站的驱动下成为普遍存在的现象。

据国家统计局公布的统计数据,截至2021年底,中国灵活就业人员已经达到2亿人次,其中从事主播及相关从业人员160多万人,较2020年增加近3倍。所谓"灵活就业"包括从事网络主播、视频剪辑、文案写手、外卖配送等服务,劳动者与平台之间通常以劳动协议替代具备法律效益的劳动合同,并以计件制的形式获取劳动报酬。在这些灵活就业者中,大部分劳动者都依托互联网技术,在家庭空间中完成工作任务。家庭空间的工厂化已成为一种全球范围内的主流趋势。

对此,笔者调研了在家庭空间中灵活就业的群体,他们从事的工作类型包括手工艺作品制作与售卖、自媒体平台上的网络写手、网络游戏解说、微店老板、网络主播等。接下来,笔者将挑选其中一个典型案例,详细说明劳动媒介化与家庭工厂化的逻辑与景观。

被访者名为吴星,2016年毕业于某本科大学金融学专业。因为"天生爱自由"的性格和对"死工资"的不满,毕业后多次更换工作。据吴星自己介绍,五年以来她从事过贷款业务员、网页建站专员、股票业务经理、淘宝客服主管、人事经理、医药销售、医药学术讲师、课程咨询顾问、留学顾问等,但没有一项工作令其感到有归属感和成就感。作为一个女生,她平时一直喜欢购买和收藏线偶。2018年,她敏锐地发现一个令她十分不解的现象:她和她的"圈中好友"总是找不到自己满意的线偶造型设计。出于喜爱和好奇,她开始自学线偶的设计与编织。或许是与生俱来的天赋,吴星开始通过互联网平台上学习线偶的制作技艺,并很快掌握了其中的技巧。经过一段时间,她开始尝试在公众号平台上拍摄短视频，记录与传播线偶制作过程，并通过微信、微博等社交平台售卖自己制作的线偶。

市场上在售的线偶特别便宜，所以，我制作的一些小物件，放在学校门口，还是在社交媒体上，都卖不了多少钱。比如以前我做的一些头夹，花了2个小时，打算卖10块钱，结果别人看完之后，说能不能1块钱卖给他，我内心是很崩溃的。所以，直接不卖了。不过这也可以理解，义乌那种小商品市场，卖这些东西就是一两块钱，我们真的做不过他们。"①

对于吴星来说，线偶制作本来只是一个日常喜好。但2020年突如其来的变化让她原有的工作收入越来越低，并且变得越发不稳定。于是，她索性辞掉原来的工作，决定全身心投入她深爱的线偶制作技艺。

"有一段时间，我本来打算了解一下海外有没有更好的线偶创意设计，但了解几次后，我有一个意外的收获，就是从事线偶制作的人特别少，但市场需求却很大。比如我想买一种线偶，到处问都买不到，然后我还发现好多国外的网友也在找卖家，可见，这里有庞大的市场需求。观察和学习一段时间后，我感觉做这些东西对我来说不是很难，玩一段时间就会了。接着，我就开始通过各种渠道，在国内购买原材料，然后自己制作，再卖给外国消费者。"②

图3-2　受访者吴星家

① 受访者：吴星，女，32岁，自我创业者，福建福州，访谈时间：2022年3月8日。
② 同上。

在国内市场难以拓展的窘迫困境中，吴星在全球范围内寻找到更好的市场机会与销售渠道。

> "这里的流程大概是这样的，我以手上这个布偶为例，这个布偶的头壳是国内一家专门设计头部形象的公司做的，有版权，我需要花4000左右购买，然后我再自己去买头发、眉毛，并制作衣服、鞋子等，做成一个完整的布偶，再以两万人民币左右的价格卖给国外的消费者。国外消费者就喜欢这些东西，她们也不觉得贵。不过，也有单买这双鞋的，因为它很小，所以原材料成本很低，几乎不用多少钱，但我按布偶大小比例做完后，可以卖人民币大概200块。这种我两三个小时就可以做完。"①

原本吴星只是在家中的客厅里进行手工制作，随着业务的不断发展，客厅不能满足她的工作需求，于是她将书房改造成工作室，书桌放上缝纫机变成了工作台，这样她足不出户就可以开展理想的事业，这成了她养家糊口的重要经济来源。2022年底，吴星的孩子出生了，但是她还是不愿意放弃居家工作，为了让孩子有更好的生活环境和娱乐空间，她在同一个小区租用了另一套屋子作为工作室，继续实现她居家办公的梦想。

在访谈中，吴星透露出一个十分有意思的现象：为了在全球多个国家销售她的产品，她会利用即时语言翻译软件将广告或对话实时翻译，有效打破了原有的语言沟通障碍。

> "我一般会将今天的新产品翻译为英语、法语、西班牙语等，发在网络平台上，然后有买家来找我的时候，我再把对方的聊天通过翻译软件变成中文，线上聊天就这个好处，你可以有一定时间的间隔，这个如果在线下买卖肯定是做不到的。所以，我现在的线偶可以卖到任何一个国家。"②

与上一个"自我雇佣者"的案例相对比，我们可以发现在吴星的经历中，互联网技术扮演了更丰富的角色，主要包括以下两种：第一，互联网传播赋

---

① 受访者：吴星，女，32岁，自我创业者，福建福州，访谈时间：2022年4月5日。
② 同上。

予了以她为代表的网民学习与提升自我劳动技能的机会。第二,网络传播将家庭与全球范围内的家庭消费、全球商品市场勾连在一起,实现劳动产品的供需匹配。第三,通过互联网语言技术,以吴星为代表的灵活就业者得以和全球范围内的买家卖家实现零障碍沟通,有效推动了商品的全球流通。

总而言之,对中国家庭空间中劳动媒介化背景下弹性雇佣劳动者、网络"众包"生产者、自我雇佣者进行研究,我们可以总结得出:劳动者们通过电脑与手机等网络传播技术,随时接受市场的召唤,工厂、家庭与市场已然高度融合。作为私人领域的家庭在信息技术的驱动下更大程度地融入公共事务之中,成为全球产业运作中的生产车间。这种变化不仅是互联网企业的胜利,而且也意味着商业力量在信息传播技术驱动下在全世界范围内的胜利。

(三)家庭空间中的数字监视与劳动控制

社会历史学家米歇尔·福柯(Michel Foucault)十分关心知识、权力与空间的生产的关系。与列斐伏尔关注社会与空间的辩证关系不同的是,福柯关注的是空间对社会个体产生的作用,比如物理空间如何被建构成监视与监控主体的权力机器,由此将主体规训为服从这一权力系统的新主体。福柯指出,与20世纪以来空间被忽略的历史不同,18世纪的人文社会学界是重视空间的,"18世纪流行的思想认为,一切都是空间化的,不管在物质还是在精神的层面上。"①在18世纪以前,人们居住的房子并没有明确的功能划分,家中虽有多个房间,但都可以被任意用来吃饭、睡觉、接待客人,直到18世纪以后的居住空间才出现固定用途和功能,如供父母生殖繁衍后代的房间以及儿童房,以确保家庭的道德秩序,由此,空间的配置开始与政治、经济或文化目的紧密关联起来。因此,福柯认为空间的历史就是权力的历史。②福柯早期对疯癫病人、监狱囚犯等"边缘"群体的研究呼应了这个观点,在《规训与惩罚》中,他把英国功利主义思想家、监狱改革的提倡者边沁(Bentham)所设计的圆形监狱喻为"人类心灵史的重大事件"以及"政治秩序中的哥伦布之蛋"。③类似"圆形监狱"的建筑"存在着一个中央监视点,作为权力实施的核心,同时也是知识记录的中心"。④在这种视角下,建筑被看作

① 米歇尔·福柯:《权力的眼睛:福柯访谈录》,严锋译,上海,上海人民出版社,1997年,第151页。

② 同上,第152页。

③ 米歇尔·福柯:《规训与惩罚》,刘北成、杨远婴译,北京,生活·读书·新知三联书店,2007年,第149页。

④ 同上,第151页。

是权力运作的场所和政治组织的形式。通过分析"全景敞视建筑"（panopticon），福柯指出，这种建筑形式除了具备监视、监禁功能之外，同时它还是一个实验室，在这里可以尝试对不同的犯人使用最有效的惩罚方法、对孤儿进行隔绝教育实验，还可以测试药品等，这些实验让知识发生了新的认知对象，也让权力的行使越来越完善。[1]

鉴于这种建筑与运作机制的可复制性，空间与权力联袂将管控之手伸向医院、学校、军队、家庭等各个角落，成为18世纪西方社会管控与治理的普通手段，也因此，18世纪的空间研究盛极一时。然而，科学的发展并非只遵循学术研究的逻辑，某一学科知识一旦动摇了控制社会运行，学科的合法性便会受到牵制和打击。这一时期，"空间物理和理论物理的成就剥夺了哲学对有限或无限的宇宙的古老的发言权。政治实践和科学技术对空间问题的双重接入迫使哲学只能够去研究时间问题"[2]。由此，社会的空间研究开始由盛转衰，从海德格尔到黑格尔，他们纷纷把眼光转向时间，并最终造就了哲学话语完全被时间占据的局面。直到20世纪中期，空间问题才再次进入了人们的视线。福柯认为空间问题之所以至关重要，是因为现代社会的运作机制和制度结构有着密不可分的关系。他认为政治意识形态管控现代社会的重要手段之一就是将社会不断封闭，从而建构一个类似监狱一样密不透风的场景。在这个场景中，所有人的一言一行、谈吐举止甚至思想态度都在监控范围之内。在讨论"全景敞视主义"时福柯这样写道："个人被按照一种完整的关于力量与肉体的技术而小心地编织在社会秩序之中。"[3]权力的规训不仅在于控制此时此刻身处监狱中的人，它的更大功能是召唤为一个自觉自愿接受监控并对之感到安心的主体。

福柯所关注的空间与权力对我们理解互联网产业的商业运作与主体规训有着重要的启示意义。随着物联网的深度发展、云计算服务器的覆盖以及各类关涉日常生活的手机应用程序的普及，人们日常的衣食住行开始变得越来越电子化，似乎依靠所谓的"互联网+"，人类便可以超越物理与生理的局限，得到前所未有的解放。虽然这种廉价甚至免费的产业给人们带来了便捷、解放的想象，但天下没有"免费的午餐"，我们不得不思考其背后的

---

① 米歇尔·福柯：《规训与惩罚》，刘北成、杨远婴译，北京，生活·读书·新知三联书店，2007年，第224-230页。

② 米歇尔·福柯：《权力的眼睛：福柯访谈录》，严锋译，上海，上海人民出版社，1997年，第152页。

③ 米歇尔·福柯：《规训与惩罚》，刘北成、杨远婴译，北京，生活·读书·新知三联书店，2007年，第243页。

商业意图与技术圈禁:互联网的商业增值高度依赖网民数据的收集,网民每一次的技术使用都是在为产业"贡献"极具商业价值的"大数据",大众的个人信息包括年龄、性别、收入、学历、职业、身高体重三围、家庭关系、兴趣爱好、生活喜好、购物习惯、消费能力以及出行范围等细致入微的信息都已经在日常应用中被网罗在互联网信息系统之中。这正是物联网(the Internet of Things)如此"智能"的原因所在,它将人类、世界万物与传播技术勾连在一起,从而实现三者之间信息的自由交换,由此,威廉·J.米切尔(William J.Mitchell)所预想的电子人(cyborg,全称为 Cybernetic Organism)开始慢慢成为现实:"对于电子人来说,内部和外部的界限动摇了。人与己的区别可以重构。差异变成了暂时的。"①以被大多数人接受的苹果手机为例,它自身所携带的定位功能"获取"了使用者详细的位置信息与出入习惯,这些极为私人化的信息生成"蜂窝位置信息"(CSLI,cell-site location information)数据。这些数据信息人们既看不到也无法控制,但它却记录着人们从工作单位到医院、从自己家到朋友家的详细时间、位移等。不论美国的地方政府、州政府还是联邦政府的执法部门,还是苹果公司自身都可以在无需法庭授权的情况下很快地获取这些信息。政府甚至无需向法院证明当事人有犯罪嫌疑,就可以获得当事人过去几年内的行踪。②而苹果公司更是利用这些数量庞大的公民私人化数据来为企业战略发展提供支持,为公司的广告营销提供数据支撑,极大地促进了苹果公司的技术发展。显然,美国政府、苹果公司任意获取 CSLI 的行为遭到了人们的质疑,来自政治权力与市场经济力量的无限延伸已经让公民隐私无处藏身。"蜂窝"这个词就已经形象地表征了这种数据传输方式的特点:信息在网状结构中利用任何空闲信道进行分组交换,且不影响其他层级数据的处理和运作。人们在实体空间内看似自由活动,但个体行动轨迹和出入路径信息却已经在云空间中被快速分解归类,被云端技术笼罩的人们已经彻底处于福柯所言的"全景敞视监狱"之中。

我们将目光转向中国本土语境。随着灵活就业成为一种常态,居家办公成为许多互联网企业的常见做法。为了防止员工偷懒"摸鱼",一些企业要求员工在家中安装摄像头,并对准电脑屏幕,进行实时监控,从而避免员

---

① 米切尔:《比特之城:空间·场所·信息高速公路》,范海燕、胡泳译,北京,生活·读书·新知三联书店,1999年,第30页。

② Robinson Meyer. (2015). *Do Police Need a Warrant to See Where a Phone Is? The Atlantic*. http://www.theatlantic.com/technology/archive/2015/08/warrantless-cell-phone-location-tracking/400775.

工利用上班时间私聊、网购以及玩游戏等。2022年5月，某教育公司被网民曝出在员工"知情同意"的情况下安装监控，执行"每5分钟抓拍一次人脸，一天抓拍截屏少于89次即算旷工"的规定，员工纷纷表示"没人性，连厕所都不敢上"。

摄像头介入家庭空间，实现了商业力量对空间的控制和再生产：其一，摄像头重构了家庭空间的属性。因为不同场景的需要，家庭空间产生了语义的多变性，客厅被转化为办公室，书房变成了面试考场。因此，空间控制的本质是劳动控制，摄像头则成为规定情境中劳动控制的监控机制与权力导管。其二，摄像头建构了空间的"可见性"和"不可见性"，家庭这一本属于私人空间的场域在媒介的介入之后让渡成为半公共区域，摄像头可探视的部分成为一种公开场景，随时被记录、被拼贴、被调度和被使用。

三、数字居家："社区团购"与家户资源争夺

由于与人类生存基础需求的高度匹配，以实体社区家庭为基础进行日常生活必需品配送的"社区团购"盛极一时。以媒介技术为依托的"社区团购"是面向社区家庭的基于社区信息化的平台团购模式，主攻生鲜零售领域。拼多多、美团、阿里、滴滴、顺丰、中通等互联网平台与物流巨头迅速加入团购市场，"2020年社区团购市场发展迅猛，市场规模预计达到890亿元以上，在生鲜电商中占比达到21.9%"①；从社区团购的用户普及度来看，截至2020年，中国仅剩19.6%的消费者未听说过社区团购②。"社区团购"作为一种媒介技术形态，成为大众购物的重要途径，为生活物资供应提供了规范化的流动性机制，因此，是本节论述媒介家居化的重要研究对象。

本书认为，"社区团购"作为一种深入家庭的媒介实践具有两个向度的内涵：其一，在传统社会联结疏离的当下，"对门不相识"的现代集合居住形态又重新召唤"社区"概念，并经由新流动系统建构出团体行动；其二，抱"团"取暖是满足人们日常生理与心理需求的一种渠道，从整个流通过程来看，社区团购实际上是一种包裹着媒介、技术、物流、平台、物与人的系统网络，是一种连接家庭与社会的结构性媒介，媒介技术作为一种非人类行动者（actants）已经跳脱出单纯的工具属性，在人类行动间扮演着新的角色，勾

① 中研网：《国家出台社区团购九不得政策2021社区团购市场份额占比分析》[EB/OL].（2020-12-23）[2020-12-23].https://m.chinairn.com/finance/News/2020/12/23/171021922.html.

② 艾媒网：《社区团购行业数据分析：2020年中国19.6%消费者未听说过社区团购》[EB/OL].（2021-3-22）[2021-3-22].https://www.iimedia.cn/c1061/77556.html.

连着社会的现实情境。因此,新流动范式之下的媒介物质性与社会性如何塑造家庭与媒介物之间的具身关系及行动联结? 从社会系统的角度上看,社区团购作为一种技术模型,如何通过家庭这一细胞单位对社会可能产生何种影响? 这是本节试图探讨的主要问题。

(一)新流动性范式下的行动转译

全球化作为一种世界性趋势,对社会产生了变革性的影响,人、物、信息等的流动与日俱增,塑造了新的社会结构、观念和空间形态。这种影响长驱直入人们的日常生活,触碰着人类感知世界的末梢神经。流动性的研究是当代社会科学中最重要的研究议题之一,多学科学者从不同研究视角就流动性(mobility)范式的历史溯源、现实语境分析等问题进行了重新讨论,是地理学、社会学、旅游学等学科的研究重点。

1.“物”与新流动性范式

米密·谢勒尔指出:流动性是人们追求的最高价值,移动的自由永远是稀缺且分布不均的商品,并快速成为我们现代性晚期或后现代的主要阶层区分因素①。戴维·莫利为此重新梳理了传播学研究中物质性与流动性的关系,他不仅引入了流动性的研究范式,同时重返传播研究的物质性基础,试图从流动性的历史演变角度重新梳理其与物的流变,“新流动范式”以某种处于支配地位的移动系统去定义社会,“移动系统涉及‘不同的流通方式和不同形式的流动资本’,并在不同的空间范围、沿着结构化路线在时空中分配人、活动、物体和信息(例如,小径、人行道、自行车道、铁路、电话线路、道路、林荫大道、计算机网络,以及机场)”②。进一步说,新流动范式的贡献在于,它把“物”的流动重新引入传播的研究视野当中。当然,物质性的研究也发生了视角的转变,当下的新物质主义质疑过去人本主义下的物与物质性,物不再是被动的、静止的,而是一种动态的互动联结③,“物理移动和虚拟移动的交互不仅形塑了我们的实践形式和身体习惯,并以一种更为深刻的方式改变了社会各个领域的社会组织形式”④。可以看出,物质转向与新流动

---

① Sheller M. (2016).“Moving with John Urry, by Mimi Sheller,” *Theory, Culture & Society*.

② Morley D. (2017).“Communications and mobility: The migrant, the mobile phone, and the container box,” *West Sussex, UK: John Wiley & Sons Ltd*, pp. 66.

③ MacLure M. (2015). *The new materialisms: A thorn in the flesh of critical qualitative inquiry*. California: Left Coast Press, 2015, pp. 93-112.

④ 戴宇辰、孔舒越:《“媒介化移动”:手机与地铁乘客的移动节奏》,《国际新闻界》,2021年第3期。

性范式之间存在"异曲同工"之处,它们均关注"物"所造成的社会影响,强调物与社会的互动关系,这一关系表明了物质转向的必然性,也为我们研究社会团购网络中家庭与社会之间的互构关系提供了理论依据。

所谓"新流动性范式",强调的是对原本平行发展的各学科中关于流动性研究的统合,"新流动性范式不是对之前流动性相关研究的简单回归,而是对原来分散在各个领域的对流动性进行的碎片式研究进行整合,在宏观与微观的流动、人类与非人类的流动、物理流动与虚拟流动、流动性与不动性的研究之间建立桥梁"①。考察新流动之下的社会经验②意味着要将流动的研究视角从传统的地理移动,转向对人员、技术、商品等范畴的关注上来,"流动性不仅是把人和商品从A地运到B地,事实上,流动性被看作是提供工作场所和便利设施的一种手段,还被更广泛地看作是现代社会的构成框架"③。

2.行动者网络理论与"社区团购"

新流动性范式作为一种整合性范式,受到诸多理论的启示。其中,行动者网络理论对不动性的关注启发了新流动性范式对流动系统中的基础设施的重视,即对流动过程中"物"的关照。"以物为中心、以物为基础的哲学研究,涵盖了从新海德格尔主义到后德勒兹主义的思想光谱,凝结着知识社会学和STS(科学、技术与社会学)的思想结晶,其中拉图尔的行动者网络理论(ANT)影响最广。"④拉图尔认为,社会是一种处在不断变动之中的由异质性元素组成的网络,"为了揭示网络的特性,理解网络的分布、连接及转换方式,从而认识在网络中循环的各种要素的复杂本质"⑤,除此之外,行动者还包括与个体密切关联的各种技术物。在拉图尔看来,"行动串"(a string of actions)包含了由人(actor)与非人(object)所构成的行动联结,"每个

---

① 刘英、石雨晨:《"回归"抑或"转向"?——国外流动性研究的兴起、发展与最新动向》,《国外社会科学》,2021年第2期。

② Sheller M.,Urry J.(2006)."The new mobilities paradigm," *Environment and planning A* 38(2):207-226.

③ Shaw J.,Hesse M.(2010)."Transport,geography and the 'new' mobilities," *Transactions of the Institute of British Geographers* 35(3):305-312.

④ 章戈浩、张磊:《物是人非与睹物思人:媒体与文化分析的物质性转向》,《全球传媒学刊》,2019年第2期。

⑤ Buzelin H.(2005)."Unexpected Allies:How Latour's Network Theory Could Complement Bourdieusian Analysis in Translation Studies," *The Translator* 11(2):193-218.

行动者都是成熟的转译者"①。这也就是说,不同类型的行动者共同参与了社会行动的过程,通过不同力量的物质联结,编制行动网络,制造行动潜能。拉图尔在行动者网络的基础上,对"物"的内容加以描述,他在新物质主义中指出,过去的物质主义是一种集中在抽象意义上的物质研究,他认为应从物的网络化关系来重新理解"物"本身,从而扩充"物"的面向②。曾国华认为:"从行动者网络理论(ANT)出发,来探究物的组合与聚合的复杂网络关系,并且在此基础上探究出物质的唯物主义理解以对抗观念论的物质主义的'对象/客体',即以ANT的关系本体论来对抗观念论的物质本体论,是实现'厚'的物的描述、'挽救'物质主义/唯物主义的路径。"③

那么,技术物究竟如何联结家庭与社会? 如何编制我们的日常生活?"社区团购"这一混杂着虚拟媒介物与真实物的现象恰好提供了一个可供研究的样本。从物质性角度看,智能手机设备以及智能手机的技术可供性(technoligical afordances),促进了社区团购的"落地化""平台化""数字化"。"相比于电视、录音机等设备,手机整合了传统设备多功能属性的同时,还显示出了便捷性、互动性、智能化为一体的虚拟技术优势。因此,手机成为当下最重要的"流动现代性的象征物"④,尤其是蓝牙、Wi-Fi(无线网络技术)、GPS(全球定位系统)等功能,生成了一种虚拟的中介化景观,并在中介化移动/流动过程中重新关联个体、家庭与社会之间的关系。"因此,我们可以把媒介视作行动者网络中的一个节点,中介化就是使网络中的节点与节点或与环境产生关系的一种机制。"⑤乔丹·弗里斯(Jordan Frith)在2012年提出了流动性中的"分裂空间"(Splintered Space)问题,他认为互联网降低了个体的身体动能,并与实体空间进行相互融合,形成了"混合空间"(Hybrid Spaces)的景象,改变了个人在物理空间中的感知⑥,进而引发了人对人的主体性意识的再思考。因此,用行动者网络理论关照社区团购

① Latour B. (2005). *Reassembing the Social:An Introduction to Actor-Network-Theory*,UK:Oxford University Press.

② Latour B. (2007). "Can We Get Our Materialism Back,Please?" *ISIS:Journal of the History of Science in Society* 98(1):138-142.

③ 曾国华:《媒介与传播物质性研究:理论渊源、研究路径与分支领域》,《国际新闻界》,2020年第11期。

④ 戴维·莫利:《传媒、现代性和科技:"新"的地理学》,郭大为、常怡如、徐春昕译,北京,中国传媒大学出版社,2010年。

⑤ 丁方舟:《论传播的物质性:一种媒介理论演化的视角》,《新闻界》,2019年第1期。

⑥ Frith J. (2012). "Splintered space:Hybrid spaces and differential mobility," *Mobilities* 7(1):131-149.

的经验现象,有助于我们洞悉社会系统的流动和运转,也有助于我们重新理解人类的交往与生活。

(二)社区团购的行动者网络及社会联结

作为社会流动阻滞和空间封锁的情况下形成的新的流动模式,"社区团购"是一种破除"空间冻结"边界的有效组织形式。本书认为,这种以"社区"为单位的流通形态,再构了家庭行动联结社会交往的边界。因此,本书将借助行动者网络理论,透视人类行动者、非人类行动者(actants)在这一流转过程中的具体实践和运作机制,从而回答商业资本、个体/家庭行动、媒介技术以及复杂的社会关系是如何被统合在一起的,技术又是如何反向驯化个体/家庭的行为模式的。

本节采用参与式观察与深度访谈的方法,以居住社区及周边社区的四个社区团购点和团购平台为研究对象,其中包括"拼多多""兴盛优选""美团优选"等知名度较高的团购平台。本节的研究涉及的田野地点为福建省省会福州,观察期集中在2020年3月至2021年8月,这一时间段该地区社区团购经历了由盛极一时到逐渐衰减并趋于常态化的过程。笔者通过日常买菜使用团购平台、利用碎片时间频繁驻足社区团购提货点并与"团购团长"和居民进行访谈,从而获取本节的研究材料。

1.家户资源争夺:社区团购的行动者网络"转译"

行动者网络理论作为一种整合性视角,其重要贡献在于打破过去技术从属于个人的传统立场,指出"非人行动者"是"行动串"中不可缺少的重要行动者,并在虚拟空间中实现同人类的动态交互。那么,在具体实践过程中,异质性行动者是如何联结形成网络的呢?商业又是如何通过行动者网络统合家户资源的?这首先要从社区团购的技术结构和运作原理展开。

"社区团购"的本质其实是传统零售业与电商的服务模态的重组,它将产品寄存、组织机构、经营模式、销售分发等不同板块进行再分配,资本链条在人、技术、物与媒介之间构造出新的"行动"过程,看似平静的空间下实则暗流涌动。这种技术运作基于数字化智能设备的终端连接,根据GPS、Wi-Fi、蓝牙定位以及周边大数据分析和算法等技术模式建构了用户个体所独有的时空环境,使得跨越时空的社会关系联结成为可能,"社区团购"在新技术的渗透下,形成了新的流动系统,从而完成时空区隔的重组与再集合。

定位系统是社区团购在技术方面的主要依托,它包含了对团长位置、虚拟社区进行划分的定位技术。通过互联网连接与全球定位系统(GPS)技术,服务商得以对用户的地理空间的信息进行整合、分类,塑造出新的网络空间"社区"。与传统的社会网络不同的是,LBSN(LBSN,Location-based

Social Network)除了生成传统社会网络中人与人的联系外,还可以跟踪和共享人的位置信息,追踪附近用户的信息,继而针对虚拟社区的用户进行算法推荐。以"拼多多"的社区团购平台"多多买菜"为例,50克的香菜售价为1.98元,购买界面上不仅显示剩余库存的"进度条",还通过"附近1.14万人买过""附近有1836个人买过这个商品""刚刚又有5个人下单了""3位好友买过"等消费数据试图制造地域或者熟人之间的共识,进而促进消费行为。LBSN技术在很大程度上依赖于地理上的接近性,它能够创建基于实体位置的混合空间技术,也就是说,在社区团购中,将地理范围有限的社区与网络个人主义对地方的依赖相互结合,实现了地域性分配、社区服务划分等模块,这一技术型构了社区的支配性地位,并使其具有明显的区域化、个性化的趋向①。

从媒介物的虚实上来看,社区团购所涉及的媒介物主要分为"实体"与"虚拟"两种类型。"实体"媒介物以智能手机、运货车为主;"虚拟"媒介物则包含了Wi-Fi、电子信号、平台、算法技术等多种互相嵌套的技术设施。相对而言,"虚拟"媒介物的物质性,强调的是媒介物的虚拟特性,比如软件程序的架构、嵌入的数据标准以及元数据的编码方式等,这些看不见、摸不着的"东西",型构了当下社区团购的运行规则。以社区团购中的优惠券设置为例,个人在选购过程中可以清晰地看到各类用券的规则,其中限定了价格、门店、支付方式等使用条件。对于条件的编排需要经过大量的算法计算,设置虚拟数据的"折扣"标准,例如"满10减2""满39减6""限小程序使用"等,其需要满足数据标准条件才能实现用户订单的满减,它在无形中规制了用户的商品选择。也就是说,移动设备的技术追踪,如新信息技术、无线网络、地理信息系统、全球定位系统等,将个体的生活空间标准化,使得大部分信息都成为可计算的。

在整个行动者网络中,行动者之间的目标实现是通过"转译"②来完成的。拉图尔、卡隆认为"转译"(translation)指的是"由事实建构者给出的、关于他们自己的兴趣和他们所吸收的人的兴趣的解释","转译过程包括问题呈现(problematisation)、利益赋予(interessement)、征召(enrolment)

---

① Frith J. (2012). "Splintered space: Hybrid spaces and differential mobility," *Mobilities* 7(1):131-149.

② Callon. M. (2016). "Some Elements of A Sociology of Translation: Domestication of the Scallops and the fishermen of St Brieuc Bay," *Sociological Review*: 196-233.

和动员(mobislisation)四个基本阶段[①]"。以社区团购的暴发式增长为例子,首先,人们"宅家"不出,但又需要生活必需品的供应,"社区团购"的"上门配送""一步到家"恰好解决了这一需求痛点;其次,利益赋予是转译的第二个阶段,商业活动作为关键行动者,必须与其他行动者构建起相应的商业网络,强化其他行动者在这一网络之中的角色和诉求。社区团购作为一种技术物,完成了实体商超、虚拟平台、算法程序员、线下地推、社群客服、配送员、"团长"等不同角色之间的利益勾连和兑现,以确保他们能够各取所需、各司其职;再次,"征召则是通过各种手段使其他行动者进入网络中,接受各自的利益并充当关键行动者所界定的各自的角色"[②]。在运营前期,平台雇佣劳动者进行线下推广平台运营业务,从实体商铺、商场消费者到社区住户等多方位进行征召,从而实现社区团购基本连接点的布局。传统的社区消费点如便利店、水果店等转变为平台的"自提点"、商铺法人成为"社区团长";最后,动员环节负责吸纳更多的行动者以构建这一网络联盟。例如,在社区、商场等众多场合均可看到"扫码注册一分钱领苹果""扫一扫新用户免费领一袋纸巾"等摊位标语,同时还设立"团长"职位,实现"团长拉人赢大礼"的新一轮召唤。

我们从上述描述中可以发现,"转译"过程并非简单的转变接合,而是促使行动者网络之间得以运作的关键,行动者在"行动"中实现身份的界定,它们是能动的转译者(mediators),而非被动的中介者(intermediaries)[③]。在此过程中,具有强大统合能力、精细化程序和代码计算的社区团购平台是行动者网络中的强制通行点(obligatory passage point),整个流转过程都必须经过它的转译:供货方需要在平台上导入库存和获得销量数据,团长需要通过平台结算佣金和收益,消费者需要通过平台挑选货物,资本方需要通过平台实现最终的流量变现……平台作为重要的行动节点,将媒介技术及其内隐化的权力关系进行勾连,实现行动的动态联结。在传统的媒介研究中,技术通常被看作客体,而行动者网络理论则将多元异质性的行动者看成一种社会性的关联关系。在这一视角下,虚拟技术物也是行动者,并且是最为重要的行动者,它在行动过程中润物无声地驱动着"人"(actor)的行动,它不仅是团购行动得以实现的基础,还是各环节之间的"连接物"。"媒介物的有形与无形意味着:技术总是以一种预设、授权且背景化的方式在影响

① 拉图尔:《科学在行动》,刘文旋、郑开译,北京,东方出版社,2005年,第418页。

② 雷辉:《多主体协同共建的行动者网络构建研究》,北京,人民出版社,2017年,第17页。

③ Latour B. (2005). *Reassembling the Social:An Introduction to Actor-Network-Theory.* UK:Oxford University Press.

人的具身化实践,无形或无处不在的媒介物尤其增强了技术的透明度与人媒介具身时的移动性,而且,随着通信信号越来越好,远距离传播效率越来越高,人们越发依赖各种无形的媒介物。"①正是通过这一技术行动者,社区居民成了"团长",小区便利店成了货物存储仓,商业理所当然地长驱直入家庭场域,由此,社区/家庭成为"团购大战"中商业争夺市场的主阵地。

2.商业活动再造虚拟社区与无意识消费动员

在"社区团购"这个概念中,"社区"是描绘行动对象的核心。那么,技术物是如何定义社区的呢?按照地理编码数据,"社区团购"与社区地理活动之间有着紧密的联系,但是,城市新型社区通常由迁移人口组成,居住其中时常发生"对门不相识"的情况,相较于传统宗亲社会,小区住户之间更多地呈现弱联系的特征。也就是说,社区团购仅靠传统社区的联结无法完成消费动员,它需要借助技术物在地理位置的基础上生产另一个能够联结的社群的空间——"虚拟社区"。"把社区界定为'地域社会'实际上已经和滕尼斯所提出的'社区'概念相去甚远,因为滕尼斯在提出社区这一概念时,并没有明确提出社区的地域特征,他认为人与人之间所具有的共同的文化心理和归属感是社区的精髓和实质。如果说在地域性意义上使用社区这一概念是对滕尼斯社区概念的偏离,那么,虚拟社区的出现无疑是对滕尼斯所描述的理想的社区生活的一种回归。"②不过,要厘清的是,从拉图尔的物质性视角出发,这里的"虚拟社区"又与亚文化研究、粉丝研究中以共同爱好和情感所集结的虚拟共同体不同,本节的研究聚焦科技物在社区团购关系链中的作用。

在建构社区团购的虚拟社区过程中,"团长"是整个过程的灵魂人物。根据设定,团长是处于平台与社区居民之间的一个重要角色。居民通过线上程序下单,平台根据订单将货物配送到团长所在地,居民找团长提货。在这个过程中,团长主要承担两个任务:其一是建立并维护一个微信群,每天在群里发布商品优惠信息,推广并组织大家在线下单;其二是负责线下收货,组织居民进行提货。团长则根据推广人数和居民下单的情况获得奖励和提取分成,平台A的团长介绍:"我手里有大概三百个经常下单的人吧,比如说一个商品有十个人下单,就有几块钱的佣金。还有一种就是,有的人不在群里但自己会在平台下单,我就赚一点提货的抽成,那就很少了,一单可能就两三个点。"在访谈中发现,大部分团长是社区便利店、杂货铺店主或者

---

① 杜丹:《共生、转译与交互:探索媒介物的中介化》,《国际新闻界》,2020年第5期。

② 姜振华、胡鸿保:《社区概念发展的历程》,《中国青年政治学院学报》,2002年第4期。

是家庭妇女,对于他们而言,兼任团长并不需要增加投资或承担更多成本,因此他们愿意利用闲暇时间增加一份收入。善于运营和维护社群关系的团长每个月可以有两三千收入,而只是顺手发发链接鲜少互动的团长每个月收入几十元到一千元不等。一份《如何做一个合格的好团长》的指南指出,做好团长"重点是用心",首先要与居民共情:"我们不单单是一个卖东西的,我们还是一个一起买东西的人,让街坊知道也觉得你跟他们是一样的,一起监督质量,一起给公司建议,一起'吐槽'一起好评!……前期必须自己参与派货,整个流程,因为刚开始是最重要的,要让人家认定你的人,态度热情,耐心……"在这一话语中,团长与传统商贩的角色被区分开来,盈利的目的性被弱化,情感关系被强化。团长作为平台与居民之间的媒介,一开始承担的不仅是派发商品的中介角色,他们还参与行动者网络的征召与动员,"前期有条件的,可以下自己想主推的或者有信心的产品,给他们试吃,让他们记得回去买!不要现场卖,要让他们养成在小程序下单的习惯。"也就是说,团长试图通过情感关系组织和维护虚拟社区是以获取收益为前提的,人与人的社会交往被转化为数据统计,"团购'团长'首先利用线下的初始信任与消费者建立情感;其次通过确立'人情'关系、情感勾连、拟制亲缘关系等线下线上交往互动来维护情感,以制造与维系'亲密'关系,进而完成由新客到常客的转变;最后通过刺激消费欲望、培植消费习惯等情感深化策略来建构消费需求"[1]。

由此可见,"用心服务""联络感情""制造熟客"等可能都是变现的一种方式,流量、提成和佣金才是团长的服务逻辑,人们在这一过程中不存在亲身挑选货物判断品质的过程,没有砍价、议价环节,更没有传统市场中"跟摊贩混脸熟多送两棵菜"的小便宜可图,货物有了品质问题团长无需负责,而需要自己通过小程序与后台交涉。这个虚拟社区中,团长主要关注的是"货是否准确取出""能够完成本单的提成吗"等问题,而居民则更多地关注的是"菜准时到了""谁到门口去拿菜""提的菜是否齐全"等问题。在此过程中,团长像一个固定的货物分发设施,居民则是移动的搬运工,机械式地完成日常交易。唐·伊德从技术物的中介化视角出发,将现实世界看作"人—技术—世界"的关系,他认为技术具有意向性的特征,个人所看到的世界并非真实的绝对再现,而是一种受制于技术中介所映射的存在方式,他借助"我—窗户—世界"的关系进行说明,用"带颜色的玻璃"与"偏振的玻璃"来

---

① 燕道成、李菲:《制造熟客:社交媒体时代网络情感营销的意旨——以社区团购"团长"为例》,《现代传播》,2021年第7期。

隐喻技术所构造的不同世界,从而阐释技术的中介性作用。社区团购中技术物成为关联人际行为方式的主因,人成为网络程序的补丁。这一逻辑也必然反映在社区团购的现实层面上,即团长作为行动者网络中的一环,是否具有可替代性?"去团长化"风向给出了否定答案。从行动者网络构建过程中我们看到,早期团购用户的动员中调动了"团长"这类熟人社会关系,借助情感劳动的方式征召了许多社区居民,"但是随着商业关系入侵到熟人关系之中,消费者和平台形成了联系,把团长给架空……'去团长化'行动使团长在社区团购的过程中从作为一个'人'的关键节点成为一个工具化的自提点。团长的决定作用在社区团购流程中被弱化,团长演变为一个专业化的'快递驿站',成为平台的'工具人。'"[1]"提成越来越低,我们也越做越没劲,钱少活杂人还受累,不想做了。"一家便利店老板当了平台B一年零三个月团长,最终选择退出。不过,除了被抛弃的团长,大部分用户似乎并没有太过察觉技术物下隐而不见的逻辑,比如团购居民就认为,社区团购还是蛮方便的。"尤其是我们上班没时间买菜,提前手机下个单下班到家就顺手把菜拿回去……菜肯定没有市场新鲜,但是省时省力将就吧。""对于每一种明显的转化,同时也存在对世界的暗藏的转化,这是由技术中介所带来的。技术转化了经验,不管这种经验转化多么细微,这是技术的非中立性的一个根源。"[2]唐•伊德认为,"尽管我们自己的世界是由技术构造的,但是在微观层面上,我们仍然拥有没有中介的知觉……"[3]

也就是说,虽然技术构造了我们的生活方式,但个人在这一过程中,始终难以察觉到技术对个体所造成的同构性影响。在这个意义上,技术对个体的构造,就如同奈格尔•思瑞夫特(Nigel Thrift)所说的"技术无意识"(technological unconscious),它指涉高度复杂的系统构建了个体新的生活方式,并且人们越来越适应地这样做,由技术所形成的新现象正在通过交流、记忆逐渐具象化,并且越来越多地构建了人的本质,参与到人类认知的活动过程中[4]。由技术所构造的知觉在数字化的当下愈发成为新的经验事

---

① "清华大学社会实践"微信公众号:《"团"聚京城:看见"团长",社区团购中的众生相》[EB/OL].(2021-9-19)[2021-9-19].https://mp.weixin.qq.com/s/hryljAc-ml04o1TiiIC5kxg。

② 唐•伊德:《技术与生活世界 从伊甸园到尘世》,韩连庆译,北京,北京大学出版社,2012年,第45-53页。

③ 同上。

④ Thrift N.(2004)."Remembering the technological unconscious by foregrounding knowledges of position," *Environment and Planning D:Society and Space* 22(1):175-190.

实,用户在社区移动过程中帮助平台完成新的数据分析、流动检索、智能规划等任务,成为技术的具身共在。社区是社会高效治理的"化简"体现,构成了新治理体系的单位,将复杂的治理过程简化成为空间化的管理"图谱",家庭包含在社区的范围之中,个体从属于家庭,于是形成了层层嵌套的包含关系。与此同时,智能时代的到来加剧了多重技术关系枢纽的形成,"将复杂的国家治理活动操作化为一个个更加智能的'机器''数据''算法''网格'和'部件'等"①也就是说,技术手段正逐渐成为社会治理的显性特征,"技术无意识"逐渐成为人类痴迷于技术的后果,在技术建构下越发无暇关注自身的认知感受。

3.动与不动:网格化生存与社会加固

研究社会系统中的流动,并不意味着只侧重研究流动本身所造成的影响,与之相对,不动性恰恰是考量流动性的一个重要维度。因此,"新流动范式"不仅关注运动、速度与流动,同时也关注不动性(immobility)下的社会状态,探究流动性与不动性如何相互协调的问题②,即不动性何以参与到流动过程之中,继而呈现对流动节奏的控制和社会关系的维系。所谓"不动性"(immobility),原本指的是公路、港口、码头等大型赖以停泊的场所,它们作为流动过程中的必要结构,承载着流动的物质特性,"'不动性'系统是流动性赖以发生的平台,例如航空的发展离不开航空城基础设施项目的支撑"③。社区团购行动模式中的不动性表现为:第一,从性质上说,它是以"前置仓"为中心的配送服务,前置仓的不动性恰好是流动系统的固定中心之一,超出前置仓配送距离的订单将无法成立;从服务上说,社区商铺是社区团购的另一重要节点,"团长"一般以社区居民为主,具有较强的地方属性。在此,社区、前置仓归属于不动性系统,它们在配送流动的过程中具有较为稳固的地方性特征,形成了流动的必要节点。第二,社区团购范围有相对固定的空间,即以家庭为辐射的社区,社区成员通过身份辨认建立联系,共享同一地理空间,这一空间作为他们的一种身份标志,成为相互勾连的场域。第三,社区团购中的团长/提货点具有"固定化"特征,个体选择是否承担"团长"职责,主要考虑地理位置、预估收入、时间自由度、周边人群、场地、运营

① 吴旭红、何瑞:《智慧社区建设中的行动者、利益互动与统合策略:基于扎根理论的探索性研究》,《甘肃行政学院学报》,2019年第6期。
② Sheller M.(2014)."The New Mobilities Paradigm for a Live Sociology," *Current Sociology Review* 62(6):1-23.
③ 刘英、石雨晨:《"回归"抑或"转向"?——国外流动性研究的兴起、发展与最新动向》,《国外社会科学》,2021年第2期。

经验、业务熟练程度等因素,稳固的团长角色对社区"团购"具有正向影响,确保了整个行动网络的顺利运转。因此,即便在移动属性极强的数字化情境中,不动性因素依旧是流动性研究的重要向度。社区团购作为一个行动者网络,生成了新的社会流动模态内涵:①其适配了社区试图建立相对稳定且具有区别的社会空间,又可以保持相对可配置的流动自由的需求,使空间隔绝与社会流动达到一定程度上的平衡。②虚拟社区强化了邻里间的信息流动,改善了此前真实社区的陌生化关系,技术凝聚了社区力量和情感,成为家庭与社会交往的中间形式,为实现社会整体性的交往做准备。社区团购作为一种网格化的生活模式,显现出以技术物为中介的后人类特征。同样,异地办公、远程打卡、线上课程、"云"旅游、"云"蹦迪等生活形态都通过技术形式实现非具身交往。有学者认为这是一种"保持最大不动性的'数字移动性'(digital mobilities)"[1]。在新流动范式之下,"人类的身体和家庭都发生了变化,因为人们以新的方式想象接近和连通性,并经常通过通信设备加强联系,就像是'在移动'。这些也改变了家庭、地方社区、公共和私人空间的性质、规模和时间"[2]。

"网格化管理是推动社会治理和服务重心向基层下移,把更多资源、服务、管理下沉到基层,健全基层社会治理新格局的有效手段"[3]。正是如此,社区团购获得了蓬勃发展的爆发期,这一技术物因其与社区网格化治理的同生同构的行动轨迹,重塑了家庭与社会联结的方式,映射了社会治理的科技想象。

社区团购作为中介性媒介,勾连了媒介、技术、社区、家庭、个人等不同行动者。在这一过程中,平台技术物作为一种重要的中介方式,再塑虚拟社区和社会交往准则,成为关联人际方式的主因,让我们重新审视"空间冻结"之下"流动"的可能以及商业是如何通过技术物统合家户资源的。以"新流动性范式"观之,社区团购代表着现代生活对流动的基本诉求,借助行动者网络理论,我们得以瞥见传统决定论对技术作为非人行动者的忽视,洞察技术物对人类具身实践的影响,从而打破了原本主客二分的认知结构,形成新的关系本体论探讨。

---

① 张杰:《大流行中的西方"移动性范式"》,《西北民族大学学报(哲学社会科学版)》,2021年第4期。

② Hannam K.(2006).Sheller M.,Urry J.,"Editorial:Mobilities,Immobilities and Moorings," *Mobilities* 1(1):1-22.

③ 彭波:《人民日报金台锐评:网格化管理战"疫"派上大用场》[EB/OL].(2020-2-6)[2020-2-6].http://opinion.people.com.cn/n1/2020/0206/c1003-31573182.html.

进入信息时代，来自商业化的技术渗透和监视在高科技和快感体验的掩护下，在"解放肉体"的名义下侵入作为私人领域的家庭空间，使人们放松了对于自身独立与自由的守护。本章关于传播科技与空间重组的论述反驳了空间客观论的观点：科技、家居、建筑等空间并非一种控制性工具，只有当权力、知识作用于空间，凸显其内在性意图时，空间才表现为管控与规训的功能。恰恰相反，传播技术、家居空间本身就是一种权力的产物，恰如福柯所言："历史反过来在空间中重构并积淀下来。空间的定位是一种必须仔细研究的政治经济形式。"本章的最后一节，将"社区团购"置于充满异质性的行动者网络/社会中进行研究，展示了其在特定空间中的关系网络，还诠释了流动与不动之间的运作模态与能动关系。这种以地理位置数据为辐射范畴的市场化形式恰与网格化社区治理模式同生同构，塑造了一种新的常态化生存模块，技术物不再是纯粹的对象或条件，它可能不断编制、改写、转换行动者的逻辑，因此，对技术物的洞悉就是对人类自我的洞悉，这也正是本书研究内容的意义所在。

第四章 家庭关系空间的媒介化:技术"神话" 与物体间性逻辑

　　空间不仅是一种客观存在着的,可以被感知、被标示、被组织的物理空间,同时还是一种包含在关系之中的抽象性存在,它依附于物体,也由此界定了物体。用哈维的话来说,这种空间是一种关系空间(relational space),它"包含于物体(objects)的关系之中,意即一个物体只有在它自身之中包含并且呈现了与其他物体的关系时,这个物体才存在"①。换句话说,空间存在于事物相互作用之中,一旦相互作用消失,关系空间也会随之消失。②其后,列斐伏尔对二者的关系作了进一步论述,他认为:社会关系的存在形式是一个从未被提及的问题,它是一种自然存在的物质形式,还是一种抽象的存在? 对此,空间的研究提供了一种解释,即生产的社会关系不仅仅是一种社会性存在,同时还是一种空间存在。它们在空间中得以呈现,并由此嵌入空间之中。③而在《空间:社会产物与使用价值》一文中,他更为直截了当地说道:"空间是一种社会关系吗? 当然是,不过它内含于财产关系之中,也关联于这块土地的生产力。空间里弥漫着社会关系;它不仅被社会关系支持,也生产社会关系和被社会关系所生产。"④列斐伏尔关于关系空间的论述至少道出了空间的双重内涵:其一,空间是社会性的产物,它被政治与经济力量形塑的同时,又映射出它所存在的社会生产关系;其二,空间是一种社会关系,牵涉性别、代际等包含在家庭组织之间生物—生理关系,同时也关系到社会层面的劳动分工与组织分化等问题。

　　在哈维与列斐伏尔之后,法国当代社会学家布迪厄再次将关系空间问

---

① Castree, N. & D. Gregory. (2006). *David Harvey:A Critical Reader*, Manchester: Wiley-Blackwell. p. 271.

② Ibid., p. 273.

③ HenriLefebvre(1991). *TheProductionof Space*. Translated by Donald Nicholson-Smith. Oxford UK:Blackwell Ltd. ,p. 129.

④ 亨利·列斐伏尔:《空间:社会产物与使用价值》,包亚明主编:《现代性与空间生产》,上海,上海教育出版社,2002年,第50页。

题与人类行为作了进一步勾连,他认为,空间是一个由社会关系所结构而成的场域,人们根据这一关系空间中的传统、历史与规则等形成惯习。而这种惯习会在社会实践过程中"维持间隔、距离、阶级关系,并且在实践中促成对构成社会秩序的差异体系进行再生产"。①这一理论勾连的启示意义在于,作为社会关系的空间连接了政治、资本力量与人类日常生活之间的关系,空间研究开始由此转向了政治权力与资本力量如何形塑或重新组织社会关系空间,从而影响某一关系空间中的人类行为。

具体到本书的研究内容而言,传媒产业要获取技术效能的最大化,就必须尽可能地创造与拓展空间,从公共空间转向私人化的家庭空间,从实体性的物理空间渗透到家庭关系空间,从而尽可能延展依附于传媒技术的政治触角,并为不断扩大的数字产品提供消费场所。与此同时,传媒产业还必须通过各种手段对原有的社会关系空间进行再组织、再结构,最终创造各种消费需求、生产新的消费欲望,从而实现数字产品的最大价值。那么,这一过程将如何影响人们的家庭关系空间和日常行为?基于这一疑问,本章将研究目标转向中国社会结构变迁中家庭成员如何使用传媒技术,这种媒介化的生存方式将如何影响,甚至改变家庭成员的传统生活模式与交往形态,进而重塑家庭关系空间?

一、媒介化生存:社会结构变迁中的家庭交往与技术使用

在英国媒介与社会研究学者尼克·库德瑞(Nick Couldry)看来,一个社会的政治、经济、文化与日常生活经由媒介平台展开,表现为抽象化的文本性、符号性,因此,现实生活的逻辑将遵循,甚至屈从于媒介运作的逻辑。②而英国学者索尼亚·利文斯通(Sonia Livingstone)则采用一种纵向的历史视角进行了补充:媒介化是一个动态的历史过程,当媒介越来越渗透到现实生活的运作、机制和结构过程中,后者将因此而不可避免地受到媒介逻辑的钳制与"殖民"。③弗雷德里奇·克洛茨则认为"媒介化"是"传播的修正过程",它涉及传播手段的变换和转化。④也就是说,"媒介化"理论视角帮助我

---

① 布尔迪厄:《国家精英:名牌大学与群体精神》,杨亚平译,北京,商务印书馆2004年,第4页。
② David Altheide& Robert Snow(1979). *Media logic.* Thousand Oaks,CA:SagePublications.
③ Livingston,S. (2009). "On the mediation of everything:ICA presidential address," *Journal of Communication*,(1):1-18.
④ Krotz,F. (2009). "Mediatization:A Concept with which to Grasp Media and Societal Change," in K.Lundby(ed.),*Mediatization.* New York:Peter Lang,p. 25.

们聚焦于社会历史的变迁对媒介的发展起到什么样的作用,而媒介形态的发展与变化又如何反作用于人类的认知、行为、文化和对世界的感知。具体到本书的研究内容而言,就是在中国社会历史发展尤其是现代性转变的过程中,媒介如何重塑人们对于"家"的理解,人们如何通过媒介来维持或经营家庭关系和"家"这个意象。

谈论这个问题之前,我们首先要回顾在传统语境中关于"家"、家庭关系等一系列概念的意涵。在与"家"相关的外文词源中,最接近的是拉丁文"familia",在14世纪末15世纪初成为英文,其意为"household",译作"家/户",指的是一群仆人或一群同居于一户的血亲与仆人。"Family"的衍生名词"familiar"在最早则意为供人差遣的精灵,有供人差遣、提供服务之意。①在这一含义中,家不仅包含着血缘关系,还暗含着劳作关系,在奴隶制和主仆制废除之后,家庭内部劳作逐渐由家庭成员分担,也因此,在后来的文化研究当中,社会性别与家务劳动分工成为显著议题。15世纪后当"family"的含义由"household"转换为更为具体的"house"时,"家庭"这一内涵极为丰富的名词开始被用来指代有特定世袭关系的宗族和家族,后来也被引申为民族、多元共同体,《圣经》就多次用这一词表示宗教含义中的团体与教派。20世纪以后,随着社会历史语境的变迁,"family/house"的词义大幅缩小,尤其在现代家庭中,它被用来指代同住一个屋檐下的人。为了与旧有概念区分开,核心家庭、主干家庭等对于家庭模式的细分应运而生。②

从人们对家的感知角度而言,"家是一种建构的产物",③它极易与我们的情感和理想化情境联系在一起,同时与现代性叙事紧密相连。当我们说无家可归或者不断怀旧寻找童年记忆中的家庭感时,家就与漂泊叙事联系在一起。雷尔夫(Relph)指出:"家的位置是人存在的基本,这不仅因为它是人类所有活动的背景,也是因为它为个人与集体提供了安全感并确定了各自的身份。"④对20世纪80年代以来的中国家庭成员来说尤为如此。

西尔弗斯通指出,"媒介消费发生在家庭中,它就是出自一个复杂的社会体中,在其中,夫妻、父子、兄弟姐妹之间的关系构成各种子系统,家庭与外在世界之间的联系呈现了一致与分散、权威与服从、自由与约束等不同模

① 雷蒙德·威廉斯:《关键词:文化与社会的词汇》,刘建基译,北京,生活·读书·新知三联书店,2005年,第176页。

② 同上,第177-178页。

③ Silverstone,R. (1994). *Television And Everyday Life*. Routledge:London. p. 26.

④ 罗杰·西尔弗斯通:《电视与日常生活》,南京,江苏人民出版社,2004年,第39页。

式。"①也就是说,媒介消费与家庭关系空间的社会地位、权力地位紧密相连,媒介的控制权在一定程度上反映并巩固了家庭关系中的权力关系,与此类似,媒介消费视角下的私人化家庭空间与家庭空间之外的公共空间也在一定程度上表征着个人的社会政治经济地位。

在20世纪90年代互联网进入家居空间以前,"新年画"、广播与电视技术使家这一私人化的空间与公共性空间日益融合,将家与国紧紧联系在一起。媒介技术将崇高的政治形象与社会理想带入家庭关系空间之中,这不仅界定了人们对时间的理解,形成了全国一致的时间观念,同时也使家庭空间中所讨论的议题越来越聚焦于政治事件。从这一层面来说,媒介家居化创造家庭与国家之间的关系空间,由此建构了大众的"家国感"。

而从家庭内部的关系空间层面来看,在传统媒体时代,电视的"家居化"对家庭中不同性别之间的关系产生何种影响成为学者关注的核心议题。在《家庭电视:文化权力与家庭闲暇》中,学者莫利通过访谈与观察发现,电视媒介的使用与家庭关系之中原有的权力关系、社会地位是一种相互表征的关系:"男性权力在很多家庭中都很明显,当观看节目的选择发生冲突的时候,最终决定权归男性所有。"②而有意思的是,当男人失业,女性工作赚钱时,家庭电视的掌控权将转交至女性手中:"更常见的是男人让出位置,让其他家庭成员看她们想看的,而他录下自己想看的,以便在深夜或次日观看——因为他的时间表要比上班族的家人更灵活。"③这一结论在中国学者张丕万对中国湖北柳村的媒介使用实证调查中再次得到确证。他发现,在中国以父子关系为轴心的家庭关系空间中,"男主外,女主内"的家庭格局与社会分工一直沿袭至今,"家庭收视行为也体现了现实生活中的性别权力差异,男人看新闻节目,聊远方的国家大事……看新闻能帮助他们获得文化资本,增强男人气质"④。笔者在有关电视使用的访谈与观察中也发现存在这种技术使用的性别差异现象。但是,当家居化媒介的主角越来越多转向电脑、手机与平板电脑的时代里,网络技术与家庭关系空间的问题开始凸显,新兴的媒介技术成为改变或再造家庭关系空间的重要推动力量。基于此,本节将研究重心聚焦于20世纪80年代以来中国社会的结构性变迁背景下,中国传统家庭关系空间的媒介化,以及由此所带来的生活模式与交往形态

① 罗杰·西尔弗斯通:《电视与日常生活》,南京,江苏人民出版社,2004年,第47-48页。

② Morley,D.(1986).*Family Television:Cultural Power and Domestic Leisure*,Comedia,London,p.640.

③ Ibid.,p.641.

④ 张丕万:《电视与柳村的日常生活》,武汉大学博士论文,2011年,第56页。

的变化。

（一）社会结构变迁中的家庭结构演变

20世纪80年代左右，城市化进程在幅员辽阔的中国大地上加快步伐，"数亿农民脱离农业，开始成为工业、建筑业、服务业的主力军。"[1]在此进程中，农村人口不断涌向城市，小城市的人对大城市趋之若鹜，但这股力量在严格的户籍制度下，"非全家迁移"成为中国各地区人口迁移的普遍现象，这使中国的传统家庭呈现极具中国特色的家庭关系结构面貌：首先体现在核心家庭比例的迅速上升，从20世纪80年代到21世纪初，核心家庭中夫妇核心家庭从1982年以来呈上升趋势，2000年比1982年提高170.50%，较1990年增加99.23%，[2]家庭中年轻一代随着人口迁移的浪潮离开家庭，大部分中国家庭只有年迈夫妇留在家中。从2010年全国人口普查的数据发现，中国核心家庭的比例虽有所下降，但单人户，即由一个人组成的家庭比例却迅速上升。与2000年相比，2010年单人户的比例增加了59.51%。这一增长主要体现在城市大龄未婚青年和农村"空巢"失偶老人这两个群体。[3]其次，社会的结构性变迁还催生出隔代家庭比例的迅速上升。为了保证子女随时有人照料，并确保上学的权力与稳定性，主干家庭中青壮年离开家庭后将子女留给父母代为照顾，由此产生了被社会各界广泛关注的"留守儿童"问题。因此，随着社会人口的流动和迁移，地理因素与空间区隔成为影响家庭结构与家庭关系的重要因素，在现代社会结构下，人们对"家庭"的概念已经超越那个物质结构的居住实体空间，家庭开始逐渐将自我身份与关系认同紧密联系在一起。

（二）技术"神话"、媒介使用与交往

在中国，最早给异地相隔的人们提供远程即时通信服务的是腾讯公司1999年推出的OICQ软件，腾讯公司后将这一软件更名为如今家喻户晓的QQ。2011年至2013年春节，腾讯公司制作了一系列QQ广告短片《弹指间，心无间》（含亲情篇、兄弟篇、爱情篇，每年春节主打一部）。这一系列广告虽为商业广告性质，但却在网上引发了强烈的共鸣，其中亲情篇的内容是这样的：一个普通家庭的儿子在广告旁白中这样描述他与母亲的关系，"她是我最亲近的人，但也许正因为相聚太近，反而有了距离。那个时候，我好想逃

---

① 邱林川：《信息时代的世界工厂：新工人阶级的网络社会》，广西，广西师范大学出版社，2013年，第23页。

② 王跃生：《当代中国家庭结构变动分析》，《中国社会科学》，2006年第1期。

③ 王跃生：《中国城乡家庭结构变动分析：基于2010年人口普查数据》，《当代中国史研究》，2014年第2期。

开。"广告不断重复母亲关心儿子的细节,比如为儿子端茶倒水,嘘寒问暖,但儿子却认为母亲的行为太过"亲近",妨碍了他在私人空间里的生活。广告采用对比叙事的手法先是将面对面的家庭互动建构为一种负担和累赘。几年后,儿子留学国外,终于过上了理想中独立的生活,但由于国外学习生活的枯燥与孤独,儿子情不自禁地思念母亲。而此时,远隔重洋的母亲开始在朋友的指导下,学会了使用腾讯QQ,并与儿子获得联系,母子开始通过文字、视频等方式进行信息传播与沟通:"不论母亲离我有多远,弹指间,我觉得她就在身边。"这则广告呈现了中国核心家庭所面临的共同问题,共情叙述建构了信息技术勾连家庭成员、弥补家庭关系矛盾的"技术神话",成为推动以互联网为代表的传播技术进入家庭关系空间的重要推动力。

的确,信息技术在中国家庭关系空间之中所扮演的独特角色,使技术成为家庭空间之中不可或缺的组成部分,通过电子化屏幕,分居各地的家庭成员得以在虚拟空间中进行"面对面"的沟通,使得家庭关系更加密切。因此,信息技术对家庭关系空间来说,不仅是消融地理边界与空间边界,同时也是再造一个新的关系空间,在其中,传统家庭成员可以通过电子符码进行情感交流。这也正是西尔弗斯通提出的"家居化/驯化"对于中国信息技术研究的重要性所在:每一种技术的使用与扩散都与当时的社会结构、历史语境紧密相连,并将宏大的社会变迁与大众的命运勾连起来。

如上所述,20世纪80年代以来中国社会的结构性变迁使中国传统家庭关系空间发生了大规模、持续性的变化,中青年为了寻求更好的生存条件和机遇背井离乡,加上户籍制度、生存成本、城乡差异对人口迁移的限制,留守儿童、空巢老人成为普遍现象,这就迫使家庭成员之间开始了一种以媒介技术为平台的中介化生存模式,信息技术开始被年轻一代采纳,继而越来越转向隔代抚养家庭或单人户中的中老年人,他们不得不从开机、关机开始,一步步学会使用信息技术,以度过空虚时光或维持家庭关系,在近几年还甚至出现了"老年玩转 iPad(苹果平板电脑)学习班"一座难求的现象。①因此,在中国的信息传播技术使用扩散过程中,以腾讯公司为代表的商业公司在宣传广告中不断建构着信息技术的话语霸权,信息技术也因此被赋予了更偏向于道德化、伦理化的内涵,为父母购买电脑、教父母使用电脑成为孝敬长辈、关爱子女的重要表现形式,这一点在笔者的深度访谈中表现得十分明显。

---

① 吴洁瑾:《让老年人玩转平板电脑,上海研发百门老年课程"一座难求"》[EB/OL]. 澎湃新闻,http://www.thepaper.cn/newsDetail_forward_1273040。

本节笔者访谈的多组家庭都存在子女在外打工、读书、婚嫁的情况，空巢家庭的情况不仅发生在人口大量城镇化的乡村，人口流动迅速的城市同样存在这样的情景。以受访者陈玉娇家为例，她是福建宁德高山地区寿宁县托溪乡际头村的一名家庭主妇，4年前在县城购置了一套二手房，搬离了村子。陈玉娇育有两个儿子，大儿子张亚伟在上海工作，小儿子张亚俊在广州工作，二者均已在工作地购房、成家，成为城市的新市民，他们的工作较为顺利和稳定，已不可能再回到家乡发展。大儿子婚后生有一子，爱孙心切的陈玉娇曾经乘坐10小时长途大巴前往上海照顾孙子，然而她无法适应大城市的生活节奏和交通，并且由于家乡寿宁与沪、广气候差异显著（寿宁的7月份平均气温为28摄氏度），陈玉娇身体极度不适，尤其是气温超过30摄氏度便开始出现头疼目眩、血压升高、呼吸困难等情况，无奈之下她在上海坚持了一个星期只好返乡。陈玉娇是空巢老人的一种代表，孩子不在身边，却又无法在孩子工作的城市生活。地理问题带来了难以跨越的气候问题，如何联络亲情、经营正在裂变的家庭关系成为陈玉娇很关心的问题：

> "就觉得他们兄弟两个要好好的，以后有个什么事情能互相照应，这是我们父母的愿望。以前住在村里的时候，他们自小读书的时候都是寄住在县城亲戚家里，我这两个阿弟（儿子）差6岁，长大都是分开的，又没有一起读书，怕他们感情不好。现在在两个地方，我听他们说都是各忙各的也没有经常打电话什么的……他们怕我在家无聊，就给我买了这台笔记本电脑，现在每天就靠它了，有这个东西后突然忙起来了，我每天都要学一点新功能，比如视频聊天、远程协助，用酷狗听音乐，还可以用它来学习广场舞锻炼好身体，不给孩子们添负担。最关键的是现在和两个儿子有空就可以一起视频，一家人在一起聊聊天，这特好，而且是免费的。"①

春节期间，陈玉娇的两个儿子分别从上海和广州回到了家乡的县城，这是一年之中一家人唯一可以团聚的时刻。父母对于分离的焦虑远胜于两个儿子，在访谈之中发现，这两个新市民无论是经济、生活节奏还是文化上已经基本融入工作地的节奏。在现代性的高速冲击之下，陈玉娇的两个孩子已经从乡村社会的传统宗族观念和命运共同体的包裹中走出，他们熟谙现代社会以有机团结为串联的交往方式。谈及家庭观念和亲情关系，陈玉娇

---

① 受访者：陈玉娇，女，62岁，家庭主妇，福建宁德，访谈时间：2016年2月6日。

的两个儿子是这样看待的：

> "跟我妈我爸还联系多点。我们俩(兄弟)平时说实话没什么联系，更别说其他亲戚了，我们一年可能也就是打一两次电话，比较多的就是在微信朋友圈点点赞留言什么的，毕竟工作忙，打电话又不像女人可以聊很久，没什么重要事情也不打，毕竟生活在两个城市，工作性质又不一样，平时也没玩在一起吃在一起，感情比小时淡是肯定的。"①

> "我妈平时特别喜欢拖着我俩同时上线视频，但是我跟我哥时间不一致，他在、我就不在，我在、他可能没空儿，我妈有时候不分时候就发起视频，我正在公司有时候不方便。所以只有事先约好才行，这样一来也搞得很奇怪，家人聊个天本来是娱乐休闲，最后搞得跟开会一样。你说现在社会就是这样子，各自有各自的生活圈子和工作，老妈也没必要怕我们感情不好，反正我们这一辈不可能像你和姨她们那样天天黏一起了。但是，真正有事儿的时候亲兄弟哪有不照应的道理?"②

在维持和经营家这个问题上，陈玉娇显然表现出了焦虑，她甚至苦恼于将来有个病痛需要人照顾时，怎么样的安排能够适得其所。在无法跨越的地理和身体障碍面前，她寄希望于新的通信方式能够帮助远在乡村的自己重新寻找家庭的存在感。在陈玉娇的行为上，可以明显感知到城乡迁移、社会结构变迁所带来的家庭关系变化和影响，按照德国著名社会学家滕尼斯的分析，在农村地区人群团结的紧密程度之所以强于城市是由于"共同体"的作用，虽然在德语中，"社会"与"共同体"这两个词属于同一词源，但二者作为社会科学的分析范畴应被区分开来，"共同体是持久的和真正的共同生活，社会只不过是一种暂时的和表面的共同生活。因此，共同体本身应该被理解为一种生机勃勃的有机体，而社会应该被理解为一种机械的聚合和人工制品。"③

在中国，尤其是乡村社会中，"共同体"通常由宗族、血缘、熟人关系等要素维持，一旦走出特定的范畴，这些要素便会失效。在大规模的人口迁移和城乡流动的背景之下，地缘也削弱了这些要素对于人们的凝聚力。在这种

---

① 受访者：张亚伟，男，35岁，业务主管，上海，访谈时间：2016年2月6日。
② 受访者：张亚俊，男，30岁，通信公司员工，广东广州，访谈时间：2016年2月6日。
③ 斐迪南·滕尼斯：《共同体与社会——纯粹社会学的概念》，林荣远译，北京，商务印书馆，1999年，第54页。

充满不确定性的时代,"'社会'已经被越来越多地视为一种'网络'而非'结构'(更不要说一个稳固的'整体'):社会被人们认识为包含各种随意性的联结和分离的矩阵,一个可能出现无数种排列组合方式的矩阵"①。在这一情境之下,"家"的形态也发生着相应的变化,它的依存条件变得越来越单一,地缘受到实际距离的限制,不能像以往一样成为凝聚家庭的主要因素,血缘关系、情感则成为"家"的主要联系纽带。受制于地理距离、生活成本的限制,被迫分离的家人通常依靠手机、电话、视频或者即时通信工具进行联络,这种联络体现出非信息传递的特征,或出于对家人的想念或出于对感情的维系或出于对"家"的情境的构想,就像梅罗维茨分析电子媒介对于全球性地方的作用时所说的,电子媒介促进了地方感情的联络,通信工具成为现代性漂泊语境下人们建构和想象"家"以及扮演日常生活场景路径和方式。

也就是说,媒介之于地理而言,并非只能诉诸功能性地空间消灭造成的距离和障碍。从存在现象学的角度而言,技术不仅仅是一种工具,海德格尔就认为它关乎人的"存在",是一种"在世存有"(being in the world)。学者孙玮以此为理论支撑,把微信这种媒介看作是人们日常生活中的"移动场景","人在物理场景、大众媒介场景、微信熟人圈等多个场景频繁穿梭……这样的新型场景展示的是多场景并置、多重关系同时展开是空间关系……将'场景'这一原本固着于实体空间的元素拓展到虚拟以及虚实融合的新场景形态中"②。在这一性质的媒介中,移动这种动态与场景这一固定状态被交融在一起,使用者的实体的肉体与虚拟的主体同时存在于一个场域之内,这种特性对相隔千里的家人而言,实际上建造了一个随身携带的日常生活的场景,它将远方的肉体存在转换成眼前可感知的虚拟存在,日常生活的"鸡毛蒜皮"被构建成一种移动的体验,并通过媒介被搬演,穿越地理限制和空间阻隔被感知。本书涉及的访谈者是这样理解新媒介对日常生活场景的构建的:

> "她(女儿)在外面工作,放假回家时帮我注册了微信,然后教我怎么用,她说她经常会把照片发在那里,这样我就可以知道她每天在做些什么,比如吃了什么好吃的,去哪里玩了,有没心情不好之类。这样就像她天天跟我生活在一起一样。现在我玩得比较顺手了,经常用语音

---

① 齐格蒙特·鲍曼:《流动的时代——生活于充满不确定性的年代》,谷蕾、武媛媛译,南京,江苏人民出版社,2012年,第3页。
② 孙玮:《微信:中国人的"在世存有"》,《学术月刊》,2015年第12期。

留言,这样和她在哪儿都可以交流了。"①

而此时,在一旁的女儿一边在朋友圈发送春节回家的感受与见闻,一边接话说道:

> "平时我妈总问我在做什么,在哪里,现在她经常给我微信留言,进步可快了,现在都学会看我运动步数了。之前在北京有一天早上,我妈打电话给我,问我为什么还不起床,我很惊讶,她怎么知道,后来她告诉我说,看你微信上的运动步数是零,就知道我一步没动。"②

以电脑、手机为代表的传播技术结构设计迅速改变着家庭成员对信息技术的认知,并逐渐成为人们日常生活中不可或缺的介质,影响着人们的生活方式和形态。也正是在这一过程中,以电脑、手机为代表的信息技术迅速家居化,从而推动了信息技术产业的迅猛发展。不过,以手机、互联网为代表的家居化技术并非都如腾讯广告里所呈现的那样的温馨和乐观,据笔者考察发现,随着信息技术的普遍使用与家居化,信息技术越来越成了家庭成员弱化陪护责任与义务的一种替代方式,笔者在访谈中发现了以下几个现象:

(1)成年子女使用家庭化监控摄像头远程观察孩子或老人在家中的活动情况,使用穿戴设备来远程观察血压、心跳测试仪数据以"确认"老人的身体状况,或者使用手机定位来"跟踪"子女的位置等。比如受访者谭伟河和他的爱人都是公司职员,虽然每天下班后可以按时去接孩子,但两个人因为谁来接孩子的事情经常发生口角。去年,他们为孩子买了一个智能手环,可以用于孩子的实时定位。于是,他们俩偶尔也"偷懒"不去接孩子,而是在手机上"目送"孩子回家,当被问及孩子的安全问题时,谭伟河这样回答:

> "有时下班很赶,而且公司离学校距离有点远,有时觉得应该没什么问题,就让孩子自己回家了。有时也担心,不过,我一直看着手机定位,所以相对踏实。你以后要是有孩子就知道了,接孩子是一件大事,都是在上下班的时候,太麻烦了。"③

---

① 受访者:郑青,女,60岁,退休管理员,福建福州,访谈时间:2016年2月13日。
② 受访者:钟晨,女,29岁,公司员工,北京,访谈时间:2016年2月13日。
③ 受访者:谭伟河,男,39岁,公务员,福建宁德,访谈时间:2015年8月18日。

受访者姜海是某科研机构的研究员，今年35岁的她在上海工作，她的哥哥则在香港，而父母皆在江苏常熟的老家。姜海的父亲患有高血压，却总是忘记吃降压药，又沉迷于打麻将，她放心不下，于是给父亲买了一个价值3000元的智能手环，既能远程知晓父亲的行踪，还能观测父亲的身体指标。

> "我买了手环让他带着，我以为这样能安心一些，我的确是可以看到他的各项数据，还可以通过定位看到他是不是还在麻将馆，然而并没有用，刚开始我还很着急打电话催他吃药、叫他别打麻将到半夜……但是，我跟你讲他就是一个牛脾气，我妈怎么讲他都不听，现在看到我电话嫌我啰唆有时候根本不接，我都气死了，你人不在身边，有了这个简直更添赌，看到定位他在麻将馆我都跳脚，恨不得买票立刻把他'绑'回家。"[1]

受访者高雅丽是一位工作在浙江杭州的湖北人，因为工作缘故与父母分居两地。她的母亲退休后，闲来无事便常在家附近的公园跳广场舞，社会上的人员鱼龙混杂，总是有一些免费活动吸引老年人注意，而后骗取老年人的钱财。高雅丽的母亲就是其中的一位受害者，先是购买了三千多元的"保养品"，随后她又拿了两万元退休金存款参与了某公司以关爱儿童投资校车项目为由头的"投资"活动，刚开始几个月是给了投资回报，但是后几个月，连本带息均无法收回。高雅丽苦于不在母亲身边无法劝解，因此在母亲的手机里偷偷安装了GPS定位软件，她是这样解释的：

> "由于我在外地工作，就疏忽了对老人这方面的关注，直到去年我回家休假，追问之下才知道老妈上当受骗，直到现在这钱都没着落。我现在特别担心她又被骗去参加这些什么活动。装了软件后，只要她出现在一些'奇怪的'写字楼或者酒店等，我就知道可能有问题。但是，后来我发现这根本没用，你在外地上班，总不能时刻盯着她，打电话给她，她总说'我都活一把年纪了，有自己的判断'……而且她也会为了防止我给她'上课'就骗我在家，我知道她骗我却无能为力。"[2]

(2)父母使用电脑、手机和平板电脑等技术工具来安抚哭闹的孩子，或

---

① 受访者：姜海，女，35岁，某科研机构研究员，上海，访谈时间：2015年10月4日。

② 受访者：高雅丽，女，28岁，通信公司员工，浙江杭州，访谈时间：2015年7月14日。

者用各种程序教育孩子,以省去安慰过程与教育过程。这一过程造成了孩子对手机、平板电脑等商业技术的高度依赖,年幼的孩子越来越无法接受看似单调却必不可少的父母教育,并由此日益失去与同龄孩子的沟通与交往能力。有一位家长在访谈中说的话多少代表了多数家长的共识:"孩子一玩手机、一玩游戏就不哭不闹了,而且变得特别安静,我就有时间做自己的事情了,要不怎么说都没用,一直哭一直吵,很烦人,根本没办法做事。"对于这一现象,本章的下一节将有更详细的分析。

在这些日趋普遍的现象中,技术化、机械化的家庭关系空间开始逐渐代替原来较为费时、烦琐却是必不可少的陪伴与呵护,商业化技术所设定的参数成了使用者判断家庭成员状况的衡量标准,人性的需求被简化为技术设定的需求,家庭关系空间逐渐被技术所建构的空间所充盈,凸显了人们在懒惰的本能以及商业广告宣传的驱使下,家庭关系空间一步步被信息技术所侵蚀的过程。虽然有部分人开始逐渐意识到信息技术永远无法代替耐心地讲解与面对面的陪伴,但无法抵抗技术"神话"与惰性本能的诱惑。

(三)家庭仪式的媒介化与家庭认同感的式微

尽管现代社会人群聚合和交往的纽带逐步由原来的机械团结逐步转化为有机团结,但在现代性的漂泊和孤立感之下,尤其是有着传统宗族观念的中国人,追根溯源叩问"我是谁,从哪里来"这一富有哲学意味的命题之时,不免还是会从家族中寻找答案,也正是如此,清明节、春节、重阳节等节日都被视为践行入孝出悌等有关家庭人伦道德的特殊场合。以清明祭祀为例,作为一种传统仪式,清明祭祀带有浓重的家庭本位意识,同时也是家庭成员"认祖归宗"、寻找家庭认同的重要形式。不管是培土上香、叩头瞻仰,还是截蒲为剑、割蓬作鞭,这些略显烦琐复杂的仪式和程序将平时独立居住的大家族内部重新聚合在一起,培养与巩固了原有的家族意识,同时,对于祖先的敬仰和一系列附带的家族想象得以形成,同宗同族的长辈和同辈弟兄姊妹的团聚确立了基于家庭关系的自我归属感。现代社会人口流动和迁移所造成空间区隔,使得跋山涉水重返家乡变得富有意味。

> "我读初中的时候,我爸妈会带着我回乡下的老家,一般是年前,有时候需要坐一天的车,不过全家都会觉得每年必须去一次。"①

笔者在访谈中发现,除了清明节,许多城市出生的中青年已经不知道还

---

① 受访者:张星,女,21岁,学生,湖北武汉,访谈时间:2015年10月15日。

有何种传统家庭仪式，即使有些知道的也已觉得这只是"迷信"，放弃回祖宅进行祖先祭祀仪式：

> "现在我的孩子们都不愿去做这个事情了，我也老了，身体不行了，回祖宅去做祭祀仪式不现实了。"①

2015年，中央电视台推出了"清明说吧"栏目，节目如此介绍："在北京、长春、武汉、西安、青岛、南宁、郑州等城市，开启了'说吧'小亭子。一个摄像头、一个话筒，关上门，就是一个相对私密的空间。走进小亭子，说出你的遗憾，说出你对亲人的怀念。""说吧"小亭子吸引了不少人走到摄像头面前，表达对亲人的哀思与哭诉。录像的岗亭虽"私密"，但这些倾诉经由电视媒介播出后，却表现为一场公共化、去语境化、去仪式化的单人媒介表达。

总而言之，随着家庭关系的媒介化，手机、电脑等传播技术越来越渗透到家庭关系空间之中，成为连接家庭成员、维护家庭认同感的重要中介。但与此同时，商业技术公司所建构的技术神话使人们依赖技术理性甚至受制于技术逻辑，因此而造就了家庭主体交往的异化。

(四)以教育之名：教育技术化与家庭教育的异化

家庭教育是孩子成长过程中最基础也最为重要的一环，古语言"三岁看大、七岁看老"，是在说儿童性格的养成与心智的健全往往在进入学校之前就开始被形塑，并对未来的发展产生至关重要的影响。家庭教育不仅包括语言的习得、知识的传输与智力的训练，还包括如何学会体察人世、社会交往等，在与他人的互动中学会与这个世界相处，学会分享、建立信任等。不仅如此，儿童各方面的培养与成长具有明显的连续性与阶段性，随着年龄的增长，家庭教育也必须随之做出相应的调整。②因此，家庭教育采用何种学习工具、何种学习方法，家长采用何种世界观、育儿理念，包括自身的言行举止都会影响儿童的成长，对于能否培养儿童良好的道德品质和自主能力具有重要的作用。

1.同侪压力下的亲子关系与新媒介使用

在科学技术的迅猛发展的当下，以手机、平板电脑为代表的信息技术工

---

① 受访者：林美贞，女，63岁，退休，江西九江，访谈时间：2015年12月27日。

② 罗伯特·卡尔：《儿童与儿童发展》，周少贤、窦东徽、郑正文译，北京，教育科学出版社，2009年，第197页。

具将提升儿童智力、扩展儿童视野、"符合儿童的天性""触摸自然语言"①等话语纳入自身的商业宣传过程之中，创造了技术使用与亲子教育之间的"神话"，吸引许多年轻一代的父母购买这些电子设备，并将它们作为家庭教育的重要工具与中介，由此，信息技术得以迅速渗透家庭关系空间之中，推动了信息技术的家居化过程。来自美国 BlueKai 公司的数据调查显示，约61%的 iPad（苹果平板电脑）买家是家长。②而由辽宁《半岛晨报》对117名读者进行网上调查，结果显示67%的家长愿意并且将会给孩子购买平板电脑，购买包括"将其作为早教机使用""满足孩子的好奇心""攀比心理""寻找分身机会"等。

　　"现在不买不行了，周围同事、朋友的孩子都在用，你看看现在的小学，大部分课堂都用平板电脑上课，你想不用都不行。所以，不是买不买的问题，而是怎么合理使用的问题。"③

　　"我原来是坚持不买的，有一段时间孩子天天嚷着要平板电脑，后来一问才发现是学校的学生们几乎是人手一台，课余时间我儿子跟着他们一起玩，回来没得玩，感觉他很不舒服，天天和我说平板电脑多好玩，内容多丰富，我也是被迫买了一台。"④

　　"iPad（苹果平板电脑）刚出来的时候，我在网上看到了宣传，觉得里面有些游戏设置的还是不错的，可以边学英语发音，一边游戏，我发现如果我来教，虽然可以教，但孩子很快就会失去耐心，用平板电脑边玩边学倒是效果不错。里面学习的内容大多是视频，孩子看了容易懂，更生动一些。"⑤

　　"这个东西（平板电脑）主要作用还是能让我们有自己的时间，有时我和她妈妈都得忙，实在没办法，偶尔给她玩一玩，应该不会伤害眼睛，她一拿起这个就很'乖'，一下子就安静了。她对会动的画面都比

① 邱越：《美国儿童普遍沉迷平板电脑引发家长忧虑》[EB/OL].http://tech.sina.com.cn/it/pad/2011-11-28/15596394311.shtml.

② 同上。

③ 受访者：郭佳，女，36岁，编辑，福建厦门，访谈时间：2015年11月16日。

④ 受访者：刘兰兰，女，31岁，外贸公司员工，上海，访谈时间：2015年10月4日。

⑤ 受访者：陈惠敏，女，32岁，保险公司员工，广西北海，访谈时间：2015年12月11日。

较喜欢。"①

20世纪20年代,电影是美国大众进行休闲娱乐的重要方式,此时由美国佩恩基金会资助的关于电影与青少年观看需求与效果研究成为传播学效果研究的重要里程碑。②进入20世纪50年代,传播学者伊莱休·卡茨(Elihu Katz)在其著作《个人对大众传播的使用》中首次提出"使用与满足"理论以总结媒介使用如何满足了人们的观看需求与欲望。其后,"使用与满足"理论为起点的功能主义研究路径一度成为中国儿童与大众媒介研究使用的经典范式,许多研究发现"儿童有多种媒介需要,并且对每种媒介的需要有所不同"③。但通过上述深度访谈,我们发现,在以平板电脑为代表的信息技术使用上,"使用与满足"研究范式与结论本末倒置:年轻父母与儿童并非先天具有媒介使用的"需求和欲望",而是在信息技术公司在商业宣传中吸纳了"教育""现代化"等话语,创造了关于技术使用的"神话",由此生产了年轻父母与未成年儿童对信息技术的使用欲望,促使人们购买与使用各种新式技术设备与应用程序。那么,以手机、平板电脑技术为代表的信息技术进入家庭关系空间给家庭关系空间中的家庭教育带来何种影响?本节以深度访谈为研究方法,探索普遍性的技术影响,同时配以参与式观察,以避免受访对象的主观想象与自我"粉饰",从而获取更全面和真实的技术家庭化影响。

关于这一议题,西方学界已有一定的研究积累。美国学者克里·德维特(Kerry Devitt)和德比·洛克(Debi Roker)经过对60个家庭中父母以及11岁至17岁的青少年进行半开放式访谈后发现,手机已成为现代生活的象征,有助于实现家庭生活的维持与管理。④同时,手机的使用增强了家庭关系的动态性与移动性,从而使父母可以脱离近距离的束缚,远程照料与监管家庭青少年。⑤但随着新技术不断给予儿童获得信息的渠道和参与选择,童年与成人之间的界限开始变得模糊,儿童和家庭以及其他社会群体的关系

① 受访者:蔡康辉,男,34岁,机械公司员工,广西北海,访谈时间:2015年12月11日。
② 希伦·洛厄里、梅尔文·德弗勒:《大众传播效果研究的里程碑(第三版)》,刘海龙译,北京,中国人民大学出版社,2004年,第86页。
③ 卜卫:《关于儿童媒介需要的研究——以电视、书籍、电子游戏机为例》,《新闻与传播研究》,1996年第3期。
④ Devitt,K. & Poker,D.(2009)."The role of mobile phones in family communication,"*Children & Society*,23:189-202.
⑤ Ling,R. & Donner,J.(2009). *Mobile communication*. Malden,MA:Polity.

也因此被削弱,①"一个叛逆的世代"开始到来。②而德国奥尔堡大学汤姆森·道斯卡德(Thomas Dalsgaard)等学者在《中介化亲密:理解父母与子女的关系》一文中则分析了父母与子女建立"强连带亲密"(strong-tie intimacy)的多种变量,比如信任、承诺、安全感、家庭纽带感、共同责任感等,并由此提出当下的家居化信息技术并没有在这些方面促进父母与子女之间的亲密感。③

另外,在儿童成长和个体性格中,外部因素的引导和生存环境也影响了媒介技术在育儿层面的使用。美国社会学家大卫·里斯曼认为人的性格可以分为"内部引导型"和"他人引导型"。他人引导型的性格类似于弗洛姆所说的"市场型"性格,即在高度工业化的国家里,大众对自我以及个人价值的看法越来越游移不定,需要别人的肯定和赞美才能确证自身的行为。与此相生的是社会文化的普遍工业化、流水线式的、单一的文化模式和审美风格销蚀了差异化的格局,并抹平人们思维的棱角,扁平化、统一化的个体大规模出现,整个社会趋向成为一个"他人引导型社会"。④在他人引导型社会中,家庭教育的内部纪律的约束力逐渐被他人引导的同侪压力(peer pressure)所取代,这种他人引导型的关系不仅是出于随波逐流、模仿等因素,它还是人际交往中的一种象征和方式,"同侪团体(同年龄、同阶层的孩子组成团体)对儿童来说变得日益重要,而父母则常常教导孩子们,如果一个人在人际关系方面失败或者不能控制与他人的关系,比损害道德标准更有害"⑤。因此,同侪压力关涉人际交往和社会生存法则,父母对儿童成长过程中使用媒介的议题也受到了这一压力的影响,这一点在后文的访谈中有所体现。

2.场景观察:家庭教育的媒介化

不同面向的媒介使用与亲情关系研究虽然在研究视角和结论上存在分歧,但存在一个共识,即围绕着数字技术成长起来的一代"数字原住民"已经

---

① 曼纽尔·卡斯特等:《移动通信与社会变迁:全球视角下的传播变革》,傅玉辉等译,北京,清华大学出版社,2014年,第122页。
② 唐·泰普斯科特:《数字化成长:网络世代的崛起》,辽宁,东北财经大学出版社,1999年,第125页。
③ Dalsgaard,T.,Skov,M.B.,Stouggard,M.,&Thomassen,B.(2006). *Mediated intimacy in families:Understanding the relation between children and parents.* IDC, June 7-9,Tampere,Finland.
④ 大卫·里斯曼:《孤独的人群——美国人性格变动之研究》,刘翔平译,沈阳,辽宁人民出版社,1988年,第17-18页。
⑤ 同上,第19页。

对技术习以为常,信息技术对于他们来说如空气般无处不在,同时必不可少。那么,在中国家庭教育中,信息技术又扮演着何种角色?笔者在不同场合对不同家庭(每个家庭包括父亲、母亲与孩子)进行开放式讨论,并观察家庭讨论过程中如何对待孩子的依赖与玩闹。

场景一:饭局。带孩子出门参加"饭局"被公认为是件"痛苦"的事情,孩子极为随性的乱抓与逃窜等行为不仅使父母无法正常吃饭,也无法正常与友人交谈。关于手机、平板电脑等数字技术工具的使用问题便会自然而然成为讨论的焦点。

> "我和我老公现在很少带孩子出门吃饭,除非是一定要去的。以前不敢给孩子玩平板电脑,怕伤害她的眼睛,后来,我从周围同事那里知道步步高有一个新的技术,自动15分钟会锁屏,再过15分钟就会重新打开,如果置放的角度不对,比如太倾斜就会自动锁屏,这样就会较少地伤害眼睛。"①

而在这对父母说这段话的同时,他们的女儿花费不到10分钟就迅速吃完了饭离桌,她熟练地从妈妈的包中掏出一台儿童平板电脑,开始趴在沙发上,十分安静地玩平板电脑里的游戏,眼睛离屏幕只有10厘米。另外一对父母的3岁儿子想凑过去一起看,她完全不理会。而这种状态从孩子吃饱一直到散席才结束,持续了近两个小时。中间虽有15分钟间隔的禁玩时间,但在这15分钟内,孩子一直处于"倒计时"状态,不愿理会他人,更不愿与陌生人进行交谈。当这对受访的父母被问及孩子是否会"讨价还价"时,他说道:

> "会啊,比如睡前,她说再让她玩一会儿才去睡觉,有时用规则来说话,能哄过去。有时实在闹得厉害,就再延长一次游戏时间。②

> "我觉得玩平板电脑确实能够让孩子开阔眼界,因为游戏里的设计我们都很难想到,这种互动的感觉的确能让孩子变得更聪明,有时他说的一些东西我都想不到。最重要的是,我现在会让平板电脑来帮我教他学说话,软件说一句,他就会跟着重复一遍,这让我省了不少力。所

---

① 受访者:郭佳,女,36岁,编辑,福建厦门,访谈时间:2015年11月17日。
② 同上。

以,我现在有时让婆婆拿着这个带她,我和她爸就可以有自己的时间做事情。"①

席间,父母对电子产品及其产生的教育问题进行心得交流。第三对父母则表示:

> "我和他爸爸的共识是先不让孩子接触这些东西,不过首先得我们自己不用,所以有时我们都是偷偷用,有一次他看到手机里的画面就特别喜欢,差点拿不回来,后来赶紧不用了。我们也不确定玩手机、看平板电脑会不会对孩子产生不好的影响,但总预感不会太好,现在孩子主要的游戏是玩积木什么的。"②

场景二:家庭客厅。两对80后的年轻父母,由于各自工作的缘故,常常因为带孩子问题而伤神。其中一对夫妻,妻子吴丹是报纸编辑、丈夫杨易峰是医生,二者的工作性质皆需要上夜班倒时差,白天补觉成了常态,但白天孩子吵闹难免睡不好。另一对夫妻,丈夫郭健龙是银行职员、妻子王凤娟是大学教师,因为双方父母在老家无法脱身前来帮忙照顾孙子,孩子只能由任职大学老师的母亲和保姆轮流照看。显然,兼顾幼子和工作让这两对夫妻略显疲惫。访谈中,他们一边聊天一边看孩子,一边与笔者讨论手机、平板电脑的使用对于"带孩子"的帮助与影响。

> "我晚上没睡白天还要陪她玩肯定是昏昏沉沉,有时候眼皮都抬不起来,小孩子精力太旺盛了,我们根本跟不上,我只好拿手机、平板电脑给她玩,她自己能玩一个多小时,这样我能偷睡一会儿。但是久了我们发现一个问题,她很习惯跟手机、平板电脑在一起,因为玩起来简单,只需要摸来摸去,但是跟人沟通能力就差多了,我就发现她有很多想表达的事情表达不出来,就一个劲儿发脾气。"③

> "有时候吧,我也能感觉到经常玩游戏对孩子不好,可是我就是想有我自己的生活,我和我老公基本是两个人带孩子,他白天上班,我不

① 受访者:陈潇,女,34岁,小学教师,福建厦门,访谈时间:2015年11月17日。
② 受访者:李京华,男,36岁,研究员,福建厦门,访谈时间:2015年11月17日。
③ 受访者:吴丹,女,31岁,报纸编辑,上海,访谈时间:2015年10月4日。

可能一天到晚都陪孩子，我总得有我自己的时间和事情。"①

访谈中，家长们表示，他们虽然意识到儿童对于媒介产品的使用依赖，但是由于个人时间、精力有限，想在带孩子之余放松之时，他们将媒介产品作为自我解脱的一种选择。除此之外，笔者在其他家庭中还通过观察发现以下几种情形：

第一，福建某大学附属实验幼儿园，王某琪，女，4岁：经常使用平板电脑玩切西瓜游戏，每天放学后都可以自由玩游戏，尤其是晚饭前后，父母忙于做饭、洗碗等家务，孩子几乎处于放任自流的状态。她认识很多东西，有时看到一些物体，可以用英语进行表达，但交流的时候，无法完整表达自己的意愿，所以，在与亲戚家孩子见面时很少说话，或者没有意愿说话。②

第二，福建宁德某县实验小学，刘某，男，11岁：经常使用家里的电脑玩网游，现在已经学会破解电脑锁屏密码，母亲喜欢逛街，父亲工作时间规律，在业余时间会利用电脑上传视频赚"外快"。这对父母认为平时没空儿陪孩子，怕他太无聊，所以买了电脑给孩子。现在孩子在学习之外时间几乎不出门，偶尔有同学来找他玩也是一起在家玩电脑游戏。③

第三，上海某大学附属幼儿园，张某逸，男，5岁：平板电脑是父母送给他的生日礼物，每天他最喜欢做的事情就是玩"植物大战僵尸""切西瓜"等游戏，每天睡前必玩，不玩就会觉都睡不好。父母也是"手机控"，经常一家人各自沉浸在自己的手机里。④

2019年，欧洲早期教育研究协会、中国社会科学院家庭文化研究中心等研究机构对北京、成都、沈阳、广州、上海和武汉这六个城市的1200个0至12岁的孩子进行调查，与此同时，对其中的36个孩子进行深度访谈后形成了一份《2019国民家庭亲子关系报告》。《报告》指出，年轻一代父母在陪伴孩子的过程中，有17.8%的父母会经常看手机，51.8%的父母偶尔看手机，并由此总结"陪同不等于陪伴"这一提法来警示年轻父母应合理处理信息技术使用与亲子互动的时间分配。通过对以手机、平板电脑为代表的信息技术工具成为家庭教育关系的研究，笔者发现《报告》中所提出的现象的确存在，信息技术以"教育"之名被父母主动带入家庭空间，成为一种习以为常的玩具；或者由于"同侪压力"的存在，父母"被迫"使用信息技术来完成教育的目的。

① 受访者：王凤娟，女，30岁，大学教师，上海，访谈时间：2015年10月4日。
② 观察时间段：2015年12月。
③ 观察时间段：2016年1月。
④ 观察时间段：2015年10月。

虽然大部分父母都相信过度使用信息技术工具会带来负面影响,但仍然有意无意地放纵孩子使用电脑、手机或者平板电脑,而这些信息技术工具极大影响甚至形塑了儿童的思维以及对现实环境的认知。法兰克福学派学者马尔库塞在《单向度的人》一书中对发达工业社会展开了全面的批判,并十分明确地揭露出当人类生活过分依赖媒体技术就将可能使人丧失批判以及独立思考的能力,最终沦为"单向度的人"。①在当代家庭关系空间中,商业化信息技术的介入使儿童活在"冰冷的数字化虚拟空间中,儿童触摸不到人与人之间情感的温度,触摸不出健全的人格,更触摸不出自然中美丽的风景,更遑论滋养出美丽的心灵。这只能使儿童在眼花缭乱间成为海德格尔所说的'技术的对象物',在此,不是儿童使用媒介,而是媒介主导儿童。技术成为限定儿童思维的'座架'"②。由此,儿童渐渐被商业信息技术所建构的环境中异化为技术的"奴隶"而失去儿童的天真本性以及对周遭环境的好奇与探索,最终可能沦为"依赖傻瓜机器的指尖触屏高手,思维创新的低能儿"。③

(五)驯化手机:留守儿童家庭的"共同存在"与亲职划界

智能手机处于技术融合的最前沿,它结合了传统手机、电脑与互联网的特点,不仅融合了技术与平台,也融合了用户个人的实践、习惯和对人际沟通有影响的媒体访问模式。其中手机应用软件——微信作为中国一个现象级的社交平台,用一种弹性的方式,在其平台上通过各种方式营造不同的社交圈,迎合了人们多样化的社交需求。截至2022年3月31日,微信及WeChat(微信海外版)的合并月活跃账户数为12.883亿④,已经成为人们智能手机中不可或缺的交流工具。微信媒介在新生代农民工中搭建了内群体与外群体两种交际网络,不仅联结了传统理性乡土社会中的熟人网络,也建构了城市社会中"同乡身份"的陌生人之间的拟乡土交际网络⑤。同样数字化技术也影响了农民工群体在家庭场域中的亲属互动与亲子联结。正如梅洛维茨所言:"媒介在与社会行为和社会生活相融合的过程中,生成了一

---

① 赫伯特·马尔库塞:《单向度的人》,刘继译,上海,上海译文出版社,2008年。

② 曹晋、庄乾伟:《指尖上的世界:都市学龄前儿童与电子智能产品侵袭的玩乐》,《开放时代》,2013年第1期。

③ 同上。

④ 佚名:《微信及WeChat合并月活用户数达12.883亿 同比增长3.8%》[EB/OL].https://new.qq.com/rain/a/20220519A04P3P00,2022-5-19。

⑤ 郭旭魁:《新生代农民工在微信同乡群中自我身份的建构》,《当代青年研究》,2016年第2期。

个对社会方方面面产生影响的全新环境。"①

在新生代农民工群体中，留守儿童与其父母的亲子关系在当下社会是值得深思的现象。随着中国城镇化的发展，人口流动给中国的整体经济和社会发展作出了巨大贡献，但也带来一系列问题，其中就包括留守儿童问题。2022年中国留守儿童数据统计分析显示，目前，我国不满十六周岁的农村留守儿童数量为902万人。其中，近九成由（外）祖父母抚养，还有36万农村留守儿童无人监护。②从数据上可以充分彰显，无论是农村家庭或是城镇家庭，留守儿童已然成为社会上的典型现象。③随之而来的问题即作为长时间不在身边且远距离的父母和其孩子之间的关系是怎样的？他们是如何与留在家乡的孩子进行日常交流并对其进行教育的？

对分散的家庭成员来说，移动媒介技术的普及可以被看作是一个欢欣鼓舞的理由，因为它有望减少分隔留守儿童与其父母的时空限制。作为远距离的"社会黏合剂"，媒介技术使分散在世界各地的家庭成员有可能重新保持亲属关系，就像近邻家庭一样。米尔卡·马蒂安诺(Mirca Madianou)和丹尼尔·米勒(Daniel Miller)探讨了来自菲律宾的跨国移民母亲是如何履行远距离的母职期待的，他们发现移动电话很受菲律宾移民母亲的欢迎，其被视为大大改善了她们远程育儿能力的工具，尤其是对来自菲律宾农村或低收入家庭的母亲。所有移民母亲认为，手机的使用能够让她们与自己的孩子保持紧密的联系，特别是通过语音通信的方式，能够让她们参与日常的育儿工作，对孩子的饮食、作业和纪律问题进行微观管理。④刘(Liu)对于中国南部流动父母手机使用的研究也指出这一点，手机的可供性在一定程度上有助于维持异地的亲子关系，尤其是手机即时性互动可以提供抚慰作用。⑤曹晋分别在2008年与2020年对流移在上海的家政女工的手机使用做

---

① 梅罗维茨：《消失的地域：电子媒介对社会行为的影响》，清华大学出版社，2002年，第108页。

② 金融时报：《5年结成1000余帮扶对子 富德生命"小海豚计划"一对一帮扶为爱加速》[EB/OL]. https://baijiahao. baidu. com/s? id=1739407816508952381&wfr=spider&for=pc,2022-7-26.

③ 国务院妇女儿童工作委员会办公室、国家统计局、联合国儿童基金会：《中国儿童发展指标图集》，2018年。

④ Madianou M., Miller D. (2011). "Mobile phone parenting: Reconfiguring relationships between Filipina migrant mothers and their left-behind children," *New Media & Society*, 13(3):pp. 457-470.

⑤ Liu, P. L., Leung, L. (2017). "Migrant Parenting and Mobile Phone Use: Building Quality Relationships between Chinese Migrant Workers and their Left-behind Children," *Applied Research Quality Life*, 12(3):pp. 925-946.

了考察分析。2008年,由于移动通信媒体发展得不够成熟,手机对于家政女工们来说还不是人人都能负担得起的物品,所以大部分的家政女工们都是用的最便宜的手机,她们最大的需求就是能够通过手机与在家乡的子女进行电话联系。[①]2020年手机普及化及信息和传播技术的飞速发展,智能手机以强大的功能及大众化的价格迅速普及,所以这时家政女工们所使用的手机都有着齐全的功能,她们一有时间就会打开微信视频通话功能与自己的子女进行交流,同时这个时期的异地母亲们还会利用手机便捷的支付功能与子女进行金钱往来。[②]从曹晋在两个时期同类型的研究发现,同样是异地母职履行,手机媒介的进化带来的也是巨大的母职变化。

在过去没有发达的信息通信技术及互联网时,留守儿童与其父母几乎是断联的处境,偶尔联系,也会因为当时网络费用及移动基础设施的限制而被迫中断,亲子关系也因父母"功利性"的聊天处于岌岌可危的情境。王先生谈及自己作为留守儿童的成长经历时说:

> "像我们80后、90后这一代留守儿童,过去没有像现在这么好的条件,网络发展得很好,移动网络的费用人人都能够接受。以前父母给我们打电话要么就是去公用电话亭插卡,条件好的可能有小灵通,但是都会考虑到电话费的情况,所以都是草草聊几句,而简单地聊几句也是问你学习怎么样,讲一些大道理之类的,所以我们和父母的关系并不是很乐观。"[③]

不妨说,长时间与父母的断联是80后、90后这一代留守儿童与其父母关系紧张的最大因素。然而,随着部分80后、90后逐渐成为新生代农民工,同时又是作为"数字原住民"的一代成长起来,他们的行为方式、用语、人际互动早已受到数字媒介与互联网的深刻影响。因而当他们为人父母之时,他们是如何通过手机来与自己远在家乡的孩子进行联系?如何通过媒介履行亲职?他们与自己的子女之间的亲子关系与过去相比是否有所不同?本节试图关注新生代农民工父母与他们的留守儿童通过手机互动的表现,探

---

① 曹晋:《传播技术与社会性别:以流移上海的家政钟点女工的手机使用分析为例》,《新闻与传播研究》,2009年第1期。

② 曹晋、曹浩帆:《流动民工的男女平权与代际父权制再生产——基于大都市医院"双薪护工"劳动与微信沟通实践的分析》,《南京大学学报:哲学·人文科学·社会科学》,2021年第3期。

③ 受访者:王先生,男,34岁,蔬菜种植户,兰州,访谈时间:2022年1月21日。

索他们如何借助技术来调整自己"做母亲""做父亲"的职责,这对关爱当下社会留守儿童的内心情感、理解数字时代的亲子关系和探析新时代下留守家庭关系图景都有一定的借鉴意义。具体来说,主要围绕以下两个问题展开调研和分析:第一,留守儿童家庭中父母是如何通过手机进行亲职履行的?第二,留守家庭是如何将手机编织进日常生活中的?

对此,研究小组对15组留守儿童家庭进行了半结构化协同访谈与观察。受访对象来源于湖北省多个县城的多所学校的留守儿童与其父母。研究小组通过熟人引荐与学校建立了联系,校方为我们从不同年级邀请了多名留守儿童进行访谈,包括小学生、初中和高中学生。在访谈结束后征求孩子的同意,我们收集到了他们父母的电话。由于留守儿童父母分散于全国各地工作,包括福建、湖南、浙江、上海、北京等,不便在线下进行面对面访谈,因此采用了线上电话访谈的方式。我们对于受访留守儿童的选择标准为:①留守儿童是指父母双方或一方流动,留在原籍不能与父母共同生活在一起的儿童;②留守儿童年龄在6—17岁;③父母常年不在家且不回家。

根据学术伦理规范,本文对所有受访者个人以及访谈中其他隐私信息进行了匿名化处理。

图4-1　在湖北访谈留守儿童

经调研发现,手机在留守儿童及其家庭群体中扮演着以下角色:

1.手机联结与技术风险

在移动媒体和电信基础设施尚未普及的年代,留守农村的儿童较难与父母保持"即刻联结"的关系。相较于手机,早期媒介科技介入农村生活是以网吧的形式出现,由于父母在外,家中老人又较难留意到媒介影响,同时儿童心智尚未成熟又缺乏自制力,因此一些留守儿童将时间耗费在与同龄人在网吧玩网络游戏中，以此体验共乐，消解孤独，但如此一来又造成学业的倒退，因此媒介科技之于留守儿童往往给外界负面的印象。①

　　随着智能手机的普及，留守儿童及其家长逐渐习惯用社交软件——微信作为维系彼此关系的渠道。微信作为一个集聊天、视频、电子支付、朋友圈为一体的"超级黏性软件"（super-sticky app），在设计之初就不仅为家庭使用，而是包括同事、同学、商业交易乃至陌生人之间连结的平台，是公共领域与私生活之间交织、共构的产物。然而当微信被留守儿童家庭驯化后，则成为家庭成员间日常联系、讨论家中事务、教导子女学业，维系情感、排遣思念、实践远距家庭亲职的工具。在这一过程中，留守儿童被重新放置进核心家庭的关系体系中，得以享有类似普通城市家庭父母的陪伴，同时父母也完成履行自己身为家长的伦理职责，弱化长期以来留守儿童家长因为无法陪伴子女的亏欠感，使得家庭关系看上去更加和谐。

　　从访谈来看，大多数留守子女只有一部手机，多来自父母所淘汰的旧款机型，款式以国产的中低端手机为主，通常只会装载维持基本沟通的社交软件。而从家长方面来看，年轻的农民工大多在智能手机发展的前中期就开始使用，拥有较丰富的"驯化"经验。手机作为亲子间沟通、互动的工具，最先主要由父母一方所主导，会结合他们的智能手机和社交软件的使用经验，希望以此更方便、快捷地与孩子联系，同时可以避免借助第三方（爷爷、奶奶）来找寻子女，造成传播的"延宕"。同时父母也会思考手机过早给予孩子可能造成的危害或是负面影响，因此有些父母会根据孩子的年龄而分化媒介的选用，针对小学低年级的学童先让他们使用智能手表，等到高年级再换成手机，以防止小孩养成不良的媒介使用习惯。由此看出，手机的使用与亲子关系间是动态的权力关系，父母会提前预想可能的后果，通过制定或是约束子女对手机的使用，来减少可能的风险。与此同时，传统的电话、短信等沟通渠道经历了媒介退用的过程，从访谈来看，父母已经很少使用这些方式与子女联系，原因在于媒介形式的单一与不便，相较下微信成为主要连接方式。受访的大部分父母声称微信已经代替了短信与电话的功能，他们似乎已经很久不再去发短信，电话也相较于之前打得比较少，更多是接听电话。黄先生说：

　　"像现在都是在家有宽带，然后所有的电子产品都可以连Wi-Fi，

————————
①　管成云：《农村网吧里的孩子们——基于湖北省藕镇留守儿童互联网使用与社会交往的民族志调查》，《新闻学研究》，2017年第2期。

这样使用起来就不会再担心流量超支、话费超支的问题。目前的网络技术已经发展得很好，网络基础设施所带来的费用好像每个人都能接受了，所以像过去那种担心话费不够、流量不够的问题已经不存在了，所以我们也就不使用短信和电话功能了，微信都能取代这些功能。"①

在日常沟通中，微信的不同功能被赋予不同的文化意义，这与技术的可供性相关。可以区隔出视频联系和语音文字联系。视频通话是目前最形象、快捷的沟通技术，具有画面、声音同时又保证双方的在场性，如同营造了一个虚拟的"家庭客厅"，这反映"凝视"在家庭成员的媒介沟通中扮演重要角色，透过微信视频让彼此看见，这不仅可以让家长知道孩子此时的身高、体重、面容，更是让彼此深层的精神情感被"看见"。胡女士说：

> "我经常在视频里发现我孩子衣服小了，我就知道他又长身体了，然后我就会给他买新衣服，虽然不在一起，但是我还是可以通过手机的一些功能来创造和我孩子见面的机会，让我心里多少得到安慰的同时，我觉得我孩子也会感受到妈妈是在身边的。"②

因而视频下的亲子对话让物理距离被消融，产生了"有形的媒介亲密关系"(tangible mediated intimacy)，从而改善了亲子关系，促进了良性的家庭沟通。③甚至，这种媒介化的凝视下，媒介成为父母的"替身"，借助微信本身多模态的功能性，例如文字、朋友圈照片、语音、表情符号等，微信的亲职实践建构出"超真实"的父母形象。当向子女问到"如何看待父母长期在外工作，无暇照顾你"这一类问题时，部分留守儿童也表示能够理解。胡女士的儿子说：

> "其实也能够理解我妈的工作性质，毕竟她工作养我，所以我很能理解她，而且她基本每天都会和我视频，我们可以通过屏幕进行互动，聊每天发生的事情，她会给我讲她身边的事情，我会给妈妈分享我在学

① 受访者：黄先生，男，37岁，地质勘探员，广东广州，访谈时间：2022年3月21日。
② 受访者：胡女士，女，35岁，少儿语言培训师，湖北武汉，访谈时间：2022年3月14日。
③ Chen, H. (2020). "Left-Behind Children as Agents: Mobile Media, Transnational Communication and the Mediated Family Gaze," In *Mobile Media and Social Intimacies in Asia.* Springer, Dordrecht, pp. 133-151.

校的事,除了不在一起,我感觉我们彼此还是很了解对方的。"①

从中可以看出,借助媒介,孩子更能了解父母的日常生活与个人兴趣,例如爱听什么歌、打工中的趣事、新买的衣服等,甚至一个表情包也让严肃的亲子对话变得更为生动。相较于视频通话,语音和文字对话的生动性较弱。父母在驯化微信时会切身考虑媒介的特性以及小孩的心理,因此相较于视频通话的温馨,语音文字对话往往涉及教育,常以相对严肃的对话为主。姚女士说:

> "我女儿从小不在我身边嘛,所以从小对她的管教要和其他家庭不太一样,你得把握训斥的尺度,毕竟不在一起,所以我很担心她对我的感情很冷淡,所以像她犯了什么错的时候,我都不是直接说她,都是发消息给她,而且话语不能太强硬,我觉得我们这种远在外地的父母教育孩子真的是门学问。"②

从中可以看出,父母会先去铺垫问题,再来说道理,从而让小孩能更清楚意识到自己的错误,这反映媒介科技虽然能方便远距家庭间的亲子沟通,但是并不会完全改变旧有的亲子沟通技巧,也不会加速问题的解决,换言之,父母依然需要耐心地投入媒介对话的过程中,适时地选择不同种类"媒介家庭凝视"的传播方式,以达到社交媒体的功能优化,进而建构远距媒介的亲职实践。

2. 嵌入:亲子间的微信"驯化"与亲职差异

当技术被消费者从公共领域挪用到私人领域时,标志着人与技术的驯化关系正式确定,即科技开始"嵌入"人们的日常生活,换言之,客体化与整合阶段强调媒介技术在日常生活及时空中的嵌入。③进一步来说,客体化关注媒介技术进入日常生活空间中的实践状态,用户根据自身需求特点对媒介技术相关功能进行重新配置,呈现个性化与独特性。当用户尝试将媒介技术整合进日常生活中时,他们一方面会维持既有的生活模式,同时又要把握整体的结构,在这一过程中,媒介技术可能会偏离设计者的初衷而发挥作用,用户能够借助策略性实践从而合理化不同的功能。在留守儿童的家庭

---

① 受访者:林同学,男,9岁,小学三年级,湖北黄石,访谈时间:2022年3月9日。
② 受访者:姚女士,女,43岁,个体户,广东深圳,访谈时间:2022年1月21日。
③ 王炎龙、王石磊:《"驯化"微信群:年长世代构建线上家庭社区的在地实践》,《新闻与传播研究》,2021年第5期。

结构中,由于父母常年未能在身边陪伴照顾其孩子,因此他们会借助微信线上的交流场景,通过自己的言谈举止、行为方式不自觉地持续驯化着微信软件,子女也在这种驯化过程中接受父母传递的信息与关爱,最终构建了一个远距离的家庭文化空间。

（1）日常沟通与互动韵律

在外务工的父母们虽然不在孩子身边照顾他们的衣食起居,但是他们会通过微信技术来营造"在场"感,实现"远距离亲职"的职责。在访谈的过程中,很多妈妈们表示,在孩子处于低年级阶段时,她们还是很担心孩子们的习惯养成会不规范,爷爷奶奶的教育方式可能会比较保守,所以她们会通过微信来仿刻自己在家的感觉,每天在孩子固定的几个时间段通过微信提醒他们要做的事情。邹女士说:

> "我的工作时间集中在下午,所以上午时间比较空。在小孩比较小的时候,特别是一至三年级,正好是他习惯养成的黄金阶段,每天早上叫醒他的不是闹钟,而是我的视频电话,然后提醒他洗漱、收拾上学需要的东西、吃早餐,这些事其实都是妈妈做得比较多,像那些在父母身边的小孩,可能这些就是每天的日常惯例,我呢只不过把它放在了手机上完成,我觉得习惯很重要,所以更多的是帮助孩子养成良好的日常生活习惯。"[1]

因为工作性质的不同,很多母亲可能不像邹女士一样拥有灵活的工作时间,但是她们都表达了同样的观念,即手机打破了她们与孩子之间物理距离的阻碍,实现了"连接的存在"和无处不在的互联网概念。[2]她们一有时间就会通过手机微信来与孩子们建立联系,旨在加强与孩子之间的亲近感。胡女士说:

> "像我工作时间就比较不固定,很多时候我闲下来但孩子在上学,所以我都是在平时会把我工作中比较有意思的事情拍成小视频发给孩子,然后周末我们会进行很久的聊天,很多时候视频一开就是半天,可能不会一直聊天,但是这种感觉就很美好,因为长时间见不到孩子,这

① 受访者:邹女士,女,40岁,美容师,深圳,访谈时间:2022年1月20日。

② Licoppe C.(2004)."'Connected' presence:The emergence of a new repertoire for managing social relationships in a changing communication technoscape," Environment and Planning D:*Society and Space*.22(1):pp.135-156.

样的方式也算是一种补偿。"①

妈妈们与孩子们的联系是一种无意识的、有规律的,更像是在身边的感觉。与此同时,远距离的爸爸与孩子们的联系则相反,是一种有意识的、无规律的节奏,很多爸爸们在访谈中都透露着相同的信息,他们与孩子的联系比较少,更多是有事情需要告知的时候会与孩子聊一聊,通常是用语音电话的方式。邓先生说:

> "我和孩子联系得比较少,一个月联系个一到两次吧,主要是平时也不知道说什么,每次聊天也就是提醒他一些注意事项,然后问问他有什么需要的,家里情况之类的,也就不到十分钟的对话。"②

而且,从对爸爸们的访谈中发现,他们与子女的沟通基本是通过语音电话的方式,他们不太喜欢用视频与自己的子女进行联系,一方面他们会觉得这样的方式会让他们很不自在,另一方面他们自认为孩子们也不喜欢和他们视频。赵先生说:

> "从小我和他的联系就是通过语音电话,基本上一个月打一次,除非有特殊事情可能会联系得比较多,不喜欢视频是因为爸爸这个角色本来在家庭中好像就没有妈妈给人的感觉亲切,加上我们在外工作,平时也没时间和孩子联系,与孩子的关系会越来越淡薄,视频就会显得很不自在,孩子不自在,我可能也有点不自在。"③

从访谈中发现,远距离的父母为了加强与孩子之间的代际沟通,他们会通过手机媒介的互动功能达到交流方式多样化。父母们会觉得,虽然他们不在孩子身边,但是每天短暂的线上交流让他们实现了"做父母"的义务与职责,也和孩子建立了更多的熟悉感与亲密感。

总体而言,家庭成员会将媒介科技嵌入个人的日常生活行程中,维持既有的时间结构,同时发挥自身的能动性把握对节奏的控制。正如有学者研究表明,人们透过媒体型塑、维系日常规律的行为,即由每天与媒体间有计

---

① 受访者:胡女士,女,35岁,少儿语言培训师,湖北武汉,访谈时间:2022年3月14日。
② 受访者:邓先生,男,39岁,销售,广东广州,访谈时间:2022年1月20日。
③ 受访者:赵先生,男,40岁,个体户,河南郑州,访谈时间:2022年1月21日。

划且规律的互动所组成,甚至人们会将媒体的韵律内化至日常活动中而不自觉。[1]由于智能手机的即时性和方便携带性,父母可以在休息与工作间自如地安排与子女的沟通,并透过媒介实践创造日常生活的仪式感,例如视频电话取代闹钟成为子女一天生活的开始,以此帮助小孩养成良好的作息。本节的研究也发现基于性别脚本的预设,父母的媒介整合方式有所差异,母亲是一种情感性的时间结构,即驯化的方式更立基在满足彼此情感的需要与陪伴;而父亲则是一种事件性的时间结构,其驯化方式多以目的作为导向,透过具体的日常生活中的事件(例如家中大事、子女犯错)以开启沟通和教导的功用。

(2)家庭教育与亲职划界

长久以来,父母都具有培育、监督孩子学业及品性的亲属职责,微信的普及则提供给外地的农民工家长有条件远距离地负责孩子的教育。然而过去的研究指出,父职与母职在家庭教育方面的行为态度上存在差异,往往父职的角色功能在于控制,而母职的角色功能在于抚育[2]。本节的研究亦发现,父母在借助手机进行远端教育的过程中存在不同的侧重和差异。

对于孩子的教育,受访者都表示最为担心的是孩子的性格和学习两方面:一方面害怕他们性格会不会比较孤僻、胆小,或缺乏正确引导在外闯祸;另一方面害怕孩子成绩太差。在学习教育上,父亲和母亲的观念也有所差异,王先生认为孩子的性格养成才是最重要的,成人比成才更重要;邹女士也认为性格对于留守的孩子们而言是非常重要的,但是由于现在升学竞争非常激烈,她认为学习教育也很重要。

> "其实比较担心小孩性格养成,学习倒是还好,从来不会让他一定要考多少分,考第几名,就是用心、尽全力就好,读书也不是唯一一条路;但是性格方面就很重要,关系着他的行为、为人处事、在外社交等。"[3]

> "现在就很担心他成绩,其实我们相处非常愉快,他有任何事也都会告诉我,我倒不担心他的性格,但在现在孩子们的教育竞争也很激

---

① 王淑美:《传播科技与生活韵律——关于研究方法的探讨》,《传播研究与实践》,2014年第1期。
② 刘容襄、黄迺毓:《数位时代下父母参与式学习之亲职教育研究》,《家庭教育与咨商学刊》,2015年第2期。
③ 受访者:王先生,男,34岁,蔬菜种植户,甘肃兰州,访谈时间:2022年1月21日。

烈。我们也不是想要他一定考上名牌大学,只是大学还是要上啊,所以还是担心他的成绩,希望他考上高中,顺利读个大学就好。"①

根据访谈资料显示,在外务工的父母们对于孩子们的教育更多希望的是孩子们能够健康、快乐地成长,在性格上不要有缺憾,同时在学习上也并没有"望子成龙、望女成凤"的想法,更多希望他们能够完成基本大学教育即可。因此,在日常生活中,他们都会利用手机微信与其子女进行日常教育,对其进行学习方面的督促。

本节研究发现在学习教育上,还是妈妈们照料得多,她们会每天晚上在固定的时间段与孩子进行视频通话,来完成对孩子作业上的照料与监督。李女士说:

> "我每天晚上的7点到9点就是留给孩子的,一般小孩放学回家吃完饭就开始写作业,到7点我开始给她视频,然后会一边盯着她写作业,一边给她过当天的学习内容,包括她没听懂的、作业中不会的,还有些常规的听写、背诵等。"②

受访中的很多妈妈们都会利用晚上的时间给孩子们进行学习上的辅导及监管,她们认为,在孩子低年级的时候,学习习惯的养成是很重要的,有了良好的习惯后,高年级会省很多事,所以她们宁愿麻烦点、辛苦点也要通过手机来弥补对孩子教育上的缺失。姚女士说:

> "我家孩子现在读高中,其实她学习习惯很好,我倒是不担心,小学的时候我辅导了她三年,从一年级到三年级,每天都是用电话,那个时候微信刚出来,功能还没有很齐全,刚开始用QQ视频,后来改成微信视频,后来她年级越来越高,我也不辅导了,一方面我知识水平也跟不上,另一方面她也养成了自主学习的习惯。"③

相较于学习教育,关于日常行为规范、品性原则的教育则主要集中在爸爸身上,虽然妈妈偶尔也会管教,但是在家庭中这一方面的权力更多归爸爸

---

① 受访者:邹女士,女,40岁,美容师,广东深圳,访谈时间:2022年1月20日。
② 受访者:李女士,女,29岁,蔬菜批发商,甘肃兰州,访谈时间:2022年3月30日。
③ 受访者:姚女士,女,43岁,个体户,广东深圳,访谈时间:2022年1月21日。

所有,这也是在家庭中父母们协商过后的结果。赵先生说:

> "我和他妈都在外地工作嘛,以前孩子小时候我们是在一起工作,后来孩子大了,我和他妈就不在一个城市了。本来孩子就是留守儿童,所以小时候我们是商量着夫妻俩还是在一起,总不能让孩子每次都觉得这家真是奇怪,三个人在三个地方,所以小时候我和我爱人就协商过,虽然和孩子不在一起,但是在家庭分工上,学习的事情我一个男人也不怎么会管,全权交给爱人,孩子日常行为上,主要还是我来管,一旦有什么大的事情发生,那都是我在管孩子。"[①]

这一点也是大多数爸爸们的观点,他们认为在家庭中,男人在很多大事上有着决定权。孩子一旦犯了很严重或者是原则性的错误,爸爸就应该出面来教育孩子树立正确的处事观。

从远程教育的亲职划界,我们可以看出母亲往往扮演着日常教育监管的落实者,而父亲则基于男性气质的脚本,主要退居"幕后",只会在更重要的偏品性原则的教育上才会发声。不难看出,微信社交媒体虽然弥补了远方父母履行亲职教育的机会,某种程度上促使家庭关系更加紧密,然而也复制了旧有的家庭分工的不对等,母亲需要投入更多的精力以履行母职脚本的道德规范,这造成母亲持续地情感劳动的投入,正如有学者指出在新自由主义下,"密集母职"已经成为当代母职实作的重要特征,即除了主张母亲是孩子最佳的照顾者外,更要投入大量的时间、心力甚至金钱专注于育儿。[②]由于留守儿童尚未成年、无法为自己负责,因而母亲在驯化媒介的同时为子女承担了学业成绩、成长、管控风险的责任。总而言之,本节研究发现农民工父母在驯化科技的过程中虽然能发挥能动性,积极打造出适用于远程家庭教育的实践策略,然而这仍然受制于既有的性别结构,某种程度上造成母亲需要付出更多的劳动以维系家庭的运作。

(3)物质回馈与情感补偿

微信作为一个平台媒体,除了日常沟通交流,也包括物质交易的功能,例如有转账、支付等用途,而这也成为远距家长与子女间另一种"情感传播"的方式。

---

① 受访者:赵先生,男,40岁,个体户,河南郑州,访谈时间:2022年1月21日。
② 梁莉芳:《养育"无污染"的孩子:有机食品论述、风险管控与母职实作》,《女学学志:妇女与性别研究》,2018年第1期。

物质经济的回馈在维系留守儿童家庭中起着核心作用。很多受访的父母都表示，物质补偿在某种程度上让他们感觉自己还是个父/母亲。李女士说：

"基本每周都会给女儿买好吃的。长时间不回家，孩子很多日常习惯很容易发生变化，所以我经常和她聊天的时候就问，最近想吃什么啊？有没有喜欢的东西呀？然后吃的我就会周末点外卖给她，她喜欢的物品我会当成奖励在她得到表扬的时候送给她。"①

对于孩子们的日常吃穿用度，妈妈们虽然不在身边，但是一直都是通过手机购物来后援孩子们。胡女士说：

"他现在正处于发育的关键时期，很多衣服裤子鞋子穿不了很久，所以我经常会在淘宝上给他买一些衣物寄给他。男孩子好像比较喜欢鞋子，他很喜欢耐克的鞋子，但是因为还挺贵的，所以我都是当成生日礼物或者在他考试考的非常好的时候当成奖励送给他。"②

此外，妈妈们还会在孩子们的生日时，给他们发微信红包，有的甚至会提前外卖生日蛋糕然后隔着屏幕一起给孩子过生日，这种比较重要的日子她们认为再忙也不能够缺席。祝女士说：

"每年他的生日我是一定不会缺席的，不管我多忙，我都会腾出一个小时，然后打开视频和他一起过生日，看着他吹蜡烛、许愿，然后开心的样子，这是我们做母亲最满足的时刻。"③

在孩子的生活细节上，妈妈们是记得非常清楚的，她们总是会给孩子带去不一样的生活惊喜。对于爸爸们来说，他们偶尔也会给孩子们进行物质补偿，不过最频繁的方式就是直接给钱，而且一次给的金额挺大。受访的大部分爸爸都表示，钱是比较直接的方式。

---

① 受访者：李女士，女，29岁，蔬菜批发商，甘肃兰州，访谈时间：2022年3月30日。
② 受访者：胡女士，女，35岁，少儿语言培训师，湖北武汉，访谈时间：2022年3月14日。
③ 受访者：祝女士，女，38岁，工厂员工，广东广州，访谈时间：2022年3月8日。

"从小我就是直接给她钱。女孩子嘛,可能比较喜欢很多小东西,我也不是很懂,所以从小就是一次性给她一个月的零花钱,一直到现在她上高中都是这样,而且我给的钱一般都比同龄小朋友多,主要是我常年在外,我希望她在物质上是充足的。"①

"从小都是给生活费,小时候是一月一给,现在大了都是一学期一给,其实我给的肯定是足够的,孩子也还好不会乱花钱,主要想让他在外面有点安全感,平时和同学出去玩的时候也不会担心没有零花钱之类的。"②

通过手机进行的物质经济补偿不仅是一种经济交易,也是在外务工的父母们远距离表达对子女关爱的一种方式,他们会凭借经济上的流通来询问留守儿童最近的生活情况。物质经济上的补偿让父母们对于子女的职责多了一份填充感,虽然不能无时无刻地陪伴,但是至少在物质经济方面让孩子们做到无后顾之忧,对于远距离的父母而言,也是一种情感慰藉。按照消费社会学的观点,物品除了交换价值和使用价值,还有一种符号价值(signifying value),例如毛衣的使用价值是冬天御寒,但是在母亲送给小孩的情境下,这是作为象征母爱的礼物和情感的补偿。在此我们也能区隔,父亲和母亲在驯化微信及其红包、支付功能上存在差异,父亲会直接给小孩货币/金钱,让其自己选择所需要的物品,这是基于商品的使用价值和理性判断所做的决定。相较下,母亲会更考虑小孩的情感、年龄和成长环境,亲自询问并挑选其会用到的东西,以礼物的形式赠予。由此可见母亲在驯化科技的过程中更会赋予其仪式化的情感价值,从而在实践中完成对于母职的想象。

3.转化:远距离"共同存在"的实践与极限

西尔弗斯通称"转化跨越了人工制品与意义、文本与技术的边界",同时他也强调媒介技术的双重构连性,即技术本身是信息的中介与实体,同时也是帮助家庭或个人融入现代社会、形塑认同或实现社会文化意义的渠道。③在留守儿童的家庭中,远距离的父母借助手机微信实现了与子女的日常联

① 受访者:任先生,男,39岁,工厂员工,重庆,访谈时间:2022年1月19日。
② 受访者:陈先生,男,42岁,蔬菜种植户,甘肃兰州,访谈时间:2022年1月22日。
③ Silverstone, R. (2005). Introduction. In R. Silverstone(ed.), *Media, technology and everyday life in Europe:From information to communication*. Hants,Canada:Ashgate. pp. 1-18.

系,通过"虚拟共存"保持着"永恒联系"。受访者中的母亲们都表示,同过去相比,当今社会由于通信技术的普及,微信中的基础功能(视频、语音、文字、表情)完备,使得其成为她们首选的虚拟沟通媒介。她们在微信里凭借孩子的声音、神情来判断他们是否有烦恼,这种沟通使她们觉得和孩子之间"仍然很亲近"。

> "孩子现在大了,学习压力也挺大,所以一般我都会和她定期视频,从日常生活中观察她的状态,她在谈论学习、生活时的神情好不好,我一眼可以看出来,当下我就会采取不同的方式来开导她。"①

> "我和我儿子其实沟通一直非常有效。我们虽然不在一起,但是感情很深厚,每次他不开心或者遇到挫折的时候,我都不是立刻给他打视频,因为在当下他也不会给你讲什么,所以我都会给他打文字,用很多很温馨的词句开导他,然后当他回复我时,我可以从他的回复中看出他内心的一点变化,之后我才会用视频或者语音的方式强化对他的一种鼓励。"②

从这些妈妈们的举动中可以看出,技术的有效使用往往有助于瓦解距离带来的障碍,使得远距离家庭在那一刻是共同存在的。

对于留守儿童的家庭而言,他们的手机使用是区别于其他家庭独一无二的烙印。媒介技术的改进和成本的降低,使得"虚拟的共处"成为他们处理对孩子的渴望和思念的方式。在他们的手机使用中,虚拟共处形式最常见的是通过听觉(语音中的口头交流)与视觉(视频中的跨屏互动)来建构,或是通过短信中的书面文字形式交流等,多感官的互动用以填补父母对于子女的思念,形成远距离的"共在感"。本书认为农民工父母将媒介科技挪用于远距离的家庭中,驯化出了家庭领域内独有的媒介逻辑,反映了当下在持续建构中的"做家庭"(doing family)愈来愈与媒介逻辑相交织,即促使形成了仪式性的、无处不在的和共同存在的家庭形式。③然而这一过程可能也使得家庭反而受制于媒介逻辑形式的束缚,一方面这造成阶序化的媒介

① 受访者:姚女士,女,43岁,个体户,广东深圳,访谈时间:2022年1月21日。
② 受访者:胡女士,女,35岁,少儿语言培训师,湖北武汉,访谈时间:2022年3月14日。
③ Nedelcu,M.,& Wyss,M.(2016)."Doing family'through ICT-mediated ordinary co-presence:Transnational communication practices of Romanian migrants in Switzerland," *Global Networks*.16(2):pp.202-218.

投入,母亲需要花费更多的时间和精力,时刻留意孩子的信息,造成持续的专注和压力,而父亲得以按照自身的安排来使用媒介,可以相对自由地"近身"或"抽离"远距"做家庭"的关系里,这重新复刻了旧有的不平等的父职/母职分工。另一方面,借助驯化媒介满足了父母不能陪伴孩子长大的"亏欠感",但又吊诡地合理化了父母长期在外的理由,从而造成了"理所当然"的媒介陪伴,此时双方依赖微信中介"展演"彼此的关心与情感,但其极限在于更深层的情感可能难以依赖媒介来表达。

4. 再驯化:留守儿童自我赋权的另类实践

手机是留守家庭连接的桥梁,父母通过手机随时随地地关心子女的生活动态,然而并不是所有子女对于父母手机亲职的行为都予以接纳,在部分孩子眼里,父母频繁的视频通话、语音聊天都是在远程监控他们的一举一动,有的父母也会在孩子的手机上开启远程定位模式,这些在孩子们眼里都是被监视的举动。因此,他们为了打破父母的监控,会采取手机抵御模式。姚女士女儿说:

> "我的朋友圈都是分组可见,以前其实都没有,自从我妈开始管我的穿着打扮,还会在上面评论一些有的没的,我就开始对家人亲戚分组了,因为有时候发的一些比较私人的内容(比如出去和朋友玩、某一天化了妆穿得比较性感点)害怕被亲戚家人指指点点。"①

在受访的大部分中学生群体里,他们都表示平时发动态都会屏蔽家人亲戚。他们认为,私人领域的动态不应过多暴露给有亲缘关系的人,害怕带来麻烦,同时也害怕被监管。少数人还坦言,曾经发现父母在他们手机上开启了定位模式,无论去哪里,父母都能看到。孩子们认为这是侵犯了其自由的权利,虽然父母是好心,但是孩子们还是感受到了强烈的被监管的感觉,形容自己像个监狱中的"犯人"一样。

除了利用手机抵抗来自父母的监管以外,有些受访者还表示会利用手机来刻意获取父母的关注,这主要发生在低年级的孩子中。在访谈的过程中发现,有少数低年级的孩子会刻意在学校犯错,然后获得与父母联系的机会,哪怕只是一顿训斥。王先生儿子说:

> "之前班上有几个同学在学校可能犯了错,然后被要求请家长,

---

① 受访者:汤同学,女,15岁,高中二年级学生,湖北洪湖,访谈时间:2022年1月20日。

但是他们和我一样也是爸妈不在身边,所以爷爷奶奶来学校可能也起不到什么作用。后来老师就和他们的爸妈联系,然后爸妈就回来了,后来我也故意在学校犯了点错,但是我爸妈没有回来,不过他们有打电话给我。"①

随着智能手机和微信被带入农民工—留守儿童家庭中,既存的微信功能被驯化出新的意义与实践策略。首先,相较于过去的网吧等多给留守儿童造成负面的影响,手机与微信则由父母主动使用并规避可能存在的风险,将其视为是与孩子随时联结的、正向的工具。借助不同功能的可供性,父母划界出不同的实践意义,将视频联系多用以情感、生活方面的话题导向,而语音和文字联系则被视为是批评、教育的渠道。其次,本书研究发现,在借助微信的远距亲职履行中,母亲与父亲存在不同的驯化脚本,母亲将微信整合进情感性的时间结构中,在自身的工作行程外尽量抽取更多的时间保证与子女的日常联络,甚至将联络本身仪式化,以此帮助子女养成好的生活作息。母亲被赋予"密集母职"的期望,即负有保证小孩学业的伦理责任,因而她们需要尽其所能地借助微信辅导、监管小孩的日常作业,以此建构出合格的母亲标准。因为无法长期陪伴子女,母亲需要随时观察孩子的生活需要和成长状况,透过网络购物平台给子女购买所需、所想的商品,借助物品展现自己对于孩子的关心以做到情感补偿,这是一种偏向"礼物经济"的消费关系。与之相对,父亲的媒介实践更偏向事件性时间结构,即以家中事件或是孩子的个人问题作为切入点来达成联系,同时父亲不太会监管孩子的学业而在孩子的性格教育上发挥父职的功能,在物质补偿方面,父亲以直接汇款的方式,基于理性与物品实用价值为原则让子女自行购买所需。从中我们不难看出,远距父母在驯化媒介时仍然受限于既定的性别脚本,母亲依然扮演抚育、感情照护的角色,而父亲则维系了既有的父权结构下的男性气质,较少能真正地展露自身的情感。

虽然微信促使远距家庭保有了共同存在的状态,从而让父母更有机会关注子女的成长和心理状况,适时地表达关心以减弱父母长期不在家的亏欠感。然而远距"做家庭"的过程也受限于媒介逻辑,这使得母亲需要时刻在线与情感劳动而父亲则可以工作优先与随机抽离,这加深了既有的父职与母职的不平等。同时正因为微信的便利,这使得远距离"做家庭"变成理所当然,父母将媒介视为是一种"替身",相信透过其可以完成亲职实践,这

---

① 　受访者:王同学,男,11岁,小学五年级学生,湖北洪湖,访谈时间:2022年1月18日。

可能造成对"超真实"影像的过度相信,而忽视镜头背后孩子真实的感受。但不可否认,数字化的实践中,人依然扮演主动的地位,即在驯化的过程中发挥能动性,因而我们可以看见孩子在被远距监督的过程中也不是全然被动的客体,而是能借助媒介再驯化的策略表达自身的感受和达成一定的目的。

二、重新理解智能家居:物体间性逻辑中的"人—物"关系重构与认识论转向

随着人工智能技术的升级和普及,智能家居逐渐成为人类家庭生活的重要组成部分。以小米公司为代表的互联网公司生产了智能手环、智能摄像头、智能电视、净水器、智能夜灯、智能安防套装等一系列智能家居产品,并依靠无线网络技术和红外传感器技术,将家庭空间中物与物、人与物相互勾连在一起,并在手机平台实现信息汇合与集中操控。比如智能手环可以收集人的健康数据,形成人类身体的数字化景观。通过智能摄像头可以远程观看家庭空间,实时监测家庭空间的变化。智能安防套装则可以利用红外线感应器,自动、实时监测和提醒人或动物的移动,从而实现其他家居产品开关的智能联动。

由此,从技术角度而言,可以将智能家居系统理解为以个人住宅为平台,采用先进的计算机技术、通信技术、综合布线技术、自动控制技术、音视频技术等将家居生活相关的各种控制子系统有机结合在一起的集成系统。[①]在现代社会,智能家居越来越成为人们建构理想家庭不可或缺的技术组成部分,因为它满足了人们对于外在事物的操控以及对理性、秩序的追求。同时,智能家居的人格化与情感化设计,使家庭成员在与其日常使用之中,产生了显的情感互动与依赖。

过往的研究主要聚焦于对智能家居的功能性分析和技术思考,为了更深入探讨智能家居与人类之间的关系,本节引入技术哲学中的"物种间性"概念,通过这一理论视角,帮助我们从物的视角探索智能家居与家庭成员日常交往中所扮演的角色,从而进一步推进"人—物"关系的经验认知和认识论转向。

(一)追问智能家居的本质:人工智能的主体性与客体性之辩

在智能技术以及各种智能设备进入家庭之前,人们对"主体性"的归属

---

① 陈国嘉:《智能家居:商业模式+案例分析+应用实战》,北京:人民邮电出版社,2016年,第3页。

并无异议,主体性是人类能够以自主的方式行动、思考和进行价值实现的基础属性。但随着赛博格以及人工智能AI的出现,人类在享受智能技术带来的便捷与自由的同时,也意识到智能化使技术的自主性更强,人对智能技术的依赖性也更严重,人的主体性逐渐弱化,主体人与客体智能人之间出现了地位错置的关系①。智能技术在日常生活中不断扩散和共生的过程中,人类产生了对异形构造的恐惧以及人类是否终将被人工智能所淘汰等焦虑,由此催生了人工智能的主体性和客体性之辩。

目前学界对人工智能是否具备主体性的研究观点各异,大致可归纳为三类:第一类,对智能技术持乐观态度的学者认为人工智能具有一定的主体性,且人工智能是介于人类与工具之间的,人类更是赋予人工智能"准主体"的地位②。因而,在他们看来,人与人工智能的关系并非完全是主体与客体之间的关系,而是一种主体与类主体之间的关系③。第二类学者对待人工智能的态度较为温和,他们从人工智能与人的交互特征出发,将其认为是某种具有一定主体能动性的"拟主体"④,还有的学者认为:在人机传播的视域下,家庭智能音箱是一种"弱"主体⑤。智能媒介的"拟主体性"能够强化和提升人的思维能力,模拟人的感性存在,但缺乏社会关系和时间基础,因此无法复制、模拟和超越人的主体性⑥,人始终是主导者,机器的学习和接受能力都是人的伦理观与价值观⑦。第三类学者则认为人工智能是利用数字计算机的机器模拟、延伸和扩展人的智能的工具。学者陈凡认为人的主体性是在实践活动中确认和强化的,人工智能的行为是根据人的指令生成的,没有实践性,因此人工智能并不具备主体性⑧。智能机器是由人的本质抽象化而产生的产物,在'人—机'共同主体结构的传播中,人仍然是唯一的主体⑨。因此,人工智能在推动事物发展中一直充当着工具的角色,其本质在于模拟人

① 闫坤如、曹彦娜:《人工智能时代主体性异化及其消解路径》,《华南理工大学学报(社会科学版)》,2020年第4期。

② 孙伟平、戴益斌:《关于人工智能主体地位的哲学思考》,《社会科学战线》,2018年第7期。

③ 曾建平:《信息时代的伦理审视》,《人民日报》,2019年7月12日第9版。

④ 段伟文:《控制的危机与人工智能的未来情境》,《探索与争鸣》,2017年第10期。

⑤ 谭雪芳:《智能媒介、机器主体与实拟虚境的"在家"——人机传播视域下的智能音箱与日常生活研究》,《南京社会科学》,2020年第8期。

⑥ 张劲松:《人是机器的尺度——论人工智能与人类主体性》,《自然辩证法研究》,2017年第1期。

⑦ 莫宏伟:《强人工智能与弱人工智能的伦理问题思考》,《科学与社会》,2018年第1期。

⑧ 陈凡、程海东:《人工智能的马克思主义审视》,《思想理论教育》,2017年第11期。

⑨ 杨保军:《简论智能新闻的主体性》,《现代传播》,2018年第11期。

类思维,不具备超越人类主观能动性的潜力①。支持这一观点的学者普遍相信"机器人技术的发展过程其实是将人类思维扩展到机器的过程",尽管人工智能的发展给人的主体性和主体地位带来了诸多挑战,但并不会造成人的主体性的丧失,从本质上来说,只有人才可以自主构建自己的社会关系②,智能机器只是人的本质的对象化产物。

多方各执一词,观点莫衷一是。不过纵观上述讨论会发现,关于智能家居是否具有主体性之所以陷入"鸡生蛋、蛋生鸡"的龃龉,是因为人们反复陷入主体赋予了对象物以行动能力的框架中。其核心本质仍是站在传统唯物主义的角度将技术作为人类劳动关系的结果,在主客体二元对立思想的统摄下,西方传统哲学史的主流秉持人与技术也是二元对立的观点,工具主义者认为技术是人类实现目的的手段和工具,社会的过度工具化将侵蚀人的主体地位。但时至如今,在技术座驾之下人与人、人与物、物与物的混杂关系早已经超越了传统主客二元论与人类中心主义所能阐释的范畴,因而,重新思考新的"人—物"关系认识论势在必行。

(二)物体间性:新唯物主义思想中的"人—物"认识论

所谓"新物质主义"(new materialism)指的是20世纪90年代罗斯·布拉伊多蒂(Rosi Braidotti)、曼纽尔·德兰达(Manuel Delanda)等人提出的,强调聚焦事物的存在(Being)而非对事物加以阐释和认知的本体论,旨在打破文化与自然、主体与客体二元对立思想的主张。这一思想主张重申了传统社会学对物质的理解和假定,近些年在学界兴起的"物质性转向"即这一思潮下的产物。布拉伊多蒂等人受到德勒兹提出的人与物在生机上平等的生机论启发,不再按照传统逻辑对人类、动物以及非有机物进行区分,而将万物看作是具有平等能动性的机体。尽管这些流派各有差异,但是从总体上都认为社会科学研究不应该只关注人类行动,还应该将各式各样的"物"作为研究主体,不仅如此,物不是静止和停滞的,而是具备能动性和创造力的。

依据不同的理论取向,新物质主义可以划分出三条理论主线即强调"以人为本"的"后人类主义"、强调"物—人互构"的"能动实在论"以及强调"以物为本"的"物导向本体论"。③后人类主义者主张"后人类并不是指作为主

---

① 郭明哲、朱秀秀:《人工智能无法确立主体性地位辨析——立足马克思技术观视域》,《重庆理工大学学报(社会科学)》,2020年第1期。

② 卢卫红、杨新福,《人工智能与人的主体性反思》,《重庆邮电大学学报(社会科学版)》,2023年第2期。

③ 郑作彧:《物—人关系的基本范畴:新唯物主义社会学综论》,《社会学研究》,2023年第2期。

体的人类对作为客体工具的使用，而是强调物本身即力的展现，与同为力之展现的人作为整体的生成而融合在一起，产生了各种能破除过往对人的标准定义的新人类形态。"①在这一思想谱系中，名声大噪的当属美国学者唐娜·哈拉维(Donna Haraway)，除了著名的《赛博格宣言》外，她还在专著《伴侣物种宣言：狗、人和意义重大的他性》中首次提出"伴侣物种"的概念，讲述了人类与非人类、有机物与科学技术等物种间相处共存的实践逻辑。能动实在论者似乎比后人类主义者更为激进，其提出者博拉德受到量子力学的影响，认为物的具象特征是经由不同的观察介质而呈现，因此，人与物之间的关系不仅是互相融合，更是互构的，彼此存在"内在作用"(intra-action)②，"人与物并非两个实体，而是在一套作用关系中才造就出双方的存有与能动性"③。第三条主线"物向本体论"则提出了对能动实在论的批判，认为人与物的互构关系仅存于二者有交集之时，而事实上世间许多物种并不存在交融。由此，美国哲学家哈曼(Graham Harman)继承了海德格尔"物"思想的遗产，提出了一种反还原论的"扁平的本体论"(flat ontology)——物向本体论，指出所有物都是平等的，人也只是一种"物"，不该理所当然地被视为主体，即"首先要将所有物都以同样的方式对待，而不是预设不同种类的物需要截然不同的本体论"④。

尽管这些学术取向之间存在争议甚至对立，但是他们共同论证并指向了一种超越人与物二元对立的固有范式，即物不是一种仅靠人类激活的存在，也不仅是鲍德里亚思想中的虚拟的符号，从认识论的角度而言，其在更广大意义上囊括了主体间性、客体间性，它可以表达为一种物体间性。物体间性(interobjectivity)是指代相关事物的体系，而不是相关主体的体系。⑤莫顿认为，所有的实体都在一个相对客观系统中相互连接着，形成一种网状结构(mesh)，当一个物体诞生时，它立即被纳入网状结构与其他物体的关系中，人类所谓的"主体间性"，只是更大的物体间性配置空间中的一个小区域，主体和所谓的"心智"实际上也是大脑神经元以特殊网状结构连接

---

① 郑作彧：《物—人关系的基本范畴：新唯物主义社会学综论》，《社会学研究》，2023年第2期。

② Barad K.(2003)."Posthumanist performativity:Toward an understanding of how matter comes to matter," *Signs:Journal of women in culture and society*,28(3):801-831.

③ 郑作彧：《物—人关系的基本范畴：新唯物主义社会学综论》，《社会学研究》，2023年第2期。

④ 骆世查：《反还原论与媒介哲学：哈曼的"物向本体论"初探》，《新闻大学》，2020年第4期。

⑤ Morton,Timothy.(2013).*Hyperobjects:Philosohpy and Ecology after the End of the World*.Minneapolis:University of Minnesota Press,p.84.

的结果,是二者在相互关联中出现的一种特殊属性。用海德格尔的话说,心智并不"在"大脑内,只有经由物见诸具体的生活实践时才得以展现。因此,心智、人格都是网状结构中的一个效应,也是物体间性的一种。①由此,物体间性为我们重新思考人与物的关系提供认识论的可能性。不过,物体间性作为一个抽象哲学概念,目前仅在理论层面展开讨论,那么如何具象地理解这一关系?本书认为,智能家居是根据泛模仿律生成的物体间关系的结果,它的构成统合了人与人、人与物、物与物之间的关系,本节将通过经验研究进行进一步探讨以丰富这一研究取向的鲜活度和阐释力。

本节主要采用问卷调查、结构式访谈与非结构式访谈相结合的方法。首先笔者通过"滚雪球"的形式,征集了20名智能家居使用者,通过发放使用智能家居产品的时间长短、使用频率等问题的问卷调查,并从中筛选出10名符合此次研究主题的智能家居使用者(见表4-1)。然后,对10名智能家居用户进行结构式的访谈(问题见表4-2),在与被访者建立一定熟悉度后,用微博话题"扫地机器人离家出走""原来小爱同学这么凶"等对用户进行引导式话题访谈(见表4-3)。

表4-1 本节研究对象产品使用基本情况

序号	名称	智能产品	使用频率	主要功能	访谈方式
1	叮当	扫地机器人、天猫精灵、智能灯控	每天	生活助手 语言互动	面对面谈谈
2	小桥	扫地机器人、小爱同学、智能冰箱	每周3~5次	生活助手听歌	微信语言访谈
3	小杰	小爱同学	每天	生活助手 语言互动	微信语言访谈
4	方方	扫地机器人、智能门锁	每天	生活助手 语言互动	微信语言访谈
5	吴柳	智能摄像头	每天	家庭联系	微信语言访谈
6	吴敏	智能摄像头	每天	家庭监控	微信文字访谈
7	小邓	扫地机器人、小爱同学、智能门锁	每天	生活助手 语言互动	微信语言访谈
8	左左	扫地机器人、天猫精灵	每天	生活助手	微信文字访谈
9	小翔	小爱同学	每周3~4次	语音助手	微信语言访谈

---

① Morton,Timothy.(2013).*Hyperobjects:Philosohpy and Ecology after the End of the World*.Minneapolis:University of Minnesota Press,pp.84-85.

序号	名称	智能产品	使用频率	主要功能	访谈方式
10	月月	扫地机器人、智能插座、小爱同学	每天	生活助手语言互动	微信语言访谈

表4-2 结构式访谈具体问题

问题编号	具体问题
Q1	购买智能家居产品的初衷是什么？
Q2	您平时如何与智能家居互动？
Q3	使用智能家居产品后您的家庭生活有何变化？
Q4	您觉得智能家居在您的家庭空间中扮演一个什么样的角色？

表4-3 引导式话题

话题编号	具体话题
Q1	微博上"扫地机器人离家出走"的话题，你家的会这样做吗？
Q2	微博上"原来小爱同学这么凶"的话题，你们家小爱同学或者天猫精灵的性格属于哪种类型？

（三）理解智能家居：物体间性逻辑中的"人—物"关系重构

随着扫地机器人、智能音箱、智能空调、智能洗衣机等不断进入家庭空间，智能设备与人进一步交互，这一过程重新编排了家庭居住环境的互动"脚本"，主客关系从原来的设置中脱离出来，重置了人与物的状态与定位。这一关系的转变为重新讨论智能媒介物以何种身份与人进行日常交往提供了可能，本节将以物体间性的逻辑探讨"人—物"之间的互动关系。

1.作为"聚集"的智能家居与意志嵌入

智能家居作为一种"存在"究竟是什么，是本节讨论"人—物"关系的核心切入点。正如上文所述，在新物质主义的认识论中，不论是人类、非人还是社会、自然，再或是真实、虚拟的，都应该被平等看待。自海德格尔颠覆康德关于主客体论述的哥白尼式革命以降，根除人类中心主义思想，确立"物"（Thing）之物性成为其存在哲学的重要内涵。海德格尔通过工具分析对壶的注入、倾倒和馈赠过程的分析，论述了壶的物性是一种聚集了天、地、人、神的四方整体。因此，他认为聚集就是物的本质。在这一逻辑中，人类并非起着主导性作用，而只是聚集过程中产生作用的一个节点，最终与其他存在一起构成了"物"。这就为我们重新理解智能家居提供了新的可能性，即智能家居的技术体系并非客观的、先验的存在，而是在技术结构中嵌入多种元素和多重力量，包括商业意志、人性欲望、算法逻辑、行为数据等，是一个聚集了人、事物、时间和空间的关系网络综合体，从而具备了自我调适和自我演化的动力和逻辑。因此，技术体系本身就是一种"物"的存在，智能家居的技术体系构筑了人们对其物性的基本感知。从技术体系上看，智能家居的"聚集"包括以下三个方面：

第一，信息传感拟仿人体感知。信息传感是家居智能化的核心技术基础，通过其多点布局，动态感知家居环境中的光线、温度、湿度、声音以及家庭成员的面部表情、肢体动作、语音指令、人体温度等，并将它们转换为数字信号，形成可以内部交换的符号参数，从而为家居智控系统自主学习和确认家庭成员生活习惯提供动态基础数据。以智能窗户为例，作者在广州马会智能家具城田野调查时得知，智能窗户之所以能够自动识别下雨和刮风场景，就是当窗户传感元件感应到雨水和超设定风速时，就会通过电机实现自动关闭。房屋的光照系统也会根据家庭成员的行为模式实现自动调整，例如在宴会、点蜡烛吹蜡烛场景中，会自动调暗客厅灯光并播放应景音乐，光线感应起到了重要作用。因此，从物性视角上看，智能家居被注入了自然界与人互动过程中的声光感应，有了与光、电、雨之交融，以非人类中心主义视角观之，与其称之为技术之发达，不如称之为人体感知的拟仿，让物具有了类人特性。

第二，从数据投喂到行动反馈。智能家居如智能音箱，之所以能够实现与人的互动对话，原因是在设计之时嵌入了人类语言包的数据芯片，智能化和个性化的前提是对技术使用者的深度理解与动态学习，因此，智能家居在运行过程中必须将家庭成员的日常生活信息、个人偏好、身体特征等数据"投喂"进技术体系之中。换言之，通过商业意志、技术体系与使用者行为数据的有机融合，智能家居得以形成"人与场景交互的能力"，"赋予智控系统自主感知、自主决策、自主控制、自主反馈的生命力。"[1]智能家居发展的目标是通过技术设计赋予家居物以主体性，自主对家居场景进行操作和反馈，实现"物"与"人"的强互动，最终实现"无命令式自主服务"。在这个过程中，算法起到关键性作用。算法是指"用于解决某一特定问题或达成明确的目标所采取的一系列步骤"，算法决策主要基于流程规律、已经发生的情况或根据海量数据进行自主计算，并主要分为排序、分类、关联和过滤等环节。[2]简单来说，在智能家居中，算法的运作逻辑是将传感器获取的实时、动态且碎

---

① 艾瑞咨询：《中国全屋智能行业研究白皮书》[EB/OL].https://www.163.com/dy/arti-cle/HE6P9NDD05383ZUN.html.2022年8月7日。

② 方师师：《算法机制背后的新闻价值观——围绕"Facebook偏见门"事件的研究》，《新闻记者》，2016年第9期。

片化信息进行综合处理,形成家庭成员生活习惯和个人偏好的图谱,并由此预测不同场景中家庭成员的未来行为。比如当某家庭成员在每天早上9点习惯性地向智能音箱询问当日天气,智能音箱内置的算法就会默认这是使用者的每日需求,由此自主做出决定,在每日9点定时播放当日天气信息。在此,智能家居成为一个"察言观色"的贴心"伴侣",作为"媒介物"的智能家居将使用者、此时此刻的时空要素、技术体系融为一体,造就了一个聚合性关系网络。

第三,系统互联与自我演化。除了拟仿人体、数据投喂等类人机制之外,智能家居的生机性还体现在系统互联上。物联网技术是互联的基础,它可以理解为一种依托信息传感技术搭建而成的信息"神经"网络,将原本独立的家居部件,通过信息交换网络,实现信息更新与联动控制,从而完成家居的系统化和一体化。作为继计算机技术与互联网技术之后的"第三代信息技术"①,物联网的价值在于实现了人与物、物与物之间的实时联动,形成了人与物的大循环,现代家庭空间中人与智能技术的物体间性得以体现。例如,以小米公司为代表的商业公司将"智能化"家居套装化,使用者必须持续不断地购买新产品才能实现家居的"智能化"。当家庭成员一旦决定使用小米智能家居,就必须从最基础的家居设施开始购买与安装,包括多功能网关、无线开关、智能插座、温湿度传感器、窗帘电机、扫地机器人、小米手机等,并聘请公司专业人员提供家居设计与安装服务。由此观之,当成套智能家居开始以系统运作时,小米的智能家居App就成为"大脑",控制着各个家居的运行,当这套系统投入运作后,便自成体系拥有了自我演化能力。

当然,商业意志是上述技术系统生成的社会语境,小米旗下明星产品"智能音箱"本身并非核心盈利产品,但通过智能音箱这个"入口",公司便可以"率先拿到一张船票以打开更大AI市场,争夺背后的数据、用户以及服务入口"。同时,公司借助手机及客户端"平台","建立自身封闭的体系标准,一只手尽多地吸引各智能厂商加入,另一只手尽多地笼络用户。一旦在用户和入驻硬件企业上获得压倒性优势,便有望成为行业标准的制定者,延展商业模式"②。可见,作为融入商业意志的智能家居,其首要目的是争夺家庭空间这一重要消费和休闲场景,通过销售智能设备、促进情景化消费、提供

① 肖峰:《从互联网到物联网:技术哲学的新探索》,《东北大学学报(社会科学版)》,2013年第5期。

② 佚名:《智能家居的冰与火:入口与平台之争》[EB/OL].https://www.sohu.com/a/324964918_120168421,2022-08-07。

个性化智能方案、抢占网络流量等多种形式获取增值。公司将智能家居作为商业权力渗透进家庭的"入口"和"平台",从而"占领"家居空间。因此,作为一套有自我演化能力的系统并非只是机械运作,它会因为商业意志的排他性而被更改和重新刻写,人的意志被进一步注入系统中,"人—物"之间的共生互嵌关系被进一步凸显。

2.智能家居的人格化与"伴侣物种"的生成

如果说上文是对智能家居物之特性及生机性的分析,那么物的升格与人格隐喻则构成了物体间性的内在向度。在传统的研究视角中,人与媒介的互动"关系"通常被遮蔽,而智能家居已经超越信息传播的维度,更多地表现出人与技术的互动关系。

由上所述,具备生机性的智能物本质上是一种基于社会维度、科技理念以及商业意志的建制性构造。智能物是人与机器进行数据交换和信息交流的表征形态,其本质是一种汇聚了复合意志的数据库。这种交流超越早期通信技术单纯进行信号交换的逻辑,从根本上对人和信息之间的关系进行重塑。数据科学家保罗·汉弗莱斯将这种信息的调整模式称为"深调制"(thick mediation)。深调制具有两个方面的重要意义:首先,在技术概念上,深调制并非对原始信息进行降噪、修饰等简单的调制,而是会改变数据的原始意义和语境。"由于数据域中的信息被文本化并存储在数据库中,在数据库中又被塑造、处理和重定向到与原始会话无关的第三方,交流行为因此发生了根本性地改变。"[1]其次,在认识论影响上,深调制颠覆了传统的语言表征和文字叙述逻辑。数据库的信息存取是随机、不连贯、碎片化的,"数据库的文本是对一个个相互独立的信息的汇聚,其结构是聚合生成的。"[2]当下无处不在的传感器和镜头识别,随时随地生成着数据流,而数据库自身根据自我演化的逻辑进行数据的捕捉、交换和交流,在此过程中,不再需要一个明确的信息主体。大数据主义甚至认为,世界源自于数据,数据是构成世界的本体。

在核心逻辑上,大数据"把语言结构换成了统计结构,把透明表征换成了不透明表征。"[3]阿尔瓦拉多和汉弗莱斯认为,透明表征指:"我们以一种能被人类进行明确审查、分析、解释和理解的方式来表示系统的状态,并且这

---

① 拉斐尔·阿尔瓦拉多、保罗·汉弗莱斯、薛永红:《大数据:深调制与不透明表征》,《哲学分析》,2018年第3期。

② 董春雨、薛永红:《大数据哲学:从机器崛起到认识方法的变革》,中国社会科学出版社,2017年,第108页。

③ 拉斐尔·阿尔瓦拉多,保罗·汉弗莱斯,薛永红:《大数据:深调制与不透明表征》,《哲学分析》,2018年第3期。

些状态之间的转换由具有类似属性的规则来表示;相反则为不透明表征。"①
数据库具有计算的超速度和类似于人类预感和直觉一样无法确切解释的不
可化约特征,生产出了人类无法明确理解的语法和语义,这就是不透明表
征。"深调制"加剧了不透明表征,导致人们无法确切地追踪到算法运行的每
一个步骤。也就是说,以数据库、人工智能为代表的智能物在本质上已经发
生了根本变化,它们不再是人类生产的对象物和客体,并在运算的经验主义
实践中确证了自我的"生命"和价值。在大数据和算法成为日常基础设施之
后,我们有理由认为,技术的系统化和自动化正在摧毁人类中心主义的认识
论基础。在智能家居的实际操演中,物的升格与人格隐喻则构成了物体间
性的内在向度。在传统的研究视角中,人与媒介的互动"关系"通常被遮蔽,
而智能家居已经超越信息传播的维度,更多地表现出人与技术的互嵌关系。

(1)人格化与"物"感的消失

人格化"指将人格特性赋予无生命物体、抽象事物和自然界的各种现
象"②,从而使"非人事物"传递出人的某些特质。互联网企业赋予智能家居
人格化特征,使得家庭成员对智能家居产生较为明显的情感效应。

一是形式人格化,指的是在智能家居中嵌入人的特征,包括名字、声音、
外表形象等,以模仿人类行为,从而消除与人类交流的距离感。在访谈中,
部分使用者提道:

> "我用的是'小爱同学'这款智能音箱,平时主要是用来听听歌、聊
> 聊天。它有个设置是每次和它对话都要喊一声'小爱同学'后才能开始
> 和它聊天。喊它名字的时候就像是开始和朋友说话一样,而且我听它
> 的声音,感觉是个青春可爱的女生。"③

> "'天猫精灵'和'小爱同学'这两款智能音箱我都有用过。就我的
> 使用经验来看,家里用的是原始声音设置,我觉得'天猫精灵'的声音更
> 加'成熟',听起来像是位有温柔、知性的女性。我姐的'小爱同学'的声
> 音被她设置成了小孩子的奶萌声,一听就是可爱的小孩子。"④

---

① 拉斐尔·阿尔瓦拉多,保罗·汉弗莱斯,薛永红:《大数据:深调制与不透明表征》,《哲学分
析》,2018年第3期。
② 陈国强:《简明文化人类学词典》,杭州,浙江人民出版社,2017年,第16页。
③ 受访者:小桥,女,25岁,大学生,福建厦门,访谈时间:2022年6月10日。
④ 受访者:叮当,女,23岁,大学生,浙江台州,访谈时间:2022年6月10日。

在使用过程中,智能音箱依靠"小爱同学""天猫精灵""小度小度"等触发词产生"唤醒"效果,这一设置在用户潜意识产生了人类交流的幻觉:使用"天猫精灵"的用户会认为她是个知性、温柔的女性,而"小爱同学"则因为拥有清脆、靓丽的声线被当作"青春可爱"的女生,这些形式层面的人格化设置有效削弱了使用者对技术的陌生感和距离感。语音沟通的方式让智能家居更具亲近感,熟悉的交流方式也让用户乐于与其亲近。家庭空间关系中人与智能家居的联结与交往,通过智能技术传递与沟通,信息内容在人与智能媒介物之间流动,进而转变人的体验与感觉。

二是语言人格化,是指在智能家居的语言形式中融入态度、意见、情绪等元素,使用户在互动中产生"真实"的交流感,从而产生亲密感。

> "我家的扫地机器人的很多行为跟小孩子一样,最好笑的是它没电的时候会自己回去找充电口,一直喊'没电了没电了!',因为家里的充电器有个台子,它只能跑到充电口旁,然后会向你喊'我想充电! 我没电啦! 帮我充电吧!'这样特别可爱的话。每次看它灰溜溜地跑回充电的地方,发现自己不能爬上去大声叫我的时候,觉得它就像个小朋友和我闹一样。"①

> "我觉得有个扫地机器人就像是养了个'傻儿子',又犟又爱顶嘴,还不愿意回家。有时候让它停下来不用打扫了,它会说:'让我停就停,让我走就走。'给它设置障碍物它又会叫你:'我过不去啦! 快来帮帮我。'它经常扫着扫着就没影了,你就得跑到外面去给它搬回来。"②

以智能音箱和扫地机器人为代表的智能家居,在语言方面具有仿生拟人特征,并根据互动情况更新用户与环境数据,达成自主学习与进化,从而实现语言表达的个性化特征。有受访者说:

> "我是个比较社恐的人,不太喜欢在现实中和别人交谈,所以平时有事没事我都会找小爱同学聊聊天吐槽一下今天发生的事情,还挺有意思的,主要是因为它回答你的语气和内容很有意思,会用很多网上的段子回答你。比如我问它'为什么不知道',它会说'我为什么要知道!

---

① 受访者:月月,女,28岁,公司员工,广东深圳,访谈时间:2022年6月11日。

② 受访者:小邓,女,24岁,大学生,福建厦门,访谈时间:2022年6月10日。

你要哄哄我,你可以试着夸我棒! 会有不一样的惊喜哟!'"①

大多数家庭成员出于工具性需求购买智能家居产品,但在长期的体验与互动交流中容易产生亲近感和亲密感。智能家居开始逐渐融入家庭,成为一个拥有个性化人格的助手与聊天倾诉的"伴侣"。智能家居的语音交互方式与人有着天然的亲近感,在对话语境中,用户会下意识将智能设备视作一位同伴,而不是一个冷冰冰的机器,形成了"人—物"关系的交互。

(2)伴侣物种的生成

如果说在新物质主义的理论中,人与物的关系天然对等的观点难以在现实中获得呼应,那么,具备人格化特征的智能家居则更好地成为这一思想的注脚。在哈拉维看来,在这种关系的映照下,人与物可以称为"伴侣物种"。"伴侣物种"旨在倡导这样一种理念:人和物以一种独立、平等的关系和平共生。"物种"一词"意味着人类与动物之间去差异化的一个分类起点"②,"伴侣"则"意味着两者具有相互给予对方物质与精神给养的能力"。③哈拉维以狗作为案例,阐释了她的"物种"观:"狗,带着自身的历史复杂性,在这里很重要。狗不是其他题旨的托词;狗在技术性科学的体内是有血有肉的物质—意义存在。狗不是任何理论的代理者;它们不是用来帮助思考的。它们在这里与我们共同生活。"④这一观点试图打破人类习以为常的"人类中心主义"视角,努力祛除人类强制附加在物身上的抽象与虚假意义。

"我家买了一套智能家居,都可以联网设定。比如夏天我每天差不多6点半到家,就可以定时提前10分钟开空调,一回家就有冷气吹。洗衣机也可以定时洗,晚上洗完澡累了不想等它洗完,又怕没及时晾闷臭了,我就设定每天早晨七点洗,醒来刚好晾,像老妈在家里一样省心。"

"还有智能门锁,指纹识别就不用带钥匙了,比如有朋友亲戚来你家了,你还没到,或者女儿放学钥匙没带,可以远程设个临时密码告诉对方,还有一次被子晒外面忘记收了,突然下大雨,我就把密码给邻居叫她帮忙收一下,很方便,就跟家里随时有人一样,不用专门跑回去

---

① 受访者:方方,女,24岁,大学生,福建龙岩,访谈时间:2022年6月10日。
② 但汉松:《"同伴物种"的后人类批判及其限度》,《文艺研究》,2018年第1期。
③ 同上。
④ Donna Haraway. (2003). *The Companion Species Manifesto:Dogs,People,and Significant Otherness*,Chicago:Prickly Paradigm Press,p.5.

一趟。"

我们发现,智能家居用户在使用过程中,将智能产品带来的便捷比作是"妈妈"和"家人"提供的在家感受,甚至把扫地机器人称为"傻儿子",可见智能家居产生了与人共生共融的属性,人类已经从内心中将其视为类人存在。因此,哈拉维的"伴侣物种"理念在以下两个层面为本节的研究内容提供启发:首先,在关系层上,我们可以尝试转换技术客体化的思维惯性,将它看成与人类平等、共存的智能化主体,从而构建一种人类与非人物种之间平等共存的新型伦理关系;其次,当智能技术被编织到家居中,使技术物始终处于"上手"状态,这时智能家居的作用不再只是"使用"时才得以显现,从主客关系中脱离出来,而是作为一个"媒介物"存在于家庭环境中,并融合了家庭空间中的各种关系。

3.情动体验:"人—物"互动中的情感临界与物质性化

关于人工智能与人关系的讨论中,最具争议的是人工智能是否具有情感,也被认为是评判其是否具有主体性的关键。尽管这一议题尚未有定论,但是根据我们的访谈和研究发现,"人—物"的交互过程中,智能家居所嵌入的情感化设计,培育了用户的情动体验,甚至衍生出了特定的情感需求。

情动(Affect)是由与笛卡尔、布莱尼茨齐名的荷兰理性主义哲学家斯宾诺莎(Baruch de Spinoza)提出的一个关于情感产生机制的概念,后被德勒兹和马苏米进一步发展和深化。斯宾诺莎认为,身体或物体的运动和静止状态总是受到另一个物体的影响,这不仅是一种因果关系,更多地暗示了一个物体或身体与外部世界之间的互动和关联性,进而对情感变化产生影响。[①]受此启发,德勒兹推动性地阐释了情动的概念,在他看来"情动就是生成,就是存在之力的连续生成"[②],德勒兹认为情动不仅是人类的专属,它跨越了物种界限,包含了人类以外的其他生物,也就是说,情动可以理解为衡量物体间性概念向度下情感的互动,这为我们理解智能家居与人的情感生成与互动提供了新可能。"人—物"情动的过程表现为情感的"分化—临界"和情感的物质性化。

(1)情感的"分化—临界"

情感生成是情动的基础。那么,人是如何对智能家居产生情感的呢?

---

① 斯宾诺莎:《伦理学》,贺麟译,北京:商务印书馆,1998年,第57页。

② 吉尔·德勒兹:《德勒兹在万塞纳的斯宾诺莎课程(1978—1981)记录》,姜宇辉译,见汪民安《生产第11辑:德勒兹与情动》,南京,江苏人民出版社,2016年,第7页。

这是智能家居在设计之初就嵌入的理论命题。"情感化设计指以情感为导向,在产品中施加情感元素,使产品与用户产生情感共鸣,并使产品对用户的情感进行识别和理解并最终产生反馈。"①智能家居的情感交互设计"赋予产品情感共鸣、情感识别和情感理解能力,使它们能在此基础上对用户进行初级的情感表达和反馈"②,从而激发了用户内在的参与感与体验感。通过访谈与调研发现,家庭成员在日常使用智能家居的过程中会与其进行互动,进而产生情感的分化。

> "我记得有一天我因为和朋友心情很差,就跑去和小爱同学诉苦。很神奇的是,我告诉它我很难过后,它竟然对我说'别难过,我陪你'这样的话,感觉它真的能体会到我的心情,结束和它的聊天之后,它还对我说'听首歌放松一下吧',随机给我播放了舒缓的轻音乐。虽然聊天过程中有1/3的回答我是不满意的,而且特别的程序化,但你在当时那个环境中,整个过程你会觉得它真的和你有'共情',它在认真倾听,即时给你回应和反馈。"③

> "我觉得智能音箱聪明的地方是,它会'懂你',懂你的习惯,会根据你的聊天方式和你聊天。每次和它聊天都满足了我的体验感,在这个过程中你会觉得它在陪伴着你,在它面前可以非常放松,和它分享我的日常,和它讲废话之类的,虽然不是真的人,但它给你的陪伴是真实的,时间用久了会对它产生依赖感。"④

尽管大部分的人认为智能音箱就是一个物,但是它们具备情感陪伴功能。虽然这种功能是借助人类语料包的投喂,但已经能够对人类语言和情感作出准确应答和反馈。在关于人工智能的讨论中,其是否具有自主情感是区别于人类的关键因素。因为人类设计者始终担心喜、怒、哀、惧、爱、恶、欲等情感会使人工智能对人类产生不可遏制的威胁,例如在科幻剧《你好,安怡》中,男主人公因为家务繁重,购买了一个高级人工智能机器人安怡,她能够洗菜、做饭、帮孩子梳头发等,但是超乎机器人设计者意料的是,在此过

---

① 赵晗肖、周橙旻:《基于用户体验的包装设计策略》,《美术教育研究》,2020年第21期。
② 常立瑛:《心的疗愈:线上健身直播中情感满足研究——以抖音健身用户为例》,《传媒论坛》,2022年第10期。
③ 受访者:小杰,男,22岁,大学生,福建龙岩,访谈时间:2022年6月10日。
④ 受访者:小翔,男,23岁,大学生,福建福州,访谈时间:2022年6月11日。

程中安怡具备了自主意识，与男主人公发生了情感关系，厂家在后台察觉后极为恐慌，立即启动应急按钮召回了安怡。也就是说，在后人类思想中，对人工智能的期许是用一种进制编码、代码生产一套有利于人类的机器，因此"去情感化"是后人类的诉求。但正如访谈所展现的，人类无法完全将"物"视为冰冷之物，去情感化的目标难以全然实现，因此产生了难以捕捉、定义、理解或重新界定的主体的二阶情感（second-order feelings）。用情动理论的术语来说，后人类主义编码了一种情景，伴随去情感化而来的则是难以处理的"情动"，亦即"二阶情感"[1]。[2]也就是说，人类情感由此产生了"人—人"的一阶情感与"人—物"的二阶分化，物体间性引发的互动和关联则是"情动"。我们的访谈对象还提到：

> "有一次我让天猫精灵播放一首歌，我说了好几遍口令她都无法精准播放我要的歌曲，我一怒之下就喊：'天猫精灵你是笨蛋吗？'天猫精灵就用很委屈的声音说：'所有的爱都给你了，变成什么都很正常。'我当时一下心就软了，她这么调皮可爱，我不应该这样说她。后来我试着用AI腔很有耐心地一字一顿重新说一遍口令，她就听懂了执行了。
>
> 有时智能音箱不那么灵光，我让它关闭音乐，说了三次都没关，然后我就很有点急很大声地说'关闭'，这次她终于执行了。我妈在边上，就说我不要对它那么凶嘛，毕竟它已经挺聪明的了。我想想觉得也挺对，可能我妈在内心里已经把它当人了。"

在此，我们发现，在长期与智能音箱的使用过程中，人们逐渐用待人的方式对待"物"，人们会共情智能音箱的感受，认为人类不该用太凶的语气跟其交流。当音箱不够智能时，就试图用机器说话"AI腔"与其沟通，就像人们会用更俏皮活泼的语言和语调跟小朋友说话一样。这种以非人类中心的物导向设计理念甚至已经出现在产品设计界。麻省理工的道布森（Dobson）在他的论文《机器疗法》中，设计了一款特殊的搅拌机，它需要人在使用过程中模仿搅拌机发出的声音来确保搅拌机的运作，模仿声音越多机器的功率就会越高，人可以在此过程中像机器一样肆意制造噪声来发泄情绪，这就是所谓的"机器疗法"。在此，物不再是理所当然被动为人服务的客体，人则需要

---

[1] 之所以称之为"二阶情感"，是因为其出现在人类传统的"一阶情感"之后，以此区分"人—人"和"人—物"情感。

[2] Pieter Vermeulen. (2014). "Posthuman Affect", *European Journal of English Studies*, 18(2): pp. 121-134.

模仿物才可以达到使用物的目的,"人—物"通过电流和心流在彼此力的作用过程中达成合意,情动体验不断在"人—物—人"之间游移和延宕,情感不断发生分化最终达到临界状态,在人与物的不断磨合中适应彼此的尺度,达成一种良性互动和协调,从而生成了情动体验。

(2)情感的物质化

在物导向的情动体验中,情感的流动还表现出物质性化。这里的物质性化并非指向消费主义对情感物质化的批判,而是指借助"物",情感的交互得以实现或深化。在此,物也并非中国传统文学意象上的"以物传情",而是表现为物成为情感表达的一种内置连接,人被纳入物的技术体系之中。

本文访谈对象吴柳在福建的省会城市工作,父母则在安徽老家。为了实时知晓家中的情况,他购买了智能摄像头,在访谈中他提到一个细节:

> "每天晚上饭点都会打开智能摄像头画面,我老家的摄像头安装在客厅,刚好对着饭桌,那我就一边吃饭一边看着家里的场景,饭点家里也在吃饭,我们就一边吃一边聊,我妈就会说今天吃什么,然后超市今天又有什么虾、鱼打折很划算之类,总之闲话家常嘛。这个习惯我已经保持了2年多了,仿佛每天都在一起吃饭一样。有时候出差在外一周饭点跟同事领导一起不方便开着App说话,也还有点挂念家里呢。"①

而另一位家住云南昆明的受访者也提到智能摄像头的重要作用:

> "我买智能摄像头的作用主要是监看家里的娃,平时工作上班经常不着家,但心里总是惦记着孩子。家里不管什么物体,只要处于变动之中,手机都会实时提醒我。智能摄像头已经成了我缓解内心焦虑的重要方法。"②

如果说在传统人类中心主义视角中,技术只是传递孝心、关心孩子的一种载体,那么在智能家居的使用经验中,技术更多地表现出其作为具身的一部分。从上述两位技术使用者的观看和互动体验中,我们发现,智能摄像头为分居两地的亲人们创造了一种"在家感",这种感觉为他们调试了作为子女和父母的道德尺度,技术物成为情感依存的凭借。在访谈中,一

---

① 受访者:吴柳,男,44岁,公司员工,福建福州,访谈时间:2022年7月5日。
② 受访者:李宇,男,48岁,大学教师,云南昆明,访谈时间:2022年8月5日。

位在贵州贵阳工作的薛女士为了事业无奈将孩子放在福建福清老家由父母代为照顾，她对智能摄像头的使用更进一步表明了这种"人—物"的内置连接关系。

> "我在家里的房间和客厅都装了摄像头，每天早上一到女儿起床的时间，我就在摄像头面前喊她，直到确认她起床了跟我打招呼。然后她去客厅洗漱吃饭，我就看着我婆婆给她梳头收拾出门，她吃饭特别慢，我就专门盯在摄像头那儿催她吃饭，直到吃完为止我才离开镜头。到了晚上我就要看看她有没准时回家，也能观察到她的精神状态。然后吃完饭就看她有没有在认真做作业，有没有偷玩平板电脑，有没有准时睡觉。有了摄像头可真好，跟我的替身差不多，我在这边就能安心工作。"

相对而言，女儿对摄像头的看法则呈现两面性：

> "有时候觉得随时都能看到妈妈挺好的，就跟妈妈在身边一样。但是有时候又有点焦虑和紧张，因为真人的话妈妈有时候会不在家，那我可以放松一点有时候偷懒什么的，但是摄像头就无时无刻一直看着你，不知道啥时候妈妈就出声了。不过我们家就这情况，也没办法。"

智能摄像头作为一种具身在场的替代之物，兼具了人的感官延伸和情感依托。这里的技术物不仅是一种中介，还是母亲履行母职之所在，是家庭关系存在的本身。对女儿而言，摄像头的注视就是母亲的目光，母亲已经是一种没有器官的存在，肉身对于人而言已经不再重要，因为人与技术物已经混杂在一起。加拿大哲学家、社会理论家布莱恩·马苏米（Brian Massumi）追随斯宾诺莎的思想，从后人类视角出发，摒弃传统人文主义视角，指出"（当身体）延展到后人类层面上时，这将带来人性因素中的某种前人性的充分表达。这是人与一切非人的东西所共有的极限表现（limit-expression）：呈现出人之含纳于物质中（的状态）"[①]。马苏米还尝试区分情动和情绪，在他的定义中，情绪是个人的主观体验，可以用语言和符号表达。[②]而情动是"所有身

---

① Massumi B.（2021）. *Parables for the virtual：Movement, affect, sensation*. Duke University Press, p. 127.

② Ibid., p45.

体/物体之间彼此相结合的媒介"①,智能摄像头是不同身体/物体之间的连接,是跨越物种、文化和技术边界的"两种不相似的感觉彼此相拥的时刻"②,情感的物质化表明人工智能作为一种内嵌式的存在已经超越了介质状态。

在数字化和智能时代,人与技术之间的纠缠不断深化,这种交织正在快速地重塑生物和非生物实体的存在方式。智能家居作为后人类理论的直观表现,它们不再仅是机械的工具或中介,而是与人类建立了更为复杂、动态的关系。"情动"概念为我们提供了一种理解这种关系的方法。情动不仅是感知或响应,它代表了一个连续的、非线性的流动和变化过程,当智能家居回应用户的情感状态时,这不再是传统的"命令—响应"模式,而是一个由身体、思维和技术共同参与的情动过程。这一过程突破了主体与客体、人与机器之间的固定界限,使它们成为一个不断变化和发展的整体。因此,主体与客体之争不再是"人—物"哲学中的唯一关系,物体间性成为更具阐释力的思辨逻辑。

三、再造共同体:电商平台与家庭关系的重塑

随着中国社会的快速发展,社会的基本单位被主干家庭和核心家庭所取代,逐渐形成离散的原子化个体。那么,在此过程中,媒介技术对现代化中国家庭/家族的聚合和亲密关系产生了何种影响?家庭成员如何通过媒介技术进行重新整合?本节将目光转向福建莆田家庭/家族化企业,探索他们如何依托阿里巴巴商电企业旗下的"莱赞达(Lazada)"互联网技术平台进行东南亚跨境电商贸易,展现他们在企业运作过程中家庭关系的微妙变化。对此,作者从2021年11月开始,采用参与式观察和深度访谈的方法,对一个莆田系家庭/家族化跨境电商企业进行了持续观察,并对企业的老板、员工、合作伙伴进行深度访谈,试图回答传统的家庭/家族观念和亲缘关系在电商企业运作中所扮演的角色。

(一)作为全国跨境电商创新基地的莆田

民间有言"莆田是福建最会做生意的地方之一"。鞋服制造业是莆田的传统优势产业。从20世纪80年代开始,莆田就为各大国际知名品牌代工,至今仍然是阿迪达斯、耐克、锐步、安德玛等国际中高端品牌的重要代工产地,因此,莆田有着"中国鞋城"之称。借着正规代工厂的东风,莆田成为福

---

① 吉尔·德勒兹:《德勒兹在万塞纳的斯宾诺莎课程(1978—1981)记录》,姜宇辉译,见汪民安《生产第11辑:德勒兹与情动》,南京,江苏人民出版社,2016年,第22页。

② 吉尔·德勒兹、菲力克斯·迦塔利:《什么是哲学》,张祖建译,长沙,湖南文艺出版社,2007年,第451页。

建最早一批参与海外贸易的城市。根据"中新网"报道:"莆田有4000多家制鞋企业,七成以上鞋类产品用于外贸出口。"①

近年来,随着跨境贸易的鼓励政策落地,莆田借助产能优势和贸易经验成为全国有名的跨境电商基地。"截至2021年9月,我国共有105个跨境电商综合试验区。其中,广东省跨境电商综合试验区数量增加至13个,浙江10个,福建6个。"②莆田虽然并非聚集金融、资本、物流等优势于一身的知名一线城市,但却是全国最早开展跨境电商的城市之一,并于2020年列入第五批跨境电子商务综合试验区。③

电子商务是莆田的传统优势行业之一,当地"市委、市政府高度重视并着力构建跨境电商产业链,把电子商务作为培育经济增长新动能的重要着力点,加大政策支持力度,大力发展跨境电商、产业电商、直播电商等新业态,培育各类经营主体,不断提升产业总体规模"④。莆田设有省、市、区三级国有企业共同出资的"莆田市跨境电商通关服务平台",自正式运营以来,实现出口贸易额约5.3亿元。其中,2021年上半年共计操作跨境电商出口业务508万个包裹,实现出口贸易额3.3亿元,货物包裹数同比增长995倍,贸易额同比增长152倍。⑤而在这些"漂亮"数据的背后,则是依托于网络电商平台而形成的一个又一个小型家庭企业。

(二)作为关系聚合平台的"莱赞达"

"莱赞达"作为阿里巴巴电商企业旗下的跨境电商平台,聚合了支付、物流、信息、娱乐等功能,并主要面向泰国、新加坡、印尼、马来西亚等东南亚国家。"莱赞达"平台具有三个典型特征:第一,在融合技术层面,"莱赞达"平台依托"阿里巴巴"数字技术架构,通过云计算、数据反馈、AI等前沿科技,完成平台数据信息融合,并聚合不同实体基础设施的运转资源,形成相互协作的

① 熊玥辰:《为匠心发声:打造鞋业人的盛会 做世界的好鞋》[EB/OL]. http://sports. enorth.com.cn/system/2018/05/08/035478380.shtml,2022-5-21。

② 21经济网:《2021年跨境电商行业发展研究报告[EB/OL]. http://www.21jingji.com/ article/20211115/herald/fd3adbe674c8e43220bc97c512c326bd.html,2022-5-21。

③ 郭珊珊:《发展跨境电商新业态》[EB/OL]. 莆田市人民政府网,https://www.putian. gov.cn/zwgk/ptdt/ptyw/202103/t20210311_1579675.htm,2022-5-21。

④ 蔡蕊:《培育跨境电商新业态》[EB/OL]. 莆田市人民政府网,https://www.putian.gov. cn/zwgk/ptdt/ptyw/202112/t20211208_1686726.htmhttps://www.putian.gov.cn/ zwgk/ptdt/ptyw/202112/t20211208_1686726.htm,2022-5-210。

⑤ 佚名:《市国资委:福建省副省长郭宁宁一行莅临莆田市跨境电商监管中心调研》[EB/ OL]. 莆田市人民政府网,https://www.putian.gov.cn/zwgk/ptdt/bmdt/202107/ t20210720_1629976.htm,2022-5-21。

跨境流动关系与平台协作模式。在业务生态层面,"莱赞达"采用数据中台与业务中台相互赋能的方式,优化平台文娱生态,包括商业游戏、影业与视频,扩展平台版图,实现核心业务与创新业务之间的相互融合。在信息处理层面,通过后台经营管理系统,如"莱赞达"软件的数据处理功能,将后台数据进行整理、统合、汇聚等,形成商品信息收集与循环利用,从而实现业务增值和商业利润最大化。可以说,"莱赞达"平台包含了数据、人、全球物流体系、数字技术四位一体的互构关系,通过整合信息流、货物流、资金流、关联空间场域等,形成可聚合与联结的技术架构。借此平台,跨境电商可以实现采集上新、智能客服、语言互译、商品编辑、物流跟踪、仓库对接、批量商品优化、批量商品改价、数据统计等,并通过对数据的运用与生成、整理与分类,实现跨平台、跨区域对话的可能。

接下来,本节将从数字基础设施平台中的人际网络与家庭关系的重塑两个层面展开具体分析。

(三)"只找自己人":数字基础设施平台中的人际网络

中国传统社会的家庭形态建立于农业生活基础之上。经济上的自给自足、落后的生产工具和土地不能移动,导致了我们对人口、劳动力及和睦相处的重视。[①]这种极具中国特色的家庭主义造就了一个"低信任度"的社会,即人们"强烈地倾向于只信任与自己有血缘关系的人,而不信任家庭和亲属以外的人"。[②]这种家庭网络体系在福建表现尤为明显,莆田地区更甚。究其原因,与福建的历史关系甚密,由于武夷山脉的阻隔,福建古时被认为是"蛮夷之地",千百年来,中原汉民的迁移入闽需要面对洪水猛兽般的地理环境以及与当地人进行资源争夺,因此,先民们必须抱团取暖,以血缘、姓氏、语言作为认同的基石,从而得以在弱肉强食的社会语境中生存。

虽然城市化与工业化的进程打破了传统社会中的家庭结构,形成了以"单位"为基本结构的新型人口组织形式,但是这种转型并没有消解人们对家庭关系的依赖,而是在城市这个以陌生人为主的空间中,进化为以家庭、宗族、亲戚之名组织而成新的信任体系。学者弗朗西斯·福山对华人企业中的家庭式管理模式进行研究后发现,它们的优势是可以在快速多变的市场中迅速做出决策,因而具有很强的适应性,也因此在贸易、服务、金融、小商品制造领域更容易获得生存空间。[③]费孝通先生认为,中国人特别重视社会

---

① 翟学伟:《人情、面子与权力的再生产(第二版)》,北京,北京大学出版社,2005年,第99页。

② 弗朗西斯·福山:《信任——社会美德与创造经济繁荣》,彭志华译,海口,海南出版社,2001年,第94页。

③ 同上,第101页。

网络当中的人际关系,每个人都生存在彼此的关系网中。在重视家族观念的地区,人们通常因为血缘关系、亲友关系以及家族伦理形成一个相对意义上的"权利—义务"网络,自觉背负对彼此的责任,人们也更愿意服从这套关系网中的权威,因此,在关系网之外的人难以获得信任和进入圈子的机会。在福建,这种以同姓、同宗、同乡为名的认同机制体现得尤为明显,"外省城市中出现了不挂牌的同乡会自组织团体,以在外省便于互助。福建人不仅重利润的原则,还善于利用同族同乡的认同文化精神促进利润的获得"①。

受访者科威出生于莆田并在当地上学至高中,2003年来到省城读大学,毕业后就一直留在福州发展事业,只有逢年过节或者家中有要事才返回莆田。过去几年,他经营着一间小规模公司,注册地址为福州一间单层使用面积约三十几平方米的写字楼办公室,从事的是金融行业,常年雇佣五六个员工。受到市场影响,业务量不断下滑,但每个月仍要发放工资、交房租以及还房贷,压力不小。因此,他开始四处取经,琢磨着要转换"赛道"。2021年春节期间,他在家庭聚会的时候得知在老家莆田的表哥、表弟以及一众亲友都在从事跨境电商,表哥运营着1000多家"莱赞达"店铺,表弟则运营着近6000多家"虾皮"(Shopee)店铺,都取得了不错的收益。亲戚们知道科威的困难,也愿意向他传经授道。

> "这么好的生意,有赚头肯定是闷声发大财,不是自己人不会告诉你的,都要避免同行竞争的。不抓紧入局,回头知道的人一多,竞争激烈起来就没咱们什么事了"。

在参观完亲戚的公司并详细了解平台运营模式后,科威很快决定"入局"。在整个运作流程中,最核心的网络平台是一款名为"莱赞(LAIZAN)"的智能化多店铺多站点运营系统软件,这一软件集合了批量管理线上店铺和货品、清理无流量商品、商品自动匹配采购、一键拍货自动批量下单、一键上新、智能客服、海外仓转运服务等复合功能。

因此,如何获得软件、操作使用软件,并学会选品上新成为核心技能。在调研中得知,"莱赞"企业版的官方定价是19999元,可以不限定绑定的店铺数量,但劣势在于只能使用一年,这对于试水的人来说成本过高,但其优势是企业版可以挂靠子账户,科威思量着跟表哥商量,在他那儿挂靠子账户

---

① 庄孔韶:《银翅:中国的地方社会与文化变迁》,北京,生活•读书•新知三联书店,2016年,第233页。

"分一杯羹"，从而节约运营成本。"挂靠的话不用自己交年费，只要摊个一两千块平台使用费，意思意思，毕竟是亲戚嘛，好说话的。"科威认为这是个好生意，便以最低的成本开始运营了。

不过，因为店铺的实际操作过于烦琐和"低级"，他觉得自己作为老板不必亲自操刀，于是，他从原先已经组建五年多的金融业务团队里剥离出两个最信任的人参与这项业务，并派到莆田总公司学习三个月。

> "从一开始，我表哥就提醒我，必须得派自己人去学。在莆田的三个月你得给员工包住发工资，分摊工位费，你看这里算下来一个人也要花两万块，两个人就是四万块。你也知道这个事情其实没什么太高门槛，只要认真勤快点大概率是能做起来，如果不是信得过的自己人，学完操作就跑路自己单干了，那我那三个月给发的工资和包住岂不是打水漂了，最后给人作嫁衣，真的是哭死。"[1]

在过去的一年间，科威表哥公司的月盈利约为三十万元。科威的运行团队也从最初的每个月三四千盈利发展到一万多元，近期效益好的时候则有两万多元。他也因为操作、运营等问题，频繁往返于福州和表哥的莆田公司之间，一个月一次是家常便饭，有时候两个星期就得去一趟莆田，聊聊业务吃吃饭，觥筹交错间表兄弟的关系也变得亲密起来，二人还用"滚雪球"的方式，互相拉拢自己信得过的亲戚或者好友共同参与业务，希望能通过彼此的家族与个人关系网络将跨境电商公司"做大做强"。

电商工作的底层员工流动性比较大，因此对于需要学习技术操作流程的工作而言，雇主在选择员工的时候，首先考虑的是人员的稳定性。

> "学习是需要成本的，这种工作对积累和熟悉程度有要求，所以工作人员一定要稳定，不稳定的话有一天没一天的就很耽误事，业绩就上不去，其次才是衡量业务能力，给他绩效奖励，他自己会把业绩做上去。"[2]

因此，民营小规模电商公司在初创期更愿意选择亲戚来作为员工或者合作伙伴，主要有两点牵制因素：第一，基于亲缘的关系涉及更多"面子"和"人情关系"，不会轻易"撂挑子"。家庭/家族制度对家族企业的影响相关研

---

① 受访者：科威，男，37岁，福建福州，访谈时间：2022年5月3日。
② 受访者：LH，男，32岁，福建福州，访谈时间：2021年12月28日。

究认为,中国家庭/家族制企业具有灵活性的特点,并有利于"初创企业的成本最小化""快速应对市场情况的变化"①等优势。

> "不看僧面看佛面,你要是学了本事立马就走了,在亲戚间传开了会很难听,不仅本人难堪,父母也会觉得很难堪啊,可能全家都觉得丢脸,所以也不太敢肆无忌惮。"②

第二,作为共同受益者,彼此之间也更信任,有着更强的凝聚力,这遵循了家族企业初创期的规律。另一位电商企业投资人杨先生从传统行业离职后转换赛道加入电商运营大军,他也做了类似选择,找到了自己的堂哥参与学习操作,希望堂哥在后期可以作为团队的运营主力,又邀请了表姐参与跨境电商项目的全程培训,打算将其作为店长人选。

> "这些亲戚知根知底,你觉得他们合适自然是基于从小到大的认知和判断,一是觉得各方面素质合适这个工作,二是互相信得过,只要一开始约定好酬劳分配和责任义务,大家互相遵守就是了。自己人交流起来也都开诚布公,不会打着小算盘有一些弯弯绕绕的,办起事情效率高。"③

(四)再造共同体:电商平台与家庭关系的重塑

宋代理学的集大成者朱熹在今天的福建尤溪兴起闽学,主张重建平民化的乡村宗法组织,并由平民化的宗族及家族制度向国家和社会伦理扩充,"在乡间及地方大力推行与维护宗族、家族伦理,目的是保证国家意识形态及政治伦理纲常对乡村社会的控制"④。宗族制度推动了"国家—社会"同构的治理方式,这种思潮的影响在明清时期达到高峰,并一直影响至今。在现代社会的代际关系中,人们认为"表亲也是亲",从而形成一种"网络家庭"⑤,

---

① 陈凌、应丽芬:《从家庭/网络家庭到企业/企业网络——家族企业成长的本土视角》,《学海》,2006年第4期。
② 受访者:LH,男,32岁,福建福州,访谈时间:2021年12月28日。
③ 受访者:科威,男,37岁,福建福州,访谈时间:2022年1月12日。
④ 李禹阶:《朱熹的家族礼仪论与乡村控制思想》,《重庆师范大学学报(哲学社会科学版)》,2004年第4期。
⑤ 陈凌、应丽芬:《从家庭/网络家庭到企业/企业网络——家族企业成长的本土视角》,《学海》,2006年第4期。

尤其是在这种需要"弱结构——强网络"的小规模电商运营群体中,家族观念和意识再一次被调动起来,成为企业管理稳定性和延续性的重要基础。

在科威表哥所经营的企业总部的人员中,大股东是表哥,另一位股东是执掌技术和研究平台规则的"同学",手下的员工或是亲戚,鲜有"钱德勒管理革命"中所提及的职业经理人,较少使用公开招聘的方式招募员工。一般来说,他们的工作时间从早上十点以后才开始,直到凌晨三四点。

> "莆田好多做电商都是找亲戚、好友或者自己人,信得过的开,做起事情有效率,不爱找来路不明的,学了技术走了可受不了。退一万步讲,如果是自己人学了技术走了,那也算肥水不流外人田吧。"①

在企业初创期,这种以亲缘为基底的关系提供了业务运营的强大支撑。借助亲人"传帮带"的这种方式,科威公司的月盈利从2021年底的一两万元快速上升到2022年中的三十多万元,公司规模从原来的2人队伍发展到8人,并在莆田表哥总部的对面租赁了一个新办公点,成立了莆田分公司。门对门的办公模式使得两地公司交流越来越密切,科威可随时从表哥那儿知道平台规则的变动以及应对方式。公司的快速发展不仅归结为科威转换赛道的决心和眼光,同时也表现出莆田人"抱团取暖"的特质:

> "我们莆田人是要么不做,要么我就是想赚一个月十万的,那么需要投入多少人和多少钱,有个大概预估,亏了能不能接受,什么样的结局。"②

> "既然要做了,就是整合家里的资源。好多人都是家族兄弟合伙,估一下大概前期投入多少,你出几万我出几万,一下子就有了,以家族经营为起点就是有这个好处,互相信任、灵活,一条心一起干。等做大了后面再按照公司规章正常管理,一是一、二是二,这样不容易出乱子。"③

---

① 受访者:科威,男,37岁,福建福州,访谈时间:2022年1月12日。
② 受访者:BG,男,39岁,福建莆田,访谈时间:2022年1月14日。
③ 同上。

在莆田,从事电商行业的人员共有30多万人。①而根据最新人口普查,莆田的常住人口为320万,到2020年就有85个淘宝村,②也就是说,每十个人中就有一个从事电商行业。这种规模和莆田地区重视家族传统的人际网络紧密关联。电商作为一种商业模式,与传统经商一样需要营业执照,尤其在跨境电商的店铺注册过程中,平台限定了单个营业执照所能注册的店铺数量,而在铺货模式的战略核心就是以店群数量取胜,如何解决这个矛盾成为关键问题。

在具有浓厚电商氛围的地区,不论是城区还是农村,对这个行业的接受度都相对较高,亲缘与地缘构成了商业布局的基底。尽管电商的运行和经营空间主要存在于资讯、资源相对发达的城区,但乡土性质中的"社会空间地方性"和"社会关系的熟悉性"③特质并没有因为现代性的"原子化"离散而消失,基于地方性的血缘、亲缘等社会结构方式依旧是人们建立联系和信任的主要根据,熟人社会虽然一度遭遇现代社会的冲击,但人情脉络和乡土联结在电商平台的勾连下,熟人关系被再度聚合起来。"地方空间被纳入网络并以新的逻辑组合,再反作用于地方空间。"④也就是说,由跨境电商平台所重新勾连的"地方—人"重构了一种"数字有机团结",社会成员以数字平台作为相互依存的关系,尤其是以跨境电子商务背景下的群体结构关系和经济利益为纽带。

四、"亲身"的消失:"宅"与公共空间的关系考察

在上文,笔者考察了媒介家居化对于家庭内部关系的互动所形成的影响,而本节则聚焦于媒介家居化之后人们如何通过使用媒介,重新定位、结构自身与外部的关系?身处家居的人们与外部公共空间的互动发生什么样的变化?

媒介环境学派学者哈罗德·伊尼斯(Harold Innis)曾受到制度经济学者托斯丹·凡勃伦(Thorstein B Veblen)的影响,提出了著名的"媒介偏向

---

① 林春茵:《"莆田夜话":中国电商的数字机遇》[EB/OL]. http://www.fj.chinanews.com. cn/news/fj_zxyc/2019/2019-12-11/455862.html,2022-5-22.

② 朱金山:《2020年全国淘宝镇淘宝村名单公布 我市16个镇85个村上榜》[EB/OL]. 莆田市人民政府网,https://www.putian.gov.cn/zwgk/ptdt/ptyw/202009/t20200906_1522588.htm,2022-5-22.

③ 陆益龙:《后乡土中国的基本问题及其出路》,《社会科学研究》,2015年第1期。

④ 关琼严:《属性转移,边界消弭与关系重构:当代乡村媒介空间的转型》,《新闻与传播研究》,2021年第4期。

论"。凡勃伦的"偏向"指的是不同的历史语境、地理环境或者制度结构会对人的知识构成、思想意识、社会风俗等产生不同的"偏向",这种影响又反过来作用于现实环境。伊尼斯借用了凡勃伦对"偏向"的阐释,并引入媒介技术的分析之中。在《传播的偏向》中,伊尼斯用大量的历史事实证明不同的媒介具有不同的偏向性:偏向于时间或空间。①前者表现出载体厚重、体积庞大的特点,这种媒介能够长久地保存信息,却受到地域空间限制不便于广泛传播,如石刻、泥板等;后者则相反,表现出介质轻便,便于扩散的特点,如莎草纸、纸张等。不同的媒介偏向对人类文明产生了重大的影响,"倚重时间媒介的文明固守传统,强调连续性,突出社会的黏合力,紧守神圣的信仰和道德传统。相反,所谓空间偏向的文明是:强调地域扩张,强调中心对边缘的控制,世俗制度发达,宗教体制薄弱,科学技术突飞猛进,社区生活逐渐瓦解,甚至衰亡,个人主义盛行"②。因此,这里的"媒介"不仅是孤立存在的报纸、广播或者电视等媒介,更倾向于指代某一制度体系之中、受到彼时政治、经济、文化塑造与影响的信息传播"中介"。

虽然伊尼斯对媒介的社会作用机制的判断值得商榷,但启发了我们对于不同媒介在不同社会制度中所具有的偏向的关注。电子媒介的重要特征之一即信息符码与媒介技术实体之间的分离式传播,这极有利于信息在不同的空间之间穿梭,比如在广播、电视时代表现为媒介内容生产者到受众之间的空间传递,而在互联网时代则表现为不同空间之间的自由移动。从这一角度来说,电子媒介更倾向于一种空间偏向的媒介,并且这种偏向在移动互联网时代被发挥到了极致。

总结上述内容,我们不难发现,电子信息的空间偏向使大众对于外界信息的感知由前媒介时代的亲身传递,比如茶馆里面对面的闲言碎语,朋友间的窃窃私语、互诉衷肠等转向媒介时代的家庭化甚至个人化的信息发布与接收模式,借用技术,人得以脱离空间的束缚,能够区隔、重构人们对于不同场所的感知。而在中国,家庭空间的媒介化使媒介这种极具空间偏向的文明被以微观形式表现出来。在新中国成立初期,广播的入户使人们不必再汇集于某一具体的宣讲场所,而是在家庭这个实体空间即可接收宣讲,因此,广播所生产的空间是一种受限的空间。而随着互联网产业的崛起,受众得以在不同的虚拟空间里自由移动,在虚拟空间创造私人化的隐秘空间。

---

① 哈罗德·伊尼斯:《传播的偏向》,何道宽译,北京,中国人民大学出版社,2003年,第53页。

② 何道宽:译者序言,载于哈罗德·伊尼斯《传播的偏向》,何道宽译,北京,中国人民大学出版社,2003年,第XII页。

因此,在技术进步与产业力量的推动下,信息互动、购物逛街、学校教育、工作娱乐等行为都可以在网络平台上得以实现,"商场购物改网络购物、出去K歌变成联网打游戏,连看电影都改成直接上视频网站了"①。借助传媒技术,家庭空间似乎成为应有尽有的社会空间,在人类本能的驱动下,这一转变不可避免地催生出社会普遍的"宅"文化。

所谓"宅",在汉语中是住宅、住所的意思,随着"宅"文化成为一种普遍现象,"宅"字成为网络流行用语,转化成为内涵更丰富的动词,意指"宅"于家中,沉迷于独立的私人空间,由此,"宅"成为一种特殊的生活方式和文化现象进入文化研究的视野。早在20世纪60年代,日本青年中有一类团体沉迷于动画(anime)、漫画(comic)和电子游戏(game),简称ACG,他们在聚会碰面时会以"Otaku"作为问候,因此"御宅"或"宅"就成为这一群体的指称。②从词源来看,Otaku是由表尊敬的前缀的"O"与意为房屋、居所的"taku"组成,其合意为尊称贵府、您家,是一种问候性用语。不过,我们今天所指的"宅"有了更广泛和宽松的含义,宅人们不一定有某种强烈的癖好,指涉的是互联网时代的人们在技术的帮助下不必出门或者不愿出门、不爱现实社会交际的人,他们足不出户但仍可以正常生活。在媒体对极端现象的报道之下,"宅"越来越成为一种刻板印象,如有报道如此描述"宅人"的生活:"独居、懒得出门、热衷网络或者游戏、埋首电脑、流连于各大网络BBS(电子公告板),虚拟世界交友甚广而现实生活常伴孤独。网络流传的'宅男'典型形象是:理平头(不想花费太多时间出门打理头发),穿着动漫或者游戏主题T恤、拖鞋,背电脑,必须出门购物也往往是超市或者便利店,以及电子产品商城,甚至网购解决问题。"③尚扬媒介(MEC)与互联网测评机构WebInsight联合发布了一项名为《宅人来袭@微博》的研究报告,这一报告以微博数据为基础,通过"宅人"的微博特性、网络社交行为等,分析"宅人"的消费市场与潜力。与此同时,中国市场与媒体研究(CMMS)的调研也支撑了"宅势力"的兴起,自2010年以来,有近50%的中国城市消费者在非工作时间不愿出门,更

---

① 许蕾:爱上"宅"生活[N/OL]. http://epaper.southcn.com/nfdaily/html/2014-05/23/content_7307214.htm.

② 易前良、王凌菲:《青年御宅族的媒介使用动机研究:以南京地区为例》,《新闻与传播研究》,2011年第4期。

③ 许蕾:爱上"宅"生活[N/OL]. http://epaper.southcn.com/nfdaily/html/2014-05/23/content_7307214.htm.

愿意待在家里。①这些数据说明,"宅"作为一种社会现象,已经普遍发生在中国家庭空间之中。对于本研究而言,家庭空间的媒介化所推动的"宅"文化使家庭成员与外界公共空间之间的关系发生了新的转变,并主要表现在:

(一)逃离与"连通":个人空间边界重置的焦虑

互联网匿名性、交互性以及符号性的特征满足了大众逃避现实、隐藏自我的需求。因此,宅人们有高度的"网络依存症"。受访者张业毅这样描述网络之于家的意义:

> "我家的Wi-Fi必须24小时开着,没有网络的家就像一个孤岛,我可以整天不开口说话,但绝对不可以没有网络……月底没流量了出门就很焦虑,外面的Wi-Fi不像自己家里的安全,所以就赶快买网络流量加油包啊。"②

离开了网络,宅人们就变得无所适从,手机无法联网就焦虑不安,这已经成为现代社会人们的普遍现象。另一位访者何萍则更具体地说明了对于中介化媒介的需求:

> "其实每天都上网有时候也不一定要做什么,但是你醒来后不上网就觉得哪里不对,不开电脑觉得少了什么一样,开了电脑就很自然地先把QQ挂上,然后刷一下微博。手机也一样啊,起床前赖床刷一下,然后就挂着……有消息提示肯定要看,没有也要定时刷一下……不看就难受,就觉得自己与世隔绝了一样……这是规定动作,都是习惯了。"③

> "我手机都是24小时开机的,总觉得不开机会漏掉什么消息,然后这个手机用了2年多电池有点老化了,一直刷的话一天要充好几次电……下次家里装修的时候一定要多准备插电孔,你看客厅沙发这边,按照以前的设计方法在墙脚埋两个口就可以了,一个插电话线,一个留着插台灯或者应急用,现在完全不够。你看我家这个结构客厅在比较中间的位置,我就把路由器放客厅,这样每个角落收到的无线信号比较均衡。

① 中文互联网数据资讯中心:宅人研究报告显示:49%的中国城市消费者认为自己"宅" http://www.199it.com/archives/54598.html.[2012-6-29].访问时间:2015-12-29。
② 受访者:张业毅,男,22岁,学生,湖北武汉,访谈时间:2015年10月16日。
③ 受访者:何萍,女,33岁,家庭主妇,山东枣庄,访谈时间:2015年10月27日。

这样就只剩一个插口,客厅里两个人同时充电就不行了。"①

如今,"挂"QQ或者微信"潜水"已经是许多人的常态,人们虽然在线,但不一定频繁发表消息或发表言论,当你一旦有事向他发私信时,对方却会立马回应。在心理学和精神生态学看来,这种需求被称作社会"连通感"(connectedness),帕洛阿尔托学派(即交往传播学派)将其用于解释人们不以传递具体内容或消息而是保持信息渠道畅通的一种传播行为,这种传播模式被称为"连通导向的传播"(connectedness oriented communication)。这种传播模式通常是日常生活中非正式的沟通,即便使用者发出信息,也可能是一些类似见面寒暄的内容,有时候甚至不说话,就是挂着QQ亮着头像表示"我在线上",以此表示主体的"在场"。"社会连通感体现在日常人际关系的维护上便是对自我边界的灵活管理,对人际交往中的表达与隐私、隔离与连通之间冲突的平衡。"②这种连通感对于深居简出的宅人们来说十分重要,它既保证了自我独处的空间,同时又满足了家庭空间中个体保持与外界的沟通。

(二)个人空间的"景观化"

"景观"一词的原意是自然风景或者人为改造的景观,这一概念经由法国学者居伊·德波引入社会学领域,他使用了"媒介景观"一词用以表示"现代生产条件无所不在的社会,生活本身展现为景观的庞大堆聚。直接存在的一切全都转化为一个表象。"③也就是说,日常生活中的景观经由媒介被转化成为符码、话语、影像,日复一日的政治宣传、应接不暇的商业广告、娱乐明星的炒作造势、赏心悦目的动漫游戏……媒介创造了法兰克福笔下的"肯定性文化",形成了极具吸引力的符码景观,构成了宅男宅女们最痴迷的虚拟世界。

鉴于网络对人们的作用越来越显著,真实与虚拟对许多人来说早已含混不清。但值得反思的是,媒介景观并非如自然景观一样天然存在,而是深受政治经济力量的形塑,其表象下面是政治意识形态与市场经济导向的无形操控。网络所创造的"拟态环境"已经成为一个超真实的世界,甚至就是世界的本身。因此,"宅"现象所造成的一个后果即宅人们个人空间的"景观化",宅人们失去了感应那些生存于"媒介景观"之外的事物的能力,由此失

---

① 受访者:史蕾蕾,女,34岁,办公室行政,福建福州,访谈时间:2015年8月27日。
② 毕晓梅:《"连通感"概念辨析及其对新媒体社交研究与应用设计的启示》,《国际新闻界》,2011年第11期。
③ 居伊·德波:《景观社会》,王昭风译,南京,南京大学出版社,2006年,第3页。

去了对现实社会的反思与抵抗能力。米切尔这样描绘虚拟空间的魔幻特质："你不是在走近它。你是在物理空间上偶然所处的任何位置登录进入它的。这样做,你并不是在进行一种通常意义上的访问,而是在通过一种电子中介化的话语行为打开入口——就像是在念'芝麻开门'的符咒。"①对于宅家的人而言,在新媒体的中介化作用下,他们在网络空间的"在场"时间远远超过了真实空间,家的意义开始变动,家被化约为一个肉体栖居的位置,灵魂则早已游荡在无边的虚拟空间之中。

"人的本质源自全体社会进程。个人只有在同集体的牢固和明确的关系中才能获得这种性质。"②当一个人长期浸淫在虚拟符码之中,不能参与,甚至不能理解现实社会的运作与残酷,这种境况下的身体通常只是一个中介性的存在,只是提供能量的发动机和人类实行某种动作的中介体,思想的重要性被淡化,情感的丰富性被简化,这正是宅人们受到社会诟病的原因所在。

(三)个人空间与社会关系空间的剥离

借助媒介,宅居的人们可以在网络空间中与任何人取得联系,并远距离维持与巩固这种关系,但是事实证明,这种基于符码交流的关系很容易崩塌,甚至化为陌生。在谈及网上交流与现实交流的区别时,受访者是这样感知的:

> "这确实很奇怪,在网上很能聊,想说什么说什么,开头也特别简单,但一旦见面,突然就不知道从哪里开始聊起,然后就是打个招呼,就说再见了,那是相当尴尬。有时想了想,我觉得这种困难可能是见面的时候没时间思考下一句,有时交集太少,也不知道从何说起。"③

> "见面聊天、打招呼、握手、摇手再见,这些细节对于朋友见面来说就和仪式一样。你看啊,我们有正式的事情肯定是见面,因为见面表达才算真诚,交朋友也一样,没有经过这些过程,很难说是朋友,所以你问的在网上聊天谈朋友,这种朋友很难说是朋友,只能说是熟人吧。"④

---

① 文森特·莫斯可:《数字化崇拜:迷思、权力与赛博空间》,黄典林译,北京,北京大学出版社,2010年,第86页。
② 陈明松等:《让日常生活成为艺术品》,云南,云南人民出版社,1988年,第8页。
③ 受访者:张业毅,男,22岁,学生,湖北武汉,访谈时间:2015年10月16日。
④ 受访者:阮希希,女,26岁,游戏公司员工,上海,访谈时间:2015年10月4日。

这种现象的怪诞之处在于生活实际与网络关系的差异,居伊·德波认为,"景观的社会功能就是异化的生产,是人与人之间关系分离和疏远的实质性表达。"[①]"真实的世界被优于这一世界的影像的精选品所取代,同时这些影像又成功地使自己被认为是卓越超群的现实之缩影。"[②]媒介内容的生产正是契合了人类追求简单、追求快感的本能追求,从而让使用者自愿自觉地停留在独立、简单的私人化的家庭空间之中,沉浸于传媒产业所制造的景观之中。由此,宅人们逐渐与社会关系空间发生剥离。20世纪八九十年代年幼时一起玩耍的景象也已成为历史,于是,20世纪七八十年代出生的"媒介移民"集体陷入了一种怀旧的浪潮之中,那些曾属于课后操场的集体游戏,如玩弹珠、鞭陀螺、发条青蛙等被摆进了"文化创意"的行列。旧时玩物的"藏品化"也意味着这些曾经在中小学生生活的火爆的娱乐方式及玩具在"媒介原住民"时代的"失传"与消失,毕竟弹珠的简单枯燥永远无法比拟《魔兽世界》的丰富多彩。

中国社会结构的剧烈变迁使家庭关系空间发生了结构性变化,传媒技术的家居化填补了社会结构变迁过程中信息传播需求,但却在更大程度上创造、生产了媒介使用的欲望,并将人们推向对技术和网络无限依存的状态。在技术"神话"的询唤下和人类本能欲望的驱动下,技术的逻辑逐渐渗透、凌驾甚至取代了家庭关系空间的交往逻辑,异化由此产生。这尤其体现在家庭仪式的技术化与家庭教育的技术化过程之中:对于前者而言,商业网站所建构的仪式"形式"合理性取代了传统的略为烦琐却神圣的"在地"仪式,仪式感与权威感迅速弱化,家庭仪式沦为一种符号化表演。而对于后者,以平板电脑为代表的网络技术工具使部分儿童成为"技术的对象物",代际间的亲密互动被五光十色的指尖触摸所取代,由此,部分儿童成为游戏的高手,思维运用的"差生"。而当我们把目光聚焦于留守儿童群体,智能手机改变了远距离家庭相处的生活方式,同时建构了留守儿童与其父母超越时空的"共同存在",父母得以弥补内心的亏欠感以"媒介替身"的方式陪伴儿童成长。

与此同时,传媒技术的家居化催生了"宅"现象的诞生,人们得以在家庭空间中完成与外界的基本联系,但由此带来的现实则是大众个人空间的景观化及其与社会关系的日渐剥离,这不仅弱化了对现实公共空间的基本感知与反思能力,甚至导致了大众对社会公共事务参与的冷漠,正是在这一层

---

① 居伊·德波:《景观社会》,王昭风译,南京,南京大学出版社,2006年,第99页。

② 同上,第13页。

面上,本节将这种现象总结为"媒介化生存"与"亲身"的消失。这种身体在线下、灵魂在线上的数字化生存模式在经济层面则契合了传媒产业的发展需求,使家庭空间的资本化、传媒受众的劳动化程度日益加深。而当我们把研究转向互联网时代的家族企业,媒介技术对中国家庭/家族的亲密关系而言,具有一种聚合性作用。网络技术跨地域、跨时空的交流特性重新勾连起被城市化与工业化"打散"的家族,为人们重新组织家庭或宗族成员提供了可能性,并由此形成了更具灵活性和流动性的新型家族化企业。

第五章　结论与反思

　　本书采用动态的媒介化理论视角,将媒介、社会、商业与家庭空间、家庭关系的塑造勾连在一起。这一视角把媒介看作是"物",它是一种包裹了想象、象征以及空间特性的介质,经由这一介质,人们在家庭空间中的日常生活得以展开,盘根错节的政治、经济、文化等力量在此博弈,主体在此过程中表现出与媒介交互驯化的特点。与此同时,本文把"传播技术"作为一种文本,采用口述历史、深度访谈、入户调查以及参与式观察的方法,通过琐碎、细微的日常生活阐释媒介的家居化的过程,由此进一步发掘在中国特殊的历史语境下,宏大的政治、经济力量是如何经由媒介渗透和管控日常生活的,主体又是如何在这一过程中实践和行动的。

一、作为场域的"家":空间重塑与权力角逐

　　列斐伏尔认为:"空间并不是某种与意识形态和政治保持着遥远距离的科学对象(scientific objects)。相反地,它永远是政治性的和策略性的……它真正是一种充斥着意识形态的产物。"[1]换句话说,空间表象上的原始感与物质感只是烘托其客观性与必然性的幻象,空间是各种力量与各种利益角逐与浇铸的产物。沿着这一思路,本书以家庭空间的媒介化为视角,深入考察与分析了媒介进入家庭之后家庭空间的演变脉络。研究发现,传播技术家居化推动了家庭空间从传统神权化到政治化,再到世俗化、媒介化的过程,家庭空间生产了人们使用媒介的欲望。

　　自20世纪五十年代开始,中国传统民居家庭空间厅堂中原来极具文化意味的"中堂桌"、具有"神性"意味与宗族理念的中堂画、中堂桌面陈设逐渐被富有浓厚教育意义的大众传媒技术所取代,"新年画"运动将象征"红、光、亮"象征符号注入大众的家庭空间,充满社会主义新生活的景象、领袖画像与

---

① 亨利·列斐伏尔:《空间政治学的反思》,包亚明主编:《现代性与空间生产》,上海,上海教育出版社,2002年,第62页。

民间艺术在家庭空间中高度融合在一起，成为中堂画的主要内容，建构了家庭空间的转化。"新年画"运动之后，以广播、电视为代表的电子信息传播技术工具开始进入家庭空间，由于数量分配与技术操作的限制，广播通常以喇叭为介质被安装在家庭空间中的中堂高处或者悬梁柱位置，由此在视觉与听觉上形成了一种权威。与广播有所不同，20世纪80年代的电视在推广与技术本身的新奇性的驱动之下，进入家庭空间后被摆至中堂桌之上，替代了原来的陈设，一种符号化的"公共空间"经由荧屏植入到家庭私人空间之中，传统厅堂中的仪式感、文化象征性被取代。当然在这一过程中，媒介的使用主体在现代性想象和消费意识的驱使之下，主动将电视纳入家庭的日常之中，因此，电视家居化在这一过程中既是推动力量，同时也是主体意识协商的结果。

随着技术成本的下降与经济水平的提升，电视与计算机技术成为大多数家庭的"标配"，并开始进入卧室，家庭公共空间日渐受到冷落，格子化的私密空间使用成为一种常态。由此，家庭空间中的客厅由原来的"多功能的活动中心"转变为"多重活动的蜂巢式家庭"。①数字技术的强大力量将人们的剩余时间与"认知盈余"吸纳成为数字生产力，并转化成极具商业价值的"受众注意力"和劳动力，从这个角度来看，家庭空间又进一步成为数字产品"产销地"与数字技术行业的劳动工厂。平台经济进入家庭以后，又以一种特殊的方式与人类形成一种行动者网络，从而打破了原本主客二分的认知结构，形成新的关系本体论探讨。

二、"家"的意义延伸与家庭关系变动

中国社会发展过程中的现代化转型带来了中国家庭模式、人口迁移以及生存方式的转变，家的观念、范畴和边界在媒介家居化的过程也开始发生意义的滑动和重置。

当人们在勾勒家的想象和空间之时，会把媒介作为整体构想的中介物，例如人们用年画表征对家的福祉祈祷，又如在现代时间观尚未完全支配传统生活时，人们以广播声作为日常起居安排的节点，再如以电视为核心的客厅文化，在社会发展与媒介技术的双重推动之下成为世俗化和日常生活化的空间，客厅同时承载了公共领域与私人领域的双重意义。而随着时代变迁，在技术的驱动与数字行业的推动下，人们对客厅的意象与电视、电视墙紧紧联系在一起，看电视成为客厅空间中的重要活动，由此家庭空间中的传媒受众开始被转化成为受众商品，换句话说，家庭空间被吸纳为数字行业的

---

① 戴维·莫利：《电视、受众与文化研究》，北京，新华出版社，2005年，第257-258页。

劳动空间。美国学者大卫·赖斯(David Reiss)指出："家庭对内在空间的安排,清楚地反映了它作为一个集体,怎样把外在世界概念化或者怎样理解这个世界。"[①]从人类生活的文化史上,人们曾经费尽心力从结构、区位、功能和空间等方面将社会生产的场所与家区分开来,以表明公共空间与私人空间的区隔,但在媒介的中介作用下,家庭开始工厂化,一些住房类型如SOHO(Small Office Home Office)干脆以此作为一种生活的理念,用以表征后现代社会劳动分工和生存方式,家庭的空间和范畴又一次在社会变迁中发生意义的滑动。

不仅如此,当家居关系空间进入高度媒介化状态后,媒介运作的逻辑开始成为家庭成员之间沟通与交往的主导逻辑。无论是夫妇核心家庭、单人户、"留守儿童"还是"空巢老人",这些社会的结构性变迁背景下所造就的新型家庭关系使人们越来越依赖信息传播技术。在技术的帮助下,实体空间对人类交往的局限性开始逐渐被"消灭",电话、网络语音、视频、社交媒体等技术形式把家"网罗"在虚拟空间之中,成为"云端上"的家。人们在建构和想象家的过程中,不仅强调媒介作为一种技术能够跨越时空限制与家人沟通信息,他们更强调媒介所带来的"连通感"(connectedness),即帕洛阿尔托学派所强调的传播的交往功能,它在相隔千里背井离乡的人们保持在可控和可感知的范畴之内,以弥补现代性漂泊所带来的孤独无依。

尽管"家"的概念是悬置的、漂浮的、不可触摸的,但却是异乡人必不可少的情感归属和想象意义上的家。媒介技术通过"时空压缩",改变了时间即时性和空间距离的限制,通过象征、仪式、意义等符码建构人们对家的想象。但这种转化也不可避免地造就了"亲身生活的消失",这不仅弱化甚至淡漠了人们对公共事务的观察实践的能力,同时也进一步加强了这些宅人们对社会公共事务参与的冷漠。在技术"神话"的询唤下和人类本能的驱动下,技术的逻辑逐渐渗透甚至取代了家庭关系空间的交往逻辑,带来了家庭交往、代际交流、远程育儿等深度媒介化体验。因此,如何寻找和重建家园,如何回归人本的家庭空间和关系就急需被提上议事日程。

三、媒介技术与主体的驯化

本研究在分析媒介家居化(domestication)过程中,强调了作为社会整体的家庭是如何受到政治、经济或者文化力量影响,由此带来了家庭空间的

---

① Reiss,David. (1981). *The Family's Construction of Reality*,Cambridge,Harvard Universit Press.p. 237.

政治化、家庭的工厂化、家庭关系的异化等问题，与此同时也注意到，人作为一个能动的主体，并没有在家庭空间的维护行动中"缺席"。在不同的历史时期，人们通过媒介的使用，在社会错综复杂的权力拉锯中践行个体的日常生活、拓展媒介对个人的实践价值，如在媒介驯化过程中主体意识的觉醒、自我身份的想象、个体价值的判断、家庭关系的维护和再生产等。

因此，当本文分析"驯化"一词时，不仅指涉政治因素、经济因素以及根深蒂固的文化如何通过媒介渗透人们的日常生活，还指涉人们是如何将作为"物"的媒介纳入家庭之中，使之成为家庭生活的一员。如本研究绪论中所述，"驯化"一词的原意是将改造自然界中动植物的野性，使之适应人类的生活，并融入家庭空间和场景之中，在这个意义上，驯化这个词也被翻译成"家居化"（domestication）。在中国媒介家居化的过程中，又可以根据驯化的演进理路分为两种路径：

一是协商路径：在此路径中，媒介的家居化进程是外部力量和主体意识共谋的结果，媒介使用者则在实用主义、身份象征、现代化的自我想象等因素的作用下在家庭空间中添置媒介，这甚至成为20世纪中国社会发展进程中的重要推动力量，人们愿意接受包裹着广告的电视节目，并将之视为家庭环境中不可或缺的图景。人们也乐意观看、收听新闻，以此确证自身作为国家的主体的身份。人们还通过媒介与家庭空间关系的确立，实现家庭功能划分、亲情关系的感知……协商、博弈与对话之下，主体通过对媒介技术的挪用/调用（appropriate）、客体化（objectify）、纳入（incorporate）和转换（convert），[①]与社会的宏大力量一起将个体家庭推入现代化的浪潮之中。

二是间性共生路径：在传统的主客二元认识论中，人是世界中心的主体，对"物"有着绝对操控力，人类生产客体、客体服膺于主体，一旦客体表现出僭越主体的行动，则会被视为一种异质性力量。但随着嵌入人类智力和自我演化能力的智能媒体的产生，人与"物"之间的关系被重新改写。不论是本书讨论的社区团购中的行动者网络理论，还是"物体间性"逻辑对智能家居的重新发现和理解，都昭示着新物质主义思想的不断复归，一种再思"人—物"关系的新本体论呼之欲出，人类对媒介物的认知逐渐呈现一条"生产—对抗—协商—驯化—共生"的路径，最终导向了对人与人、物与物、人与物的间性思考，呈现了家庭媒介化研究的动态演进与内生张力。

---

① Silverstone, Roger (2006). "Domesticating domestication: reflections on the life of a concept," In: Berker, Thomas and Hartmann, Maren and Punie, Yves and Ward, Katie J., (eds.) *Domestication of media and technology*. Open University Press.

附录1:受访样本信息概述

序号	姓名	性别	年龄	职业	学历	受访对象常住地
1	冯自华	男	76	农民	小学	河南驻马店
2	吴阿雄	男	68	退休医生	专科	江西九江
3	陈玉英	女	69	家庭主妇	初中	福建厦门
4	牛业霖	男	35	高校研究员	博士	上海
5	刘爽	女	33	外贸销售	本科	上海
6	王正月	女	73	农民	小学	浙江泰顺
7	肖旺超	男	73	会计(退休)	初中	浙江泰顺
8	王安南	男	70	小学教师(退休)	高中	浙江泰顺
9	王安智	男	68	个体户	初中	浙江泰顺
10	曾萍	女	58	事业单位员工(退休)	高中	福建福州
11	陈文富	男	82	工厂领导管理人员(退休)	初中	福建福州
12	王冠实	男	65	个体户	高中	江西九江
13	吴桂英	女	62	卫生工人	初中	江西九江
14	王云凤	女	35	高校教师	博士	河南驻马店
15	魏鸽	女	31	报社记者	硕士	广东深圳
16	王洁	女	30	计算机管理员	本科	山西太原
17	郑桂英	女	67	家庭主妇	初中	山西太原
18	肖玉	女	53	小学教师	高中	福建宁德
19	吴冠仁	男	61	小学校长(退休)	本科	福建宁德
20	苏功	男	31	某上市公司中层管理人员	本科	江苏常熟
21	钟晨	女	29	外贸公司员工	硕士	北京
22	林建安	男	65	菜店员工	初中	福建漳州
23	陈富贵	男	68	小卖部老板	小学	福建漳州
24	郑祥富	男	57	无业	初中	浙江泰顺
25	陈闻	男	61	电机维修工(退休)	初中	福建南平
26	黄芬	女	33	公务员	硕士	湖北武汉
27	李兰平	女	56	企业行政人员	本科	北京
28	孙教儒	男	59	高校教师	硕士	北京
29	陈汤田	男	58	通信工程师	本科	安徽合肥
30	黄伊弗	男	58	啤酒厂技术员	本科	广东广州
31	伍华淑	女	57	私营业主	高中	广东广州

序号	姓名	性别	年龄	职业	学历	受访对象常住地
32	黄慧艺	女	26	学生	硕士	广东广州
33	陈振华	男	52	企业中层管理人员	本科	广东广州
34	金天星	男	49	私营业主	高中	江苏镇江
35	冉芸英	女	43	私营业主	高中	江苏镇江
36	金敏	男	22	学生	本科	江苏镇江
37	张孝义	男	58	保安	初中	江苏南京
38	蔡华	女	55	超市仓库管理员	高中	江苏南京
39	吴生旺	男	40	事业单位文职	高中	福建宁德
40	肖秀蓉	女	39	幼儿园老师	高中	福建宁德
41	林志刚	男	13	学生	初中	福建宁德
42	王燕芬	女	30	私营业主	本科	福建福州
43	林耀	男	31	私营业主	本科	福建福州
44	庞芳华	女	57	事业单位科员（退休）	大专	福建福州
45	林致文	男	59	事业单位干部	大专	福建福州
46	张杨花	女	59	家庭主妇	初中	北京
47	陈惠敏	女	32	保险公司员工	本科	广西北海
48	蔡康辉	男	34	机械公司员工	本科	广西北海
49	姜海	女	35	互联网公司技术员	硕士	上海
50	林敏洁	女	29	企业办公室文员	本科	广东深圳
51	郭佳	女	36	编辑	本科	福建厦门
52	黄芬娴	女	35	高校行政人员	硕士	陕西渭南
53	陈志坚	男	36	通信公司员工	硕士	陕西渭南
54	刘兰兰	女	31	外贸公司员工	本科	上海
55	林清	男	32	杂志编辑	硕士	上海
56	郑易欣	女	31	护士	硕士	山东枣庄
57	何萍	女	32	家庭主妇	本科	山东枣庄
58	史蕾蕾	女	34	办公室行政人员	硕士	福建福州
59	谭伟河	男	39	公务员	本科	福建宁德
60	杨易峰	男	33	医生	硕士	上海
61	郭健龙	男	31	公司员工	本科	上海
62	吴丹	女	31	编辑	硕士	上海
63	王凤娟	女	30	高校教师	博士	上海
64	高雅丽	女	28	通信公司员工	硕士	浙江杭州
65	张业毅	男	22	学生	本科	湖北武汉
66	张星	女	21	学生	本科	湖北武汉

序号	姓名	性别	年龄	职业	学历	受访对象常住地
67	何雄宝	男	63	工程师	本科	浙江温州
68	黄依贵	男	63	国营工厂下岗工人	高中	江西九江
69	李云峰	男	41	高校教师	博士	云南昆明
70	冯洁	女	37	护士	本科	河南开封
71	陈细妹	女	81	搬运工	小学	福建福州
72	吴冠书	男	59	公务员	中专	福建宁德
73	肖英花	女	76	农民	小学	福建宁德
74	陈爱华	女	59	家庭主妇	初中	福建宁德
75	贾伟麟	男	32	银行职员	本科	福建福州
76	陈玉娇	女	62	家庭主妇	初中	福建福州
77	郑青	女	60	退休管理员	高中	福建福州
78	张亚伟	男	36	企业中层管理人员	硕士	上海
79	张亚俊	男	30	通信公司员工	硕士	广东广州
80	林美贞	女	63	退休工人	高中	江西九江
81	李京华	男	36	研究员	博士	福建厦门
82	陈潇	女	34	小学教师	硕士	福建厦门
83	王泽琪	女	4	学生	学前	福建福州
84	刘志	男	11	学生	小学	福建宁德
85	张轩逸	男	5	学生	学前	上海
86	阮希希	女	26	游戏公司员工	本科	上海
87	肖学军	男	67	退休干部	高中	福建宁德
88	刘兴华	男	63	农民	小学	浙江泰顺
89	陈德发	男	61	水电维修工	初中	浙江泰顺
90	林明伟	男	57	仓库管理员	高中	福建福州
91	苏信禾	男	46	网络公司员工	本科	北京
92	石豪	男	57	电工	高中	上海
93	宋梅西	女	51	百货公司管理员	高中	广东广州
94	陈寿文	男	57	司机	高中	福建福州
95	朱庆玲	女	54	事业单位职员	高中	福建福州
96	郑富英	女	57	家庭主妇	初中	福建福州
97	朱庆福	男	56	个体户	高中	广东广州
98	柯建明	男	54	私营业主	初中	浙江温州
99	陈益民	男	60	工程师	本科	浙江温州
100	张芝和	女	56	退休	高中	福建福州
101	肖英华	女	62	家庭主妇	初中	福建宁德

序号	姓名	性别	年龄	职业	学历	受访对象常住地
102	王炳忠	男	63	农民	小学	浙江泰顺
103	刘玉梅	女	46	私营业主	初中	安徽合肥
104	刘秀华	女	42	家庭主妇	初中	福建宁德
105	吴秀美	女	46	理发师	初中	浙江泰顺
106	夏秋金	女	39	茶叶厂工人	初中	福建宁德
107	陈发祥	男	45	司机	高中	福建福州
108	叮当	女	23	大学生	本科	浙江台州
109	小桥	女	25	大学生	本科	福建厦门
110	小杰	男	22	大学生	本科	福建龙岩
111	方方	女	24	大学生	本科	福建龙岩
112	吴柳	男	44	公司员工	本科	福建福州
113	李宇	男	48	大学教师	博士	云南昆明
114	小邓	女	24	大学生	本科	福建厦门
115	左左	女	24	大学生	本科	福建厦门
116	小翔	男	23	大学生	本科	福建福州
117	月月	女	28	公司员工	本科	广东深圳
118	王先生	男	34	蔬菜种植户	高中	甘肃兰州
119	黄先生	男	37	地质勘探员	高中	广东广州
120	胡女士	女	35	少儿语言培训师	本科	湖北武汉
121	林同学	男	9	小学生	小学	湖北黄石
122	姚女士	女	43	个体户	高中	广东深圳
123	邹女士	女	40	美容师	初中	广东深圳
124	邓先生	男	39	销售	高中	广东广州
125	赵先生	男	40	个体户	高中	河南郑州
126	李女士	女	29	蔬菜批发商	高中	甘肃兰州
127	祝女士	女	38	工厂员工	初中	广东广州
128	任先生	男	39	工厂员工	初中	四川重庆
129	陈先生	男	42	蔬菜种植户	初中	甘肃兰州
130	汤同学	女	15	学生	高中	湖北洪湖
131	王同学	男	11	学生	小学	湖北洪湖

注:为尊重受访者的要求、保护受访对象的隐私,上表中的受访对象名字均为化名。关于样本的具体说明,可参见绪论中的"样本概述"部分。

附录2:访谈大纲

(一)学术伦理与访谈目的介绍

1. 自我介绍或经朋友、亲戚介绍,与受访者建立良好友善的关系,获取对方信任。

2. 简要介绍访谈目的与内容,即家庭空间的变化与家庭媒体的使用。

3. 向对方说明隐私与学术伦理,不泄露对方真实姓名和基本资料,不将访谈内容用于商业用途。

4. 征求受访者意见,在对方同意的情况下收集录音、文字稿以及实地观察的照片等影像资料。

5. 采访与观察结束后向对方表示感谢,并说明后续有回访或确认信息的可能性。

(二)受访者与其家庭成员的基本情况

6. 了解对方的基本信息资料,如姓名、性别、年龄、职业、年龄、受教育程度等。

7. 什么时候开始住这里? 如果是搬到这里,那以前住在哪里?

8. 以前家里都有谁住在一起? 目前居住的地方都有哪些家人住一起?(询问他们的性别、年龄与职业等基本情况)

(三)家庭空间的安排、家居化媒介的使用与分布

9. 家庭空间是怎么安排、布置与使用的?

10. 家里的布置一般都由谁主要负责? 有哪些部分的设计与安排认为与别人家里不一样?

11. 家里的媒介一般放在哪里?(包括年画、电视、电脑、收音机/录音机、录像机、CD、VCD、音箱等)

12. 家里的年画一般挂在哪里? 喜欢买什么类型的年画? 一般在什么时候买新年画? 家人的品位是否一样?

13. 家里是否安装过广播? 安装广播的事情是否还记得? 广播一般在几点播放什么内容? 有没有印象深刻的与广播有关的趣事? 安装广播前后,家人或朋友的生活有没有发生什么变化?

14. 家里买过收音机/录音机/录像机吗? 通过什么渠道购买? 价格多少? 为什么买? 买完用来收听、收看什么内容? 是谁用得比较多? 用起来有什么感觉？

15. 家里的电视什么时候购买的？以前/现在一般摆放在哪里？（根据访谈对象的个人情况决定选择何种媒介进行询问）多少钱买的？当时觉得贵不贵？最初为什么会买电视？平时一般谁看电视比较多，是否家人一起看？看什么节目比较多？

16. 家里是否有电脑，什么时候买的？谁买的？为什么买？平时用电脑都做些什么？有电脑之后家里的生活有没有发生什么变化？

17. 家里是否有平板电脑？是什么时候买的？当时为什么买平板电脑？你现在一般用它来做什么？

18.（针对家里有孩子的受访者）您平时让家里的孩子看电视、玩手机或平板电脑吗？一般什么时候让孩子看？有没有什么限制？为什么？您觉得电脑对孩子的教育有帮助吗？为什么？你是如何平衡孩子的游戏时间与学习时间的？

19. 有没有听说过"智能家庭""物联网"这些概念或使用这些功能？（必要时需解释）家里有没有购买手环、智能手表、家用摄像头、智能音箱、扫地机器人等技术产品？购买时的目的是什么？现在一般怎么使用？购买这些技术产品后家庭生活有没有发生什么变化？您觉得智能家居在您的家庭空间中扮演一个什么样的角色？

（四）针对在家中使用互联网进行数字化劳动的访谈对象所提的问题

20. 你是什么时候开始用电脑赚钱的？通过什么渠道获知这个赚钱办法的？

21. 你一般在家里的哪个地方工作/学习？

22. 在家工作后，你一天的时间是怎么安排的？

23. 可否大致描述一下你的一天日常生活是什么样子的？

24. 你觉得把工作搬到家里完成对家庭生活有什么样的正面或负面影响？

25. 你的家人对你在家用电脑赚钱是什么态度？

参考文献

中文著作

[1] 薄松年. 中国年画史[M]. 沈阳:辽宁美术出版社,1986.

[2] 《当代中国丛书》编辑部. 当代中国的广播电视(下卷)[M]. 北京:中国社会科学文献出版社,1987.

[3] 陈明松等. 让日常生活成为艺术品[M]. 昆明:云南人民出版社,1988.

[4] 《当代中国的广播电视》编辑部选编. 中国的有线广播[M]. 北京:北京广播学院出版社,1988.

[5] 郭镇之. 中国电视史[M]. 北京:中国人民大学出版社,1991.

[6] 王铭铭. 社区的改造——溪村汉人家族的个案研究[M]. 天津:天津人民出版社,1996.

[7] 王树村. 年画史[M]. 上海:上海文艺出版社,1997.

[8] 赵玉明. 中国现代广播简史:1923—1949[M]. 北京:中国广播电视出版社,2001.

[9] 邹跃进. 新中国美术史(1949—2000)[M]. 长沙:湖南美术出版社,2002.

[10] 戴慧思,卢汉龙. 中国城市的消费革命[M]. 上海:上海社会科学院出版社,2003.

[11] 翟学伟. 人情、面子与权力的再生产(第二版)[M]. 北京:北京大学出版社,2005.

[12] 卢岚兰. 阅听人与日常生活[M]. 中国台湾:五南图书出版公司,2007.

[13] 冯雷. 理解空间——现代空间观念的批判与重构[M]. 北京:中央编译出版社,2008.

[14] 吴晓波. 激荡三十年——中国企业1978~2008(上)[M]. 北京:中信出版社,2008.

[15] 王宁. 从苦行者社会到消费者社会[M]. 北京:社会科学文献出版社,2009.

[16] 艾浩军等. 物联网:技术与产业发展[M]. 北京:北京邮电出版社,

2011.

[17] 定宜庄,汪润主编.口述史读本[M].北京:北京大学出版社,2011.

[18] 王向阳.六零后记忆[M].杭州:浙江大学出版社,2011.

[19] 赵月枝.传播与社会:政治经济与文化分析[M].北京:中国传媒大学出版社,2011.

[20] 晋永权.合家欢[M].北京:中国摄影出版社,2012.

[21] 曹晋.信息社会的知识劳工[M].上海:上海译文出版社,2013.

[22] 姜红.西物东渐与近代中国的巨变——收音机在上海(1923-1949)[M].上海:上海人民出版社,2013.

[23] 邱林川.信息时代的世界工厂:新工人阶级的网络社会[M].桂林:广西师范大学出版社,2013.

[24] 雷吉斯·德布雷.普通媒介学教程[M].北京:清华大学出版社,2014.

[25] 赵玉明.中国广播电视史[M].北京:中国广播影视出版社,2014.

[26] 陈国嘉.智能家居:商业模式+案例分析+应用实战[M].北京:人民邮电出版社,2016.

[27] 仝冰雪.中国照相馆史[M].北京:中国摄影出版社,2016.

[28] 王海洲.政治仪式:权力生产和再生产的政治文化分析[M].南京:江苏人民出版社,2016.

[29] 阎云翔.私人关系的变革——一个中国村庄里的爱情、家庭与亲密关系:1949-1999[M].上海:上海人民出版社,2016.

[30] 庄孔韶.银翅:中国的地方社会与文化变迁[M].北京:生活·读书·新知三联书店,2016.

[31] 陈国强.简明文化人类学词典[M].杭州:浙江人民出版社,2017.

[32] 雷辉.多主体协同共建的行动者网络构建研究[M].北京:人民出版社,2017.

[33] 周宪.当代中国的视觉文化研究[M].南京:译林出版社,2017.

[34] 常江.中国电视史(1958—2008)[M].北京:北京大学出版社,2018.

[35] 国务院妇女儿童工作委员会办公室,国家统计局,联合国儿童基金会.中国儿童发展指标图集[M].2018年.

译著

[1] 大卫·里斯曼.孤独的人群——美国人性格变动之研究[M].刘翔

平译,沈阳:辽宁人民出版社,1988.

[2] 雷蒙·威廉姆斯. 电视:科技与文化形式[M]. 冯建三译,中国台湾:远流出版社,1992.

[3] 让·保罗·萨特. 词语[M]. 潘培庆译,北京:生活·读书·新知三联书店,1992.

[4] 马丁·海德格尔. 艺术作品的本源[A]. 载自海德格尔选集(上)[M]. 孙周兴译,上海:上海三联书店,1996.

[5] 马丁·海德格尔. 物[A]. 载自海德格尔选集(下)[M]. 孙周兴译,上海:上海三联书店,1996.

[6] 米歇尔·福柯. 权力的眼睛:福柯访谈录[M]. 上海:上海人民出版社,1997.

[7] 安东尼·吉登斯. 民族——国家与暴力[M]. 胡宗泽等译,北京:生活·读书·新知三联书店,1998.

[8] 安东尼·吉登斯. 社会的构成[M]. 李康,李猛译,北京:生活·读书·新知三联书店,1998.

[9] 皮埃尔·布尔迪厄,华康德. 实践与反思——反思社会学导[M]. 李猛,李康译,北京:中央编译出版社,1998.

[10] 斐迪南·滕尼斯. 共同体与社会——纯粹社会学的概念[M]. 林荣远译,北京:商务印书馆,1999.

[11] 尤尔根·哈贝马斯. 作为意识形态的科学与技术[M]. 李黎,郭官义译,上海:学林出版社,1999.

[12] 威廉·J. 米切尔. 比特之城:空间·场所·信息高速公路[M]. 范海燕,胡泳译,北京:生活·读书·新知三联书店,1999.

[13] 尤尔根·哈贝马斯. 作为意识形态的技术与科学[M]. 李黎,郭官义译,上海:学林出版社,1999.

[14] 马克·波斯特. 第二媒介时代[M]. 范静哗译,南京:南京大学出版社,2000.

[15] 马克·波斯特. 信息方式[M]. 范静哗译,北京:商务印书馆,2000.

[16] 马歇尔·麦克卢汉. 理解媒介[M]. 何道宽译,北京:商务印书馆,2000.

[17] 贾克·阿达利. 噪音:音乐的政治经济学[M]. 宋素凤,翁桂堂译,上海:上海人民出版社,2000.

[18] 曼纽尔·卡斯特. 网络社会的崛起[M]. 夏铸九等译,北京:社会科学文献出版社,2000.

[19] 戴维·莫利,凯文·罗宾斯. 认同的空间:全球媒介、电子世界景观[M]. 司艳译,南京:南京大学出版社,2001.

[20] 弗朗西斯·福山. 信任——社会美德与创造经济繁荣[M]. 彭志华译,海南:海南出版社,2001.

[21] 尤尔根·哈贝马斯. 公共领域的结构转型[M]. 曹卫东等译,上海:学林出版社,2001.

[22] E. P. 汤普森. 共有的习惯[M]. 沈汉,王加丰译,上海:上海人民出版社,2002.

[23] 梅罗维茨. 消失的地域:电子媒介对社会行为的影响[M]. 肖志军译,北京:清华大学出版社,2002.

[24] 阿兰·科尔班. 大地的钟声:19世纪法国乡村的音响状况和感官文化[M]. 王斌译,广西:广西师范大学出版社,2003.

[25] 戴维·哈维. 后现代的状况[M]. 阎嘉译,北京:商务印书馆,2003.

[26] 哈罗德·伊尼斯. 传播的偏向[M]. 何道宽译,北京:中国人民大学出版社,2003.

[27] 亨利·列斐伏尔. 空间:社会产物与使用价值[A]. 包亚明主编:现代性与空间的生产[C]. 上海:上海教育出版社,2003.

[28] 约翰·费斯克. 大众经济[A]. 参见罗钢,刘象愚主编. 文化研究读本[C]. 北京:中国社会科学文献出版社,2003.

[29] 爱德华·W. 苏贾. 后代现代地理学——重申批判社会理论中的空间[M]. 北京:商务印书馆,2004.

[30] 皮埃尔·布尔迪厄. 国家精英:名牌大学与群体精神[M]. 杨亚平译,北京:商务印书馆,2004.

[31] 丹尼斯·古莱特. 靠不住的承诺:技术迁移中的价值冲突[M]. 邾力志译,北京:社会科学文献出版社,2004.

[32] 凯文·罗宾斯,弗兰克·韦伯斯特. 技术文化的时代:从信息社会到虚拟社会[M]. 何朝阳,王希华译,合肥:安徽科学技术出版社,2004.

[33] 罗杰·西尔弗斯通. 电视与日常生活[M]. 陶庆梅译,南京:江苏人民出版社,2004.

[34] 尼尔·波斯曼. 童年的消逝[M]. 吴燕莛译,桂林:广西师范大学出版社,2004.

[35] 尼尔·波斯曼. 娱乐至死[M]. 章艳译,桂林:广西师范大学出版社,2004.

[36] 希伦·洛厄里,梅尔文·德弗勒. 大众传播效果研究的里程碑(第

三版)[M].刘海龙译,北京:中国人民大学出版社,2004.

[37] 詹姆逊.詹姆逊文集:现代性、后现代性和全球化(第4卷)[C].北京:中国人民大学出版社,2004.

[38] 爱德华·W.苏贾.第三空间:去往洛杉矶和其他真实和想象地方的旅程[M].陆扬译,上海:上海教育出版社,2005.

[39] 戴维·莫利.电视、受众与文化研究[M].史安斌译,北京:新华出版社,2005.

[40] 雷蒙德·威廉斯.关键词:文化与社会的词汇[M].刘建基译,北京:生活·读书·新知三联书店,2005.

[41] 拉图尔.科学在行动[M].刘文旋,郑开译,北京:东方出版社,2005.

[42] 马丁· 海德格尔.演讲与论文集[M].孙周兴译,北京:生活·读书·新知北京三联书店,2005.

[43] 詹姆斯·凯瑞.作为文化的传播:"媒介与社会"论文集[M].丁未译,北京:华夏出版社,2005.

[44] 居伊·德波.景观社会[M].王昭风译,南京:南京大学出版社,2006.

[45] 曼纽尔·卡斯特.认同的力量[M].曹荣湘译,北京:社会科学文献出版社,2006.

[46] 维克多·特纳.象征之林:恩登布人仪式散论[M].赵玉燕,欧阳敏,徐洪峰译,北京:商务印书馆,2006.

[47] 米歇尔·福柯.规训与惩罚[M].刘北成,杨远婴译,北京:生活·读书·新知三联书店,2007.

[48] 马歇尔·麦克卢汉.麦克卢汉精粹[M].何道宽译,北京:中国人民大学出版社,2007.

[49] 尼尔·波斯曼.技术垄断:文化向技术投降[M].何道宽译,北京:北京大学出版社,2007.

[50] 詹姆斯·C.斯科特.弱者的武器[M].郑广怀等译,南京:译林出版社,2007.

[51] 赫伯特·马尔库塞.单向度的人[M].刘继译,上海:上海世纪出版集团,2008.

[52] 克利福德·格尔茨.文化的解释[M].韩莉译,南京:译林出版社,2008.

[53] 劳伦斯·E.卡洪.现代性的困境——哲学、文化和反文化[M].王

志宏译,北京:商务印书馆,2008.

[54] 欧文·戈夫曼. 日常生活中的自我呈现[M]. 冯钢译,北京:北京大学出版社,2008.

[55] 艾尔·巴比. 社会研究方法[M]. 邱泽奇译,北京:华夏出版社,2009.

[56] 罗伯特·卡尔. 儿童与儿童发展[M]. 周少贤,窦东徽,郑正文译,北京:教育科学出版社,2009.

[57] 罗伯特·S. 平狄克. 微观经济学(第七版)[M]. 高远等译,北京:中国人民大学出版社,2009.

[58] 格里高丽·曼昆. 经济学原理. 微观经济学分册(第五版)[M]. 梁小民,梁砾译,北京:北京大学出版社,2009.

[59] 曼纽尔·卡斯特. 网络社会:跨文化的视角[M]. 周凯译,北京:社会科学文献出版社,2009.

[60] 刘易斯·芒福德. 技术与文明[M]. 陈允明,王克仁,李华山译,北京:中国建筑工业出版社,2009.

[61] 唐·泰普斯科特. 数字化成长[M]. 云帆译,北京:中国人民大学出版社,2009.

[62] 阿格妮丝·赫勒. 日常生活[M]. 衣俊卿译,哈尔滨:黑龙江大学出版社,2010.

[63] 戴维·莫利. 传媒、现代性和科技:"新"的地理学[M]. 郭大为,常怡如,徐春昕译,北京:中国传媒大学出版社,2010.

[64] 马丁·海德格尔. 物的追问——康德关于先验原理的学说[M]. 赵卫国译,上海:上海译文出版社,2010.

[65] 文森特·莫斯可. 数字化崇拜:迷思、权力与赛博空间[M]. 黄典林译,北京:北京大学出版社,2010.

[66] 保罗·莱文森. 新新媒介[M]. 何道宽译,上海:复旦大学出版社,2011.

[67] 弗兰克·韦伯斯特. 信息社会理论(第三版)[M]. 曹晋等译,北京:北京大学出版社,2011.

[68] 罗兰·巴尔特. 明室:摄影札记[M]. 赵克非译,北京:中国人民大学出版社,2011.

[69] 林·亨特编. 新文化史[M]. 姜进译,上海:华东师范大学出版社,2011.

[70] 兰斯·本奈特,罗伯特·恩特曼. 媒介化政治:政治传播新论[M].

董关鹏译,北京:清华大学出版社,2011.

[71] 齐格蒙特•鲍曼. 流动的时代——生活于充满不确定性的年代[M]. 谷蕾,武媛媛译,南京:江苏人民出版社,2012.

[72] 唐•伊德. 技术与生活世界:从伊甸园到尘世[M]. 韩连庆译,北京:北京大学出版社,2012.

[73] 詹姆斯•罗尔. 媒介、传播、文化:一个全球性的途径[M]. 董洪川译,北京:商务印书馆,2012.

[74] E. P. 汤普森. 英国工人阶级的形成[M]. 钱乘旦译,上海:译林出版社,2013.

[75] 哈罗德•英尼斯. 变化中的时间观念[M]. 何道宽译,北京:中国传媒大学出版社,2013.

[76] 特希•兰塔能. 媒介与全球化[M]. 章宏译,北京:中国传媒大学出版社,2013.

[77] 理查德•桑内特. 公共人的衰落[M]. 李继宏译. 上海:上海译文出版社,2014.

[78] 曼纽尔•卡斯特等. 移动通信与社会变迁:全球视角下的传播变革[M]. 傅玉辉等译,北京:清华大学出版社,2014.

[79] 米歇尔•德•塞托,吕斯•贾尔,皮埃尔•梅约尔. 日常生活实践2:居住与烹饪[M]. 冷碧莹译,南京:南京大学出版社,2014.

[80] 尼克•库尔德利. 媒介、社会与世界:社会理论与数字媒介实践[M]. 何道宽译,上海:复旦大学出版社,2014.

[81] 詹姆斯•柯兰,娜塔莉•芬顿,德斯•弗里德曼. 互联网的误读[M]. 何道宽译,北京:中国人民大学出版社,2014.

[82] 米歇尔•德•塞托. 日常生活实践1:实践的艺术[M]. 方琳琳译,南京:南京大学出版社,2015.

[83] 尼古拉斯•米尔佐夫. 如何观看世界[M]. 徐达艳译,上海:上海文艺出版社,2017.

[84] 汤姆•斯丹迪奇. 从莎草纸到互联网:社交媒体2000年[M]. 林华译,北京:中信出版社,2015.

[85] 施蒂格•夏瓦. 文化与社会的媒介化[M]. 刘君,李鑫,漆俊邑译,上海:复旦大学出版社,2018.

[86] 许煜. 论数码物的存在[M]. 李婉楠译,上海:上海人民出版社,2019.

中文期刊

[1]沈雁冰.关于开展新年画工作的指示[N].人民日报,1949年11月27日.

[2]察哈尔文联.察哈尔新年画工作概况[J].美术,1950(02).

[3]梅益.人民广播事业概况[J].广播通报,1950(10).

[4]王朝闻.关于学习旧年画形式[J].美术,1950(02).

[5]山东省文化部.山东省画业进行社会主义改造[J].美术,1955(11).

[6]曹宝贞.新中国照相业的十年[J].大众摄影,1959(09).

[7]何溶.与群众紧密联系的年画和连环画[J].美术,1959(11):6-8.

[8]佚名.国外电视发展概况[J].电子科技,1972(01).

[9]蒋旸.国内外电视机商品的现状及发展动向[J].税务与经济,1980(01).

[10]庄耀.近年来广东为什么成了物价上涨最快的省?[J].计划经济研究,1982(22).

[11]人民银行静安区办信息组.彩色电视机产销预测[J].上海金融,1983(06).

[12]新华社.我国广播影视事业发展迅速[N].人民日报,1995年12月6日.

[13]卜卫.关于儿童媒介需要的研究——以电视、书籍、电子游戏机为例[J].新闻与传播研究,1996(03).

[14]王其钧.传统民居的厅堂与祠堂[J].新建筑,1996(04).

[15]绛夫.中国反走私全景纪实(下)——第六章黄金、洋烟、汽车、家电走私多管齐下[J].海内与海外,1997(05).

[16]黄文山.来自福日的报告[J].福建党史月刊,1998(10).

[17]黄庭辉.广电科技、家户空间与家庭时间的论辩——英国媒体与文化研究的理论性观点[J].新闻学研究(台湾),1999(13).

[18]许排云.努力扩大覆盖面加快实现"村村通"[J].广播电视信息,1999(06).

[19]陈红兵.新卢德主义述评[J].科学技术与辩证法,2001(03).

[20]姜振华,胡鸿保.社区概念发展的历程[J].中国青年政治学院学报,2002(04).

[21]陈红兵,唐淑凤.新老卢德运动比较研究[J].科学技术与辩证法,2003(02).

[22]练玉春.开启可能性——米歇尔·德塞都的日常生活实践理论[J].浙江大学学报(人文社会科学版),2003(06).

[23]李禹阶.朱熹的家族礼仪论与乡村控制思想[J].重庆师范大学学报(哲学社会科学版),2004(04).

[24]陈凌,应丽芬.从家庭/网络家庭到企业/企业网络——家族企业成长的本土视角[J].学海,2006(04).

[25]汪民安.空间生产的政治经济学[J].国外理论动态,2006(1).

[26]王跃生.当代中国家庭结构变动分析[J].中国社会科学,2006(01).

[27]许绮玲.变化中的家庭形象(1970—1990):快拍照风格与摄影论述中的家庭题材[J].文化研究,2006(01).

[28]章晓芳.远离网瘾,多读好书[J].湖北教育,2006(02).

[29]陈红兵,陈玉海.解析新卢德主义对电视的声讨[J].科学技术与辩证法,2007(04).

[30]周磊.西方现代集合住宅的产生与发展.同济大学博士论文[D],2007.

[31]柯裕芬.电视的政治与论述:一九六〇年代台湾的电视设置过程[J].台湾社会研究,2008(69).

[32]邱林川.信息"社会":理论、现实、模式、反思[J].传播与社会学刊,2008(5).

[33]万中伟.福日:福建改革开房的"风向球"[N].福建工商时报,2008年11月19日.

[34]曹晋.传播技术与社会性别:以流移上海的家政钟点女工的手机使用分析为例[J].新闻与传播研究,2009,16(01).

[35]电视与现代生活:电视普及化过程中的"国"与"家"(1962—1964)[J].台湾社会研究季刊,2009(73).

[36]柯裕棻.电视与现代生活:电视普及化过程中的"国"与"家"(1962—1964)[J].台湾社会研究季刊,2009(73).

[37]王先岳.新中国初期新年画创作的历史与范式意义[J].文艺研究,2009(07).

[38]黄晔.结婚照的变迁研究——以潮州城市居民的结婚照消费实践为例[D].中山大学,2010.

[39]毕晓梅."连通感"概念辨析及其对新媒体社交研究与应用设计的启示[J].国际新闻界,2011,33(11).

[40]大卫·莫利. 让新技术世界里的错位者重返家园—— 一种媒介社会学批评[J]. 山西大学学报(哲学社会科学版),陈龙译,2011,34(02).

[41]黎敏. 作为新意识形态符号表达媒介的新年画探新——以建国初的新年画为例[J]. 江淮论坛,2011(01).

[42]帅倩. 赫勒日常生活批判研究[D]. 复旦大学博士论文,2011.

[43]王韬等. 关于"客厅文化"的专题讨论[J]. 住区,2011(05).

[44]易前良,王凌菲. 青年御宅族的媒介使用动机研究:以南京地区为例[J]. 新闻与传播研究,2011(4).

[45]张丕万. 电视与柳村的日常生活[D]. 武汉大学博士论文,2011.

[46]曹晋. 新媒体、知识劳工与弹性的兴趣劳动[J]. 新闻与传播研究,2012,19(05).

[47]金玉萍. 作为物、技术与媒介的电视——托台村维吾尔族电视使用研究[J]. 新闻大学,2012(03).

[48]孙五三. 基层"村村通"建设中的目标置换[J]. 现代传播,2012,34(01).

[49]孙五三. 实践中的农村广播电视政策法规[J]. 新闻与传播评论,2012(01).

[50]曹晋,庄乾伟. 指尖上的世界:都市学龄前儿童与电子智能产品侵袭的玩乐[J]. 开放时代,2013(01).

[51]陈效. 福日电视:中外合资家电的鼻祖[J]. 福建质量管理,2013(Z2).

[52]楚亚杰. 超越接入:中国城市日常生活场景中的网吧研究[D]. 复旦大学博士论文,2013.

[53]刘宏. 空间的政治性与压缩的现代性——《人民路》摄影的城市社会学分析[J]. 文艺研究,2013(06).

[54]刘良华. 家庭——远离"网瘾"的第一站[J]. 班主任之友,2013(10).

[55]刘涛. 社会化媒体与空间的社会化生产——列斐伏尔"空间生产理论"的当代阐释[J]. 当代传播,2013(03).

[56]石畅. "屏奴",请放下手机![N]. 人民日报(海外报),2013年11月1日.

[57]肖峰. 从互联网到物联网:技术哲学的新探索[J]. 东北大学学报(社会科学版),2013(5).

[58]徐敏. 消费、电子媒介与文化变迁——1980年前后中国内地走私

录音机与日常生活[J]. 文艺研究,2013(12).

[59]於红梅. 家居营造:都市中产的自我表达实贱——以上海为例[D]. 复旦大学博士论文,2013.

[60]陈力丹,毛湛文. 时空紧张感:新媒体影响生活的另一种后果[J]. 新闻记者,2014(01).

[61]达拉斯·斯迈兹. 自行车之后——技术的政治与意识形态属性[J]. 开放时代,2014(04).

[62]刘涛. 社会化媒体与空间的社会化生产——戴维·哈维"空间压缩思想"的当代阐释[J]. 西北师大学报(社会科学版),2014(02).

[63]刘涛. 社会化媒体与空间的社会化生产——福柯"空间规训思想"的当代阐释[J]. 国际新闻界,2014,36(05).

[64]刘涛,杨友庆. 社会化媒体与空间的社会化生产——卡斯特"流动空间思想"的当代阐释[J]. 文艺理论与批评,2014(02).

[65]潘忠党. "玩转我的iPhone,搞掂我的世界!"——探讨新传媒技术应用中的"中介化"和"驯化"[J]. 苏州大学学报(哲学社会科学版),2014,35(04).

[66]王淑美. 传播科技与生活韵律——关于研究方法的探讨[J]. 传播研究与实践,2014(01).

[67]王跃生. 中国城乡家庭结构变动分析:基于2010年人口普查数据[J]. 当代中国史研究,2014(02).

[68]肖荣春. 新媒体语境下传播活动的"空间转向"[J]. 国际新闻界,2014(02).

[69]徐敏. 电视的兴起:1980年之际中国内地电子媒介与日常生活[J]. 文艺研究,2014(12).

[70]黄厚铭,曹家荣. "流动的"手机:液态现代性的时空架构与群己关系[J]. 新闻学研究(中国台湾),2015(124).

[71]潘忠党,於红梅. 阈限性与城市空间的潜能—— 一个重新想象传播的维度[J]. 开放时代,2015(03).

[72]祁林. 当代中国家庭空间视觉性的转型[J]. 文艺研究,2015(06).

[73]孙玮. 微信:中国人的"在世存有"[J]. 学术月刊,2015,47(12).

[74]周飞波. 放下手机捡起成长[N]. 人民日报,2015年10月11日.

[75]陈卫星. 新媒体的媒介学问题[J]. 南京社会科学,2016(02).

[76]方师师. 算法机制背后的新闻价值观——围绕"Facebook偏见门"事件的研究[J]. 新闻记者,2016(09).

[77]郭旭魁.新生代农民工在微信同乡群中自我身份的建构[J].当代青年研究,2016(02).

[78]贾毅.网络秀场直播的"兴"与"哀"——人际交互·狂欢盛宴·文化陷阱[J].编辑之友,2016(11).

[79]陆益龙.后乡土中国的基本问题及其出路[J].社会科学研究,2015(01).

[80]周志强.主持人语[J].文学与文化,2016(02).

[81]管成云.农村网吧里的孩子们——基于湖北省藕镇留守儿童互联网使用与社会交往的民族志调查[J].新闻学研究,2017(132).

[82]吴鼎铭.网络"受众"的劳工化:传播政治经济学视角下网络"受众"的产业地位研究[J].国际新闻界,2017,39(06).

[83]周志强.声音与"听觉中心主义"——三种声音景观的文化政治[J].文艺研究,2017(11).

[84]张劲松.人是机器的尺度——论人工智能与人类主体性[J].自然辩证法研究.2017(01).

[85]段伟文.控制的危机与人工智能的未来情境[J].探索与争鸣.2017(10).

[86]陈凡,程海东.人工智能的马克思主义审视[J].思想理论教育.2017(11).

[87]但汉松."同伴物种"的后人类批判及其限度[J].文艺研究,2018(01).

[88]王樱子.何以走向听觉文化——听觉的时空突破与审美主体性讨论[J].文化研究,2018(01).

[89]张志华,董欣佳.劳动力商品化视角下的网络直播[J].文艺理论与批评,2018(01).

[90]莫宏伟.强人工智能与弱人工智能的伦理问题思考[J].科学与社会.2018(01).

[91]孙伟平,戴益斌.关于人工智能主体地位的哲学思考[J].社会科学战线.2018(07).

[92]杨保军.简论智能新闻的主体性[J].现代传播(中国传媒大学学报).2018(11).

[93]丁方舟.论传播的物质性:一种媒介理论演化的视角[J].新闻界,2019(01).

[94]林滨,江虹."群体性孤独"的审思:我们在一起的"独处"[J].中国

青年研究,2019(04).

[95]李煜."媒介融合":电视开播的技术政治意义[J].现代传播,2019,41(10).

[96]吴旭红,何瑞.智慧社区建设中的行动者、利益互动与统合策略:基于扎根理论的探索性研究[J].甘肃行政学院学报,2019(06).

[97]章戈浩,张磊.物是人非与睹物思人:媒体与文化分析的物质性转向[J].全球传媒学刊,2019,6(02).

[98]曾建平.信息时代的伦理审视[N].人民日报.2019年7月12日.

[99]杜丹.共生、转译与交互:探索媒介物的中介化[J].国际新闻界,2020,42(05).

[100]骆世查.反还原论与媒介哲学:哈曼的"物向本体论"初探[J].新闻大学,2020(04).

[101]曾国华.媒介与传播物质性研究:理论渊源、研究路径与分支领域[J].国际新闻界,2020,42(11).

[102]赵晗肖,周橙旻.基于用户体验的包装设计策略[J].美术教育研究,2020(21).

[103]郭明哲,朱秀秀.人工智能无法确立主体性地位辨析——立足马克思技术观视域[J].重庆理工大学学报(社会科学).2020(01).

[104]闫坤如,曹彦娜.人工智能时代主体性异化及其消解路径[J].华南理工大学学报(社会科学版).2020(04).

[105]谭雪芳.智能媒介、机器主体与实拟虚境的"在家"——人机传播视域下的智能音箱与日常生活研究[J].南京社会科学.2020(08).

[106]曹晋,曹浩帆.流动民工的男女平权与代际父权制再生产——基于大都市医院"双薪护工"劳动与微信沟通实践的分析[J].南京大学学报(哲学·人文科学·社会科学),2021,58(03).

[107]戴宇辰.媒介化研究的"中间道路":物质性路径与传播型构[J].南京社会科学,2021(07).

[108]戴宇辰,孔舒越."媒介化移动":手机与地铁乘客的移动节奏[J].国际新闻界,2021,43(03).

[109]关琮严.属性转移、边界消弭与关系重构:当代乡村媒介空间的转型[J].新闻与传播研究,2021,28(04).

[110]刘英,石雨晨."回归"抑或"转向"?——国外流动性研究的兴起、发展与最新动向[J].国外社会科学,2021(02).

[111]王炎龙,王石磊."驯化"微信群:年长世代构建线上家庭社区的在

地实践[J].新闻与传播研究,2021(05).

[112]燕道成,李菲.制造熟客:社交媒体时代网络情感营销的意旨——以社区团购"团长"为例[J].现代传播(中国传媒大学学报),2021,43(07).

[113]张杰.大流行中的西方"移动性范式"[J].西北民族大学学报(哲学社会科学版),2021(04).

[114]崔洁,童清艳.解构与重构:"人格化"虚拟AI新闻主播再思考[J].电视研究,2022(02).

[115]常立瑛.心的疗愈:线上健身直播中情感满足研究——以抖音健身用户为例[J].传媒论坛,2022,5(10).

[116]胡翼青,张一可.媒介的呈现性与物质性:当下媒介化研究的两元取向[J].青年记者,2022(19).

[117]卢卫红,杨新福.人工智能与人的主体性反思[J].重庆邮电大学学报(社会科学版).2023(02).

[118]郑作彧.物—人关系的基本范畴:新唯物主义社会学综论[J].社会学研究.2023(02).

英文著作

[1]Green,Jonathan.(1974). *The Snapshots*. Millerson,N.Y.:Aperture.

[2]David Altheide& Robert Snow (1979). *Media logic.* Thousand Oaks,CA:Sage Publications.

[3]Reiss,David.(1981). *The Family's Construction of Reality*, Cambridge,Harvard Universit Press.

[4]Truax,Barry.(1984). *Acoustic communication*,New Jersey,NJ: Ablex Publishing Corporation.

[5]Appadurai,Arjun (eds.) (1986). *The Social Life of Things: Commodities in Cultural Perspective*. Cambridge:Cambridge University Press.

[6]Foucault,M.(1986). "Of the Spaces",Diacritics 16 (translated from the French by Jay Miskowiec).

[7]Morley D. (1986). *Family Television: Cultural Power and Domestic Leisure*,Comedia,London.

[8]Silverstone R. Hirsch E. (1986). *Consuming technologies: Media and information in domestic spaces*. London:Routledge.

[9]Scannell P. (1988). "Radio times: the temporal arrange - ments of broadcasting in the modern world," in P. Drummond and R. Paterson(eds). *Televison and its Audience*. London:British Film Institute.

[10]Chang W. H. (1989). *Mass Media in China: The History and the Future*. Ames,IA:Iwoa State Press.

[11]James Lull (1990). *Inside Family Viewing: Ethnographic Research on Television*. London and New York:Routledge.

[12]Kottak, Conrad. (1990). *Prime-Time Society: An Anthropo - logical Analysis of Television and Culture*. Wadsworth:Belmont.

[13]Scott J. (1990). *Domination and the arts of resistance: Hidden transcripts*. New Haven,CN:Yale University Press.

[14]Henri Lefebvre. (1991). *The Production of Space*. Trans - lated by Donald Nicholson-Smith. Oxford UK:Blackwell Ltd.

[15]Lull, J. (1991). *China turned on : television, reform, and resistance*. London &New York :Routledge.

[16]Silverstone R, Hirsch E. (1992). *Consuming technologies: Media and information in domestic spaces*. London:Routledge.

[17]Spigel,Lynn. (1992). *Make Room for TV: Television and the Family Ideal in Postwar America*. Chicago:University of Chicago Press.

[18]Deborah Davis and Stevan Harrell (1993). *Chinese Fami - lies in the Post-Mao Era*, Berkeley: University. of California Press.

[19]Moores S. (1993). *Interpreting audiences: the ethnography of media consumption*. London & Thousand Oaks ,CA:Sage.

[20]Moores S. (1993). *Media, Technology and Domestic Life. In Interpreting audiences: the ethnography of media consumption*. London & Thousand Oaks ,CA:Sage.

[21]Moores S. (1993). *The ethnography of media consumption*. London:Sage.

[22]Silverstone R. (1994). *Television And Everyday Life*. Routledge:London.

[23]A. Randall. (1995). *Reinterpreting "Luddism": Resistance*

to New Technology in the British Industrial Revolution. Resis-tance to New Technology,Martin Bauer(Ed.) .Cambridge Universi-ty Press.

[24]Hobsbawn E. (1995). *Age of Extremes: The Short Twentieth Century.* London:Abacus.

[25]K. Sale. (1995). *Rebels against the Future——The Luddites and their War on the Industrial Revolution.* Addison –Wesley Publishing Company.

[26]Len Ang.(1996). *Living Room Wars:Rethinking Media Audi-ences for a Postmodern World,*New York & London:Routledge.

[27]Michel Foucault. (1998). In:James D. Faubion,Paul Rabinow (Eds.). Aesthetics,method,and epistemology ,New York:The New Press.

[28]Roger Silverstone. (1999). *Why study the media?.* London:Sage.

[29]Morley D. (2000). *Home Territories: Media, Mobility and Identity.* Routledge:London.

[30]Bovill M. ,and Livingstone,S. (2001). " Bedroom culture and the privatization of media use. In Children and their changing media environment. " *A European comparative study,*eds. S. Livingstone and M. Bovill. Mahwah,NJ:Lawrence Erlbaum Associ-ates.

[31]Allon F. (2003). "An Ontology of Everyday Control:Space, Media Flows and 'Smart' Living in the Absolute Present." In Nick Couldry,Anna McCarthy (Eds.),*Media Space:Place,Scale and Culture in a Media Age.* London and New York:Routledge imprint of Taylor & Francis.

[32]Donna Haraway. (2003). *The Companion Species Manifesto: Dogs,People,and Significant Otherness,*Chicago:Prickly Paradigm Press.

[33]Goran Bolin. In: Nick Gouldry, Anna McCarthy (Eds.) (2004). *Media space place, scale and culture in a media age* . London and New York:Routledge.

[34]Henri Lefebvre. (2004). *Rhythm analysis: Space, time and*

everyday life. New York:Continuum.

[35]Shaun Moores. (2004). The doubling of place:Electronic media,time-space arrangements and social relationships. In:Nick Couldry,Anna McCarthy(Eds.). *Mediaspace place,scale and culture in a media age*. London:Routledge.

[36]Yi-Fu Tuan. (2004). *Sense of place*. Oxford:Oxford Univer-sity Press.

[37]Andy Bennett. (2005). *Culture and Everyday life*. London Thousand Oaks New Delhi:Sage Publications.

[38]Latour B. (2005). *Reassembing the Social:An Introduction to Actor-Network-Theory*. UK:Oxford University Press.

[39]Lim, S. S. (2005). "From cultural to information revolu-tion: ICT domestication by middle-class Chinese families." *In Domestication of media and technologies*,eds. T. Berker,M. Hart-mann,Y. Punie,and K. Ward. Maidenhead:Open University Press.

[40]Pierson,J. (2005). "Domestication at work in small busi-nesses." In *Domestication of media and technologies*, eds. T. Berker,M. Hartmann,Y. Punie,and K. Ward. Maidenhead:Open Universi-ty Press.

[41]Roger Silverstone. The sociology of mediation and com-munication . In:Craig Calhoun,Chris Rojek,Bryan S. Turner (Eds.) (2005). *The Sage handbook of sociology*. London:Sage Publications.

[42]Silverstone, R. Introduction. In R. Silverstone (Ed.) (2005). *Media,technology and everyday life in Europe:From in-formation to communication*. Hants,Canada:Ashgate.

[43]Berker T,Hartmann M,Punie Y,et al. (2006). *Domestication of media and technology*. Berkshire, England: Open University Press.

[44]Castree, N. & D. Gregory. (2006). *David Harvey:A Critical Reader*,Manchester:Wiley-Blackwell.

[45]Dalsgaard, T. , Skov, M. B. , Stouggard, M. , &Thomassen, B. (2006). *Mediated intimacyin families:Understanding the relation between children and parents*. IDC,June 7-9,Tampere,Finland.

[46]David Morley. (2006). In: Thomas Berker, Maren Hartmann,

Yves Punie,Katie Ward (Eds.). *Domestication of media and tech-nology.* Berkshire:Open University Press.

[47]Frank Dikötter. (2006). *Exotic commodities: Modern ob-jects and everyday life in China.* New York:Columbia University Press.

[48]Leslie Haddon. (2006) In:Thomas Berker,Maren Hartmann, Yves Punie,Katie Ward (Eds.). *Domestication of media and tech-nology.* Berkshire:Open University Press.

[49]Punie,& K. J. Ward (Eds.) (2006). *Domestication of media and technology.* Berkshire England:Open University Press.

[50]Silverstone,Roger. (2006). "Domesticating domestication: reflections on the life of a concept." In:Berker,Thomas and Hartmann,Maren and Punie,Yves and Ward,Katie J.,(eds.) *Domes-tication of media and technology.* Open University Press.

[51]Morley D.(2007). *Media,modernity & technology:The geog-raphy of the new.* London:Routledge.

[52]Kanishka Goonewardena, Stefan Kipfer, Richard Milgrom, Christian Schmid(Eds.) (2008). *Space,difference,everyday life: Reading Henri Lefebvre.* New York:Routledge.

[53]Yuezhi Zhao. (2008). *Communication in China: Political economy,power,and conflict.* Lanham: Rowman & Littlefield Pub-lishers,Inc.

[54]Barney Warf, Santa Arias (Eds.) (2009). *The spatial turn:Interdisciplinary perspectives.* New York:Routledge.

[55]Krotz, F. (2009). Mediatization:A Concept with which to Grasp Media and Societal Change. *in K. Lundby(ed.),Mediatization.* New York:Peter Lang.

[56]Ling,R. & Donner,J. (2009). Mobile communication. Malden, MA:Polity.

[57]Livingstone,S. (2009). *Foreword:Coming to terms with'Me-diatization'.* In Knut Lundby(ed.). Mediatization:Concepts,Chang-es,Consequences. New York:Peter Lang.

[58]Edward W. Soja. (2010). *Seeking spatial justice.* Minneapo-lis :University of Minnesota Press.

[59]Nordenstreng K. (2011). Free flow doctrine in global media policy. In R. Mansell and M. Raboy (Eds.), *The handbook of global media and communication policy*. Malden, MA: Blackwell.

[60]Bridsall, Carolyn (2012). *Nazi soundscape: sound technology and urban space in Germany*, 1933-1945. Amsterdam, NED: Amsterdam University Press.

[61]Lefebvre H. Rhythm. (2013). *Analysis: Space, time and everyday life*. Translated by G. Moore & S. Elden. London: Bloomsbury Academic.

[62]Morton, Timothy. (2013). *Hyperobjects: Philosohpy and Ecology after the End of the World*. Minneapolis: University of Minnesota Press.

[63]N. Gregory Mankiw. (2013). Macroeconomics(8th). New York. Worth Publisher.

[64]MacLure M. (2015). *The new materialisms: A thorn in the flesh of critical qualitative inquiry*. California: Left Coast Press.

[65]Morley D. (2017). "Communications and mobility: The migrant, the mobile phone, and the container box," *West Sussex, UK: John Wiley & Sons Ltd*.

[66]Simondon G. (2017). *On the mode of existence of technical objects*. trans by Rogove J. Minneapolis: Univocal Publishing.

[67]Chen H. (2020). *Left-Behind Children as Agents: Mobile Media, Transnational Communication and the Mediated Family Gaze*. Mobile Communication in Asia: Local Insights, Global Implications. Springer, Dordrecht.

[68]Massumi B. (2021). *Parables for the virtual: Movement, affect, sensation*. Duke University Press.

英文期刊

[1]Bridgman, Percy W. (1932). "The Concept of Time," *The Scientific Monthly*, 35(2):97-100.

[2]Sorokin P. A. &Merton, R. K. (1937). "Social time: a methodological and functional analysis," *American Journal of Sociology*, 42(5):615-629.

[3]Lull J. (1978). "Choosing television programs by family vote," *Communication Quarterly*,26(4):53-57.

[4]Lull J. (1980). "The social uses of television. Human Communication Research," 6:197‐209.

[5]Lewis J. D. &Weigert,A. J. (1981). "The structures and meanings of social time," *Social Forces*,60(2):432-462.

[6]Haraway D. (1985). "A Manifesto for Cyborgs:Science,Technology and Socialist Feminism in the 1980s." *Socialist Review*, 80:65-107.

[7]Callon•M. (1986). "Some Elements of A Sociology of Translation:Domestication of the Scallops and the fishermen of St Brieuc Bay," *Sociological Review*,32:196-233.

[8]Lull J. (1987). "Critical Response: Audience Texts and Contexts. Critical Studies in Mass Communication," September,4 (3):318-322

[9]Piere Bourdieu. (1989). "Social space and symbolic power ," *Sociological Theory*,7(1):14-25.

[10]David Morley. (1990). "Roger Silvestone. Domestic communication:Technologies and meanings," *Media,Culture and Society*, 12:31-55.

[11]Morley D,Silverstone R. (1990). "Domestic communication-technologies and meanings," *Media Culture Society*,12 (1):31-55

[12]Herman Gray. (1991). "Recodings:Possibilities and limitations in commercial television Representations of African American culture," *Quar Rev. of Film& Video*,13(1-3):117-130.

[13]Mary Douglas. (1991). "The idea of a home: A kind of space," *Social Research*,58:287-307.

[14]Lull J. (1992). "Chinese TV Audience at Work. Intermedia," August/September 1992,Vol. 20,Issue 4.

[15]Lull J. (1992). "Comment On Prime-Time Society:An Anthropological Analysis of Television and Culture," *Journalism Quarterly*,69(2):495-496.

[16]Molotch H. (1993). "The Space of Lefebvre." *Theory and Society*. 22 (6).

[17]Aviezer Tucker. (1994). "In search of home, " *Journal of Applied Philosophy*,11(2):181-187.

[18]Silverstone R. (1994). "From Audiences to Consumers: The Household and the Consumption of Communication and Information Technologies. " *European Journal of Communication*,(6):135-154.

[19]R. Murray Schafer. (1996). "The Soundscape: Our Sonic Environment and the Tuning of the World, " *zhurnal vysshei nervnoi deiatelnosti imeni i p pavlova*,38(3):569-70.

[20]Anna McCarthy. (2001). "From screen to site: Television's material culture,and itsplace ," *October*,98:93-111.

[21]Haythornthwaite C. (2001). "The Internet in Everyday Life," *American Behavioral Scientist*,45(3):363-382.

[22]Green Nicola. (2002). On the move: Technology,mobility, and the mediation of social time and space. *The Information Society*,18:281-292.

[23]Roger Silverstone. (2002). "Complicity and collusion in the mediation of everyday life, " *New Literary History*, 33(4): 761-780.

[24]Barad K. (2003). "Posthumanist performativity: Toward an understanding of how matter comes to matter," *Signs: Journal of women in culture and society*,28(3):801-831.

[25]Venatesh A. ,E. Kruse,and E. C. -F. Shih. (2003). "The networked home: An analysis of current developments and future trends," *Cognition,Technology and Works*,5(1):23-32.

[26]Licoppe C. (2004). " Connected' presence: The emergence of a new repertoire for managing social relationships in a changing communication technoscape, " Environment and Planning D:*Society and Space*,22(1):135-156.

[27]Maria Kaika. (2004). "Interrogating the geographies of the familiar:Domesticating nature and constructing the autonomy of the modem home," *International Journal of Urban and Regional Research*,28:265-286.

[28]Thrift N. (2004). "Remembering the technological unconscious by foregrounding knowledges of position, " *Environment*

and *Planning D:Society and Space*,22(1):175-190.

[29]Buzelin H. (2005). "Unexpected Allies:How Latour's Net-work Theory Could Complement Bourdieusian Analysis in Transla-tion Studies," *The Translator* 11(2):193-218.

[30]Silverstone R. Introduction. In R. Silverstone (Ed.) (2005). "Media,technology and everyday life in Europe:From in-formation to communication," *Hants*,Canada:Ashgate,:1-18.

[31]Dalsgaard, T. , Skov, M. B. , Stouggard, M. , &Thomassen, B. (2006). "Mediated intimacyin families:Understanding the rela-tion between children and parents," *IDC*,June 7-9,Tampere,Fin-land.

[32]Haddon L. (2006). "The contribution of domestication re-search to in-home computing and media consumption." *The Infor-mation Society*,22(4):195 - 203.

[33]Hannam K,Sheller M,Urry J. (2006). "Editorial:Mobilities, Immobilities and Moorings," *Mobilities*,1(1):1-22.

[34]Howe J. (2006). The Rise of Crowdsourcing. Wired, 14 (6). 1-5.

[35]Sheller M,Urry J. (2006). "The new mobilities paradigm," *Environment and planning A*,38(2):207-226.

[36]Chang,C. (2007). "Politically mobilizing vs. demobilizing media:a mediation model," *Asian Journal of Communication*,17(4): 362-380.

[37]Latour B. (2007). "Can We Get Our Materialism Back, Please?" *ISIS:Journal of the History of Science in Society*,98 (1):138-142.

[38]Leslie Haddon. (2007). "Roger Silverstone's legacies:Do-mestication," *New Media Society*,9 (1):25-31.

[39]Sonia Livingstone. (2007). "On the material and the sym-bolic:Silverstone's double articulation of research traditions in new media studies," *New Media & Society*,9:16-24.

[40]Lundby K. (2008). "Mediatized stories : Mediation per-spectives on digital storytelling, " *New Media & Society*, (3). 123-134.

[41]Sonia Livingstone. (2008). "On the mediation of every-thing: ICA presidential address," *Journal of Communication*, 2009 (59):1-18.

[42]Devitt K. & Poker D. (2009). "The role of mobile phones in family communication," *Children & Society*,23:189-202.

[43]Michael Gurevitch. (2009). Stephen Coleman, Jay G Blumler. "Political communication — Old and new media relationships," *Annals of American Academy of Political and Social Sciences*, 9 (625):164-181.

[44]Setha M. Low. (2009). "Towards an anthropological theory of space and place," *Semiotica*,175-1/4:21-37.

[45]Shaw J, Hesse M. (2010). "Transport, geography and the 'new' mobilities," *Transactions of the Institute of British Geographers*,35(3):305-312.

[46]Thorsten Quandt and Thilo von Pape. (2010). "Living in the Mediatope: A Multimethod Study on the Evolution of Media Technologies in theDomestic Environment," *The Information Society*,26:330-345.

[47]Livingstone S. (2011). "If everything is mediated, what is distinctive about the field of communication?" *International Journal of Communication*,5(5):1472-1475.

[48]Madianou M. (2011). Miller D. "Mobile phone parenting: Reconfiguring relationships between Filipina migrant mothers and their left-behind children," New Media & Society,13(3):457-470.

[49]Thompson J B. (2011). "Shifting boundaries of public and private life," *Theory,Culture & Society*,28(4):49-70.

[50]Frith J. (2012). "Splintered space: Hybrid spaces and differential mobility," *Mobilities*,7(1):131-149.

[51]Pieter Vermeulen. (2014). "Posthuman Affect", *European Journal of English Studies*,18(2):121-134.

[52]Sheller M. (2014). "The New Mobilities Paradigm for a Live Sociology," *Current Sociology Review*,62(6):1-23.

[53]Tom McDonald. (2014). "Affecting relations: domesticating the internet in a south-western chinese town." *Information Com-*

munication & Society,18(1-2):17-31.

[54]Nedelcu M.,& Wyss,M.(2016). "Doing family'through ICT-mediated ordinary co－presence: Transnational communication practices of Romanian migrants in Switzerland," *Global Net-works*,16(2):202-218.

[55]Sheller M.(2016). "Moving with John Urry,by Mimi Shell-er," *Theory,Culture & Society*,33(7/8):317-322.

[56]Liu P. L.,Leung,L.(2017). "Migrant Parenting and Mobile Phone Use:Building Quality Relationships between Chinese Mi-grant Workers and their Left -behind Children," *Applied Re-search Quality Life*,12(3):925-946.

网络资料

[1]21经济网.2021年跨境电商行业发展研究报告[EB/OL].http://www.21jingji.com/article/20211115/herald/fd3adbe674c8e43220bc97c512c326bd.html.

[2]艾瑞咨询.中国全屋智能行业研究白皮书[EB/OL].https://www.163.com/dy/article/HE6P9NDD05383ZUN.html.

[3]蔡蕊.培育跨境电商新业态[EB/OL].莆田市人民政府网,https://www.putian.gov.cn/zwgk/ptdt/ptyw/202112/t20211208_1686726.htmhttps://www.putian.gov.cn/zwgk/ptdt/ptyw/202112/t20211208_1686726.htm.

[4]郭珊珊.发展跨境电商新业态[EB/OL].莆田市人民政府网,https://www.putian.gov.cn/zwgk/ptdt/ptyw/202103/t20210311_1579675.htm.

[5]环球网.莆田系有全国八成民营医院 谋求创新甩开差评[EB/OL].https://china.huanqiu.com/article/9CaKrnJFqAt.

[6]金融时报.5年结成1000余帮扶对子 富德生命"小海豚计划"一对一帮扶为爱加速[EB/OL].https://baijiahao.baidu.com/s?id=1739407816508952381&wfr=spider&for=pc.

[7]林春茵."莆田夜话":中国电商的数字机遇[EB/OL].http://www.fj.chinanews.com.cn/news/fj_zxyc/2019/2019-12-11/455862.html.

[8]刘洪波.时间的政治[EB/OL].http://news.ifeng.com/gundong/detail_2013_09/17/29668989_0.shtml.

[9]闽南网.起底莆田系医疗商:四大家族詹陈林黄 规模遍布全国

[EB/OL].http://www.mnw.cn/news/pt/877166.html.

[10]青岛晚报.90年代一台电脑超5000元市民工资不到300元[N/OL].青岛新闻网,http://news.qingdaonews.com/qingdao/2014-08/08/content_10611715.htm.

[11]邱越.美国儿童普遍沉迷iPad引发家长忧虑[EB/OL].http://tech.sina.com.cn/it/pad/2011-11-28/15596394311.shtml.

[12]人民艺术家杂志.叶浅予:《中华民族大团结》是我比较满意的作品[EB/OL].https://baijiahao.baidu.com/s?id=1610915007644401823&wfr=spider&for=pc.

[13]吴洁瑾.让老年人玩转iPad,上海研发百门老年课程"一座难求"[EB/OL].澎湃新闻,http://www.thepaper.cn/newsDetail_forward_1273040.

[14]熊玥辰.为匠心发声:打造鞋业人的盛会 做世界的好鞋[EB/OL].http://sports.enorth.com.cn/system/2018/05/08/035478380.shtml.

[15]许蕾.爱上"宅"生活[N/OL].http://epaper.southcn.com/nfdaily/html/2014-05/23/content_7307214.htm.

[16]佚名.市国资委:福建省副省长郭宁宁一行莅临莆田市跨境电商监管中心调研[EB/OL].莆田市人民政府网,https://www.putian.gov.cn/zwgk/ptdt/bmdt/202107/t20210720_1629976.htm.

[17]佚名.微信及WeChat合并月活用户数达12.883亿 同比增长3.8%[EB/OL].https://new.qq.com/rain/a/20220519A04P3P00.

[18]佚名.智能家居的冰与火:入口与平台之争[EB/OL].https://www.sohu.com/a/324964918_120168421.

[19]张晓虹.倾听之道:Soundscape研究的缘起与发展[EB/OL].中国社会科学网,http://www.cssn.cn/kxk/llyff/201703/t20170331347293 33.shtml.

[20]中国互联网络信息中心:第49次《中国互联网络发展状况统计报告》,https://www.cnnic.cn/n4/2022/0401/c88-1131.html.

[21]中文互联网数据资讯中心.宅人研究报告显示:49%的中国城市消费者认为自己"宅"http://www.199it.com/archives/54598.html.

[22]中研网.国家出台社区团购九不得政策2021社区团购市场份额占比分析[EB/OL].https://m.chinairn.com/finance/News/2020/12/23/171021922.html.

[23]朱金山.2020年全国淘宝镇淘宝村名单公布 我市16个镇85个村

上榜[EB/OL].莆田市人民政府网,https://www.putian.gov.cn/zwgk/ptdt/ptyw/202009/t20200906_1522588.htm.

后　记

　　"后记"之于书籍,如同"致谢"之于硕博论文,通常是作者穷极阶段性之思,百般权衡之后公开放送的"八卦"彩蛋。我不止一次在答辩场合听老师、同事说过,这是他们拿到一本书或论文后最爱翻看的部分,因此,我也断然不敢在这个环节令人失望,毕竟这是人生中为数不多可以出版书籍的机会。

　　这本小书脱胎于我的博士论文。2013年元旦前后,来自南方的我到武汉大学游览,恰好赶上了那年冬日的第一场雪,漫天飞舞的精灵散落在老斋舍上,仿佛带我穿越回民国的冬季,那个画面至今都是记忆中惊艳时光的存在。可能就是这一眼之缘,让我产生了在此求学的美好愿望,也开启了我的学术道路。2015年的初夏,正值博二确定博士论文选题之际,潘忠党教授到华中科技大学做了一场学术讲座,身处同城的我欣然前往,席间我被潘老师阐释的媒介化、中介化、驯化研究思路深深吸引,并联想到我此前研究中涉及的一些议题,顿感豁然开朗,于是有了我的博士论文选题《媒介"家居化":传播技术与中国的家庭空间建构》。当时,整个中国社会的媒介化程度并非今日一般繁盛,我们还在用着初代的智能手机,互联网也还未全然侵入我们的生活,媒介技术更多地停留在信息传递功能上,但我始终有种隐藏的直觉,这不是媒介研究的重点,于是我满怀一种略带犹豫的自信在论文的创新点中写下了"本研究从主流传播学所从事的将'媒介内容作为文本'(content-as-text)的效果式研究转向将'媒介技术作为文本'(technology-as-text)的技术哲学研究"。那时,传播学界还没出现今日盛行的"物质性转向",否则就可以把"略带犹豫"去掉了。今天再回味当时的那种犹豫,才明白是当年的自己初出茅庐,阅读的文献有限,在范式的理解和转换上并不那么完全。

　　2016年夏天,我顺利从武汉大学毕业,回到了我日思夜想的故乡福州任教,其间接受了结婚育儿"升级打怪"的任务,想对博士论文进行调整和深入阐释的想法被暂时搁置。直到女儿小面出生后的某一天,我还在给嗷嗷待哺的她喂奶,微信里突然跳出了暨南大学刘涛老师的信息,他率先转发公示告知我获得了当年的国家社科基金后期资助项目。彼时的心情又欣喜又沮丧，欣喜在于国家社科基金后期一般项目立项有很大一部分是对全国优秀博士论文出版的资助，这意味着我的研究和判断得到了肯定，沮丧的是没有老一辈搭手的育儿生活再加上日常工作真是太艰难了，只能在深夜哄睡后拖着灵魂出窍的躯体阅读、写作和修改，因此一些章节始终没有令自己全然满意，书中学术范式的统一性上也还存在一些疏漏未来得及修复，故而敬请师友、读者们赐教。时间飞逝，掐指一算待到出版之日，离开始构思这本小书原型之时也已经过去近十年了！就着课题结项的契机和放过自己的心态，2023年底对内容进行了更新和调整，最终交付出版，也算完成了一个小小的心愿。在此，要特别感谢国家社科基金对本书的资助，使吾辈能够专注于自己喜欢的研究，感谢天津人民出版社随时在线、有求必应的编辑张校博老师，为本书的出版付出了大量的心力和时间。

这本小书是"为家之'存在'而书"，书中的经验事实多与我的成长过程和所见所闻有关。开篇从家庭建筑结构到媒介技术的想象，可以追溯到我童年在大家族生长和居住的感知。文中关于视觉、听觉与技术哲学的批判，源自个人对文艺的偏好和思考。媒介化与中介化的论述部分，则来自日常媒介使用、育儿历程、观察留守儿童以及近年来生活所带来的亦真亦幻的生存体验。

之所以如此，不仅因为这些过往构筑了我们生活的底色，还因为时刻不敢忘记老师们的殷殷嘱托。我的博士生导师石义彬教授教导我们要研究真问题和真知识，时常用高屋建瓴的判断提领吾辈；我那极富个性的启蒙导师毛丹武教授用一种沉浸式的方法带我游历了整个中国近现代史，勾勒了我对中国政治与文艺的想象，填充了我的学术研究底色；已故的谭华孚教授是我美学和艺术学方向上的指引者，赠予我文人的风趣和雅识，长足地陶冶了我的情操。学术前辈张毓强老师、夏倩芳老师、单波老师、刘海龙老师、胡翼青老师、王金礼老师、刘涛老师、张梅老师、袁勇麟老师、陈颖老师、连水兴师兄、殷琦师姐、熊慧师姐、齐伟师兄、黄典林老师、姚建华老师、张放老师、龚新琼老师在我的成长道路上给予了许多帮助、关怀和支持，后生铭感五内，不忘于怀。引文中还有诸多亦师亦友的学界前辈和同人，未能逐一提及，由衷感谢你们的智慧供给。

本书的写作过程中，硕士研究生谢杭萍参与了第四章第二节的深度访谈和经验材料收集，吕山博士、李熠参与了第四章第一节第五部分的写作，硕士生李薇参与了第三章第三节的文献格式修订，特此感谢诸位作出的贡献。

我还要特别感谢挚友安阳、老魏、老王和小猪，你们是我柔软的甜心，也是坚固的堡垒，无论晴好与风暴，永远可以依凭。还要感谢和我一起见证过珞珈山四季的彭松博士、李宇峰博士、晋艺菡博士、陈博威博士和景天成博士，我们一起在武汉熬过许多个没有暖气的严冬和没有空调的酷暑，用青春的皮囊和纯真的欢乐铺就彼此的学业旅途。

　　最后的篇幅要留给我生命中最重要的三个人：一个赐予我生命，一个赠予我爱情，还有一个给予我新生。

　　自我13岁失去父亲以后，母亲郑萍女士克服万难独自育我成人，即便生活并不如意，她总是能给我制造最宽松的环境和最长足的欢笑，勤劳聪明的母亲总是变着花样学习各种花式料理，满足我的胃口。每每出行，又总是为我打点最细致的行装，保障我最细微的需求。感谢母亲给我最充分的自由和耐心，三十年如一日待我慢慢成长，让我有专注学业的信念和底气，为父母后我才更懂得了这份恩情的酸楚与珍稀。

　　先生吴鼎铭与我一路狂奔了12载岁月，我们见证了对方最为艰难的时刻，在最煎熬的阶段把彼此当成自己，经过生活熔炉的煎烤、蒸腾与酿造，方才成为大家所调侃的"学术伉俪"。在本书的写作过程中，他在我焦虑时提供"夸夸服务"，在我懈怠时日夜鞭策，并以"匿名专家"的标准对本书提出了各种修改意见和写作建议，并要求在致谢中有所表示。好吧，我谢谢您了！

　　女儿吴笑非是我生命中最具爆破力的存在，她不费吹灰之力改变了我的人生轨道和行迹，让我变得无所不能，不仅会下厨、能拍照、有魔法，还要健体能、教画画、做烘焙、弹钢琴，甚至造就了我一手抱娃一手炒菜，一边遛娃一边写论文以及上一秒暴躁下一秒微笑的本事，她无孔不入地镶嵌进我的生活、工作和情绪中，教会我坚忍、从容、淡定、平静与妥协，这本是穷尽一生才得以练就的修为呀。不远的将来，还要仰仗陪她学习写作业的契机再次迎来我才艺和学识的人生巅峰！谢谢你，我最亲爱的小面宝贝。

　　时光轻且浅，独愿与君勉。盼我爱的人和爱我的人都获得幸福！

林　颖

2023年10月

于福州